반려견 훈련의 바람직한 방향을 제시하는

반려견 훈련의 이해

기초편

이태원·마영남·오은숙
이한나·김 원 공저

(주)백산출판사

PREFACE

반려동물과 함께 살아가는 시대가 본격화된 지도 오래되었다. 과거에는 개를 단순히 집을 지키는 존재, 사람의 필요를 충족시키는 수행자로 여겼다면, 이제는 생애를 함께하는 '가족'으로 인식하는 문화가 자리잡고 있다. 이러한 변화는 단순한 생활양식의 전환을 넘어, 반려동물의 감정과 학습 능력, 사회성에 대한 인식이 성숙해졌음을 의미한다. 그에 따라 반려견 훈련에 대한 접근 역시 근본적으로 달라지고 있다. 명령 중심, 통제 위주의 전통적인 방식에서 벗어나, 보호자와 개가 서로를 이해하고 협력하는 방식으로 발전하고 있으며, 그 중심에는 과학적 원리에 기반한 훈련 철학과 기법이 있다. 『반려견 훈련의 이해(기초편)』은 그러한 변화의 흐름 속에서 반려견 훈련의 바람직한 방향을 제시하고자 기획되었다.

이 책은 반려견 훈련을 처음 접하는 보호자는 물론, 예비 훈련사와 관련 전공자들에게도 훈련의 기초 이론을 체계적으로 제공하기 위해 집필하였다. '개와 훈련'이라는 근본적인 주제에서 출발하여, 반려견의 행동 이해, 의사소통 방식, 놀이 교육, 집중력 강화, 사회성 훈련 등 실생활에서 자주 마주하는 훈련 요소들을 단계적으로 다루고자 하였다. 무엇보다 이 책은 기존의 반려견 훈련서들과는 분명한 차별점을 가진다. 기존 서적은 대부분 훈련 기술의 나열이나 특정 기법의 전달에 머무는 반면, 본서는 훈련의 원리와 철학을 중심에 두고 심리학적, 생태학적 관점을 아울렀다. 또한 보호자 개인의 생활 환경과 반려견의 기질을 고려한 유연한 적용 방법을 제안함으로써, 훈련의 표준화가 아닌 맞춤형 실천을 강조한다. 실제 반려견 보호자들이 현실에서 부딪히는 갈등과 고민으로 구성한 다양한 사례와, 이를 해결해나가는 구체적인 접근 방식은 이 책만의 중요한 강점이다. 특히 본서는 훈련을 '기술'로만 접근하지 않는다. 조건화 이론, 보상의 타이밍과 일관성, 훈련 환경 구성, 행동 강화의 원리 등은 단순한 훈련 방법이 아니라, 반려견과 사람 사이의 소통의 언어이자 관계의 틀이라고 본다. 훈련을 잘한다는 것은 반려견의 감정을 읽고 기다릴 줄 아는 것이며, 인간의 의지를 전달하는 동시에 상대의 선택을 존중하는 일이다.

훈련은 일방적인 가르침이 아니다. 함께 살아가는 존재로서 서로를 이해하고 존중하는 과정이다. 이 책은 '시키는 훈련'이 아니라 '함께하는 훈련'을 지향하며, 칭찬과 보상이 중심이 되는 긍정적 훈련 철학을 바탕으로 구성되어 있다. 보호자와 반려견 모두에게 심리적 안정과 즐거운 학습 경험을 제공할 수 있기를 바란다.

이 책은 단순히 기술적인 훈련법을 나열하는 데 그치지 않는다. 반려견을 대하는 태도, 관계의 방향, 훈련이 일상에 미치는 정서적 영향까지 폭넓게 고찰하고자 하였다. 책 속의 이론과 방법들은 모두 실제 현장에서 검증된 사례를 바탕으로 정리되었으며, 누구나 일상에서 실천할 수 있도록 구성하였다. 반려견을 진정으로 이해하고 싶은 사람이라면, 이 책이 시작점이자 길잡이가 되어 줄 것이라 믿는다.

이 책이 보호자와 교육자 모두에게 유익한 길잡이가 되고, 반려견과 사람 사이에 더 깊고 따뜻한 유대를 만들어가는 데 작은 도움이 되기를 기대한다.

2025년

저자 일동

CONTENTS

1

개와 훈련

1장 개와 훈련

1. 개 훈련의 역사(Braxton, 2023)

인간이 개를 훈련한 역사는 고대로부터 이어진다. 인간은 개가 가축화된 초기부터 처벌과 보상을 포함한 다양한 기법으로 개를 훈련해 왔다. 시대가 흐르면서 훈련 방식은 점차 변화했지만, 최근에는 보다 인도적이고 따뜻한 접근이 강조되고 있다. 이러한 방법은 개뿐만 아니라 보호자와 사회 전체에도 긍정적인 영향을 미친다.

개의 훈련이 문서로 처음 기록된 사례는 기원전 2000년경 고대 이집트에서 찾아볼 수 있다. 당시 사냥꾼들은 개와 함께 사냥을 하기 위해 보상과 처벌 체계를 활용한 훈련법을 사용했다. 이런 보상 중심의 방식은 오랜 기간 이어지다가 19세기부터 현대 동물행동학의 기초가 마련되기 시작했다. 기원전 127~116년경 로마의 농부 마르쿠스 바로Marcus Varro는 가축 보호를 위해 강아지를 기르고 훈련하는 방법에 대한 조언을 남겼다. 그의 글은 특정 역할을 수행하도록 개를 훈련하는 개념이 이미 자리 잡고 있었으며, 어린 시절부터의 훈련이 중요하다는 인식을 보여준다.

19세기에는 개 훈련에 관한 연구와 저술이 한층 구체화된다. 1848년 영국 육군 장교 윌리엄 넬슨 허친슨William Nelson Hutchinson, 1803-1895은 『개 길들이기Dog Breaking: The Most Expeditious, Certain, and Easy Method, Whether Great Excellence or Only Mediocrity Be Required』라는 책을 통해 포인터와 세터와 같은 사냥개에 대한 보상 기반 훈련법을 소개했다. 그는 개를 훈련할 때 강한 처벌보다는 인내와 지식을 바탕으로 한 따뜻한 접근이 필요하다고 강조하며, 개의 장점을 칭찬하고 실수에는 관대한 태도를 보일 것을 권장했다. 1882년 『숲과 개울Forest and Stream』 잡지의 작가 스티븐 해먼드Stephen Hammond는 저서 『실용 훈련Practical Training』에서 사냥개를 훈련할 때 칭찬과 음식 보상의 효과를 역설했다. 올바른 행동에 대해 긍정적 보상을 주는 방식은 오늘날에도 많은 훈련법의 기반이 되고 있다.

20세기 초, 동물 행동 연구에서는 '영리한 한스Clever Hans' 사례가 주목받았다. 1907년 베를린 심리학 연구소의 연구원 오스카 풍스트Oskar Pfungst는 한스가 실제로 숫자를 세는 것이 아니라 조련사의 미묘한 신호에 반응하고 있음을 밝혀냈다(그림 1.1). 이 사례는 동물의 학습과 행동을 연구할 때 보다 과학적이고 실증적인 접근이 필요함을 일깨워 주었다. 이처럼 개 훈련의 역사는 오랜 기간 다양한 방식으로 발전해 왔으며, 현대에는 과학적 연구를 토대로 윤리적이고 효과적인 훈련 방법이 더욱 강조되고 있다.

출처 : Wikipedia

그림 1.1 오스카 풍스트와 한스(말)

비슷한 시기에 러시아 생리학자인 이반 파블로프Ivan Pavlov는 개의 소화 시스템을 연구하던 중 놀라운 사실을 발견했다(그림 1.2). 그는 개가 음식을 받을 때 침을 흘린다는 것을 관찰하였고, 가장 유명한 실험에서 먹이를 주기 전에 특정 소리를 들려주는 과정을 여러 번 반복하였다. 그 결과, 개는 실제로 음식이 제공되지 않아도 소리만 들으면 침을 흘리기 시작하였다. 이는 개가 소리를 음식과 연결지어 기대감을 형성했기 때문이며, 이러한 현상은 '**고전적 조건화Classical Conditioning**'라 불린다. 이 과정은 동물 행동에 대한 현대적 연구와 이해의 토대를 마련한 중요한 개념이 되었다.

출처 : Wikipedia

그림 1.2 이반 파블로프

미국의 심리학자이자 교육학자인 에드워드 리 손다이크Edward Lee Thorndike, 1874-1949는 동기 부여와 긍정적 강화를 활용한 교육에 과학

출처 : Wikipedia

그림 1.3 에드워드 리 손다이크

적이고 체계적인 접근을 처음 도입한 연구자 중 한 명이다(그림 1.3). 그는 행동의 결과에 따라 그 행동이 반복될 가능성이 달라진다는 사실을 발견하였다. 그는 원하는 결과, 즉 긍정적인 효과를 가져오는 행동은 반복될 가능성이 높아지고, 반대로 불쾌한 결과, 즉 부정적인 효과를 가져오는 행동은 줄어들게 된다고 설명하였다. 손다이크는 이를 "효과의 법칙Law of Effect"이라 명명하였으며, 이 개념은 개의 행동을 장려하거나 억제하는 방법을 이해하는 중요한 원리가 되었다. 또한, 이는 효과적인 훈련 기법의 기초가 되었다.

미국의 심리학자이자 행동주의 이론가인 버러스 프레데릭 스키너 Burrhus Frederic Skinner, 1904-1980는 동물 행동 연구를 위해 "스키너 상자Skinner Box"라는 장치를 개발하였다(그림 1.4~5). 이 상자에는 지렛대, 음식 보상을 제공하는 배출구, 그리고 물 공급 장치가 포함되어 있었다. 실험에서 동물은 상자 안에서 자연스럽게 움직일 수 있는데, 처음에는 무작위로 행동하다가 우연히 지렛대를 누르게 되었고, 그 순간 음식이 배출구에 떨어지게 되었다. 이러한 경험을 반복하면서 동물은 지렛대를 누르면 보상을 받을 수 있다는 사실을 점차 학습하게 되었다. 이 학습 과정은 "조작적 조건화Operant Conditioning"라 불리며, 동물이 특정 행동을 반복하거나 피하는 이유를 설명하는 중요한 원리가 되었다. 스키너의 연구는 개 훈련을 비롯한 다양한 행동 수정 기법에 큰 영향을 주었으며, 보상 기반 훈련의 효과를 과학적으로 입증하는 데 기여하였다.

출처 : Wikipedia

그림 1.4 버러스 프레데릭 스키너

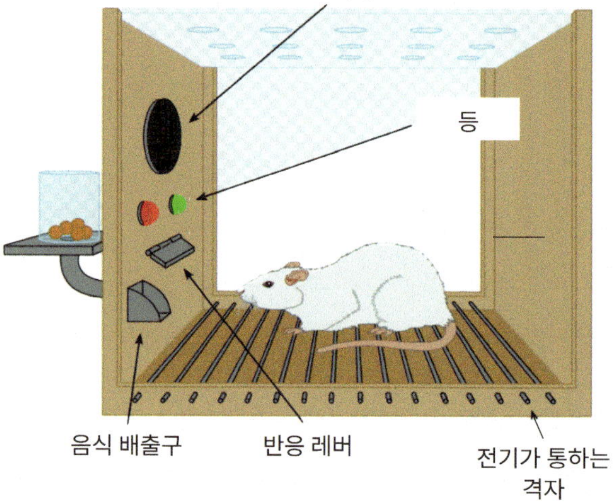

출처 : Wikipedia

그림 1.5 스키너 상자

스키너의 연구는 손다이크가 제시한 "효과의 법칙"을 토대로 하면서도, 학습 원리를 더 깊이 탐구해 더욱 구체적인 개념을 마련하였다. 이 연구는 현대 개 훈련 방식에도 큰 영향을 미쳤다. 즉, 원하는 행동을 강화해야 하며, 행동이 점진적으로 형성될 수 있다는 사실과 함께 **지연된 보상보다 즉각적인 보상이 학습을 촉진**한다는 점을 알게 되었다.

개의 훈련이 전문적인 직업으로 자리 잡으면서 제1, 2차 세계대전 동안 군용견의 수요가 급증하였고, 이에 따라 군대에서는 "강제 훈련의 혁명Revolution of Compulsion"이 일어나 가혹한 처벌 방식을 도입하였다. 이 강제 훈련 방식을 발전시킨 대표적인 인물은 콘라드 모스트Konrad Most로, 그는 독일 개 연구 협회와 동물 심리학 협회의 설립에 기여하며 경찰견 훈련을 체계화하였다. 모스트는 베를린 경찰견 훈련 기관의 교장으로 임명되어 군견 훈련 관련 연구를 수행하였고, 1914년 제1차 세계대전 발발 이후 군대에서 개 활용 업무를 조직 · 지휘하였다. 제2차 세계대전 동안에도 군견 실험 연구소를 운영하였으며, 전쟁 후에는 시각장애인 안내견 등 다양한 작업견을 훈련하는 독일 개 농장을 설립하였다.

모스트는 1910년에 『개 훈련 안내서Training Dogs: A Manual』를 출간하여, 개가 본능적으로 지닌 행동을 활용한 훈련법과 강제Compulsion와 유인Inducement을 병행하는 방식을 설명하였다. 이 책에서는 1차 강화물(음식 보상)과 2차 강화물(칭찬) 간의 차이, 행동 형성과 연결의 원리, 보상과 처벌의 적절한 타이밍 등을 상세히 다루었다. 흥미로운 점은 모스트는 스키너가 1938년에 발표한 『유기체의 행동The Behavior of Organisms: An Experimental Analysis』에서 조작적 조건화의 원리를 공식적으로 정리하기 약 30년 전에, 그의 연구에서 이미 다루었다는 것이다. 군대는 모스트의 훈련 방식을 빠르게 채택하였고, 이 방법은 병사들에게도 전수되었다. 미국 정부 또한 그의 강제적인 훈련 방식을 신뢰하여 군용견 훈련에 활용하였으며, 이후 이러한 방식은 일반 대중에게도 확산되어 많은 개 보호자들이 유사한 방법을 사용하게 되었다.

오늘날에도 일부 훈련사들 사이에서는 여전히 강제 훈련 방식이 사용되고 있는데, 2001년 출판된 여러 서적에서는 스파이크 칼라나 강제 복종 훈련 등 가혹한 방법이 반려견에게 불필요하다는 비판이 제기되었다. 다행히도 제2차 세계대전 이후부터는 보다 온화하고 인도적인 훈련 방법이 점차 주목받기 시작하였다. 이 변화에는 스키너의 연구를 발전시킨 두 제자, 켈러 브릴랜드와 마리안 브릴랜드 베일이 큰 공헌을 하였다. 이들의 연구는 동물을 인도적인 방식으로 훈련하는 방법을 널리 보급하는 계기가 되었으며, 마리안 브릴랜드 베일은 실험적으로 검증된 동물 훈련 방법을 개발하여 인도적 훈련 방식이 확산되도록 노력하였다. 두 사람은 스키너와 협력하여 비둘기를 훈련시켜 폭탄을 유도하는 실험을 진행하며, 조작적 조건화가 실제 환경에서도 효과적으로 활용될 수 있음을 증명하였다.

1947년, 켈러 브릴랜드는 조작적 조건화의 잠재력을 믿고 전문 동물 훈련과 현대 행동 과학을 결합한 "동물행동연구소Animal Behavior Enterprises, ABE"를 설립하였다. 이 기업은 사람들에게 동물을 보다 효과적으로 훈련시키는 온화한 방법을 전파하는 데 주력하였으며, 이를 통해 수천 마리의 동물을 다양한 목적으로 훈련하였다. 1955년에는 조작적 조건형성을 기반으로 훈련된 동물들을 전시하는 '아이큐 동물원I.Q. Zoo'을 설립하였으며, 이후 돌고래와 고래를 훈련하여 오락과 해군 임무에 활용한 최초의 연구자로 기록되었다.

1965년 켈러 브릴랜드가 세상을 떠난 후, 마리안 브릴랜드 베일리는 1976년 해군 해양 포유류 훈련 책임자였던 밥 베일리와 결혼하여, 장애인을 돕기 위한 비영리 단체 '독립을 위한 반려견 동반자Canine Companions for Independence'와 협력하며 실용적인 훈련 방법을 연구하였다. 이들은 동물을 원거리에서 효과적으로 훈련할 수 있는 조건 강화 장치인 '클리커Clicker'를 활용하는 방법을 개발하였다. 클리커 훈련은 강화 신호를 명확하게 전달하여 동물이 원하는 행동을 더욱 빠르고 효과적으로 학습하도록 돕는 기법으로, 이후 반려견 훈련에 널리 사용되었다. 이처럼 켈러와 마리안 브릴랜드의 연구는 현대 동물 훈련, 특히 반려동물 훈련이 강압적인 방식에서 벗어나 인도적이고 과학적인 방법으로 발전하는 데 큰 역할을 하였으며, 그들이 개발한 기법들은 오늘날에도 개를 비롯한 다양한 동물 훈련에 폭넓게 활용되고 있다.

출처 : Wikipedia

그림 1.6 켈러 브릴랜드

오스트리아의 동물학자이자 행동학자인 콘라트 자카리아스 로렌츠(1903-1989)는 동물 행동학의 기초를 발전시키는 데 큰 기여를 한 연구자로 널리 알려져 있다(그림 1.7). 그는『인간과 개의 만남, 그리고 솔로몬 왕의 반지Man Meets Dog and King Solomon's Ring』라는 저서를 통해 동물 행동 연구를 대중에게 알리는 데 중요한 역할을 했다(Tinbergen, 1963).

출처 : Wikipedia

그림 1.7 콘라트 로렌츠

동물 행동학자 콘라트 로렌츠는 개를 효과적으로 훈련하기 위해 세 가지 필수 명령어가 중요하다고 말한다. 첫 번째 명령어인 "엎드려Lie Down"는 개가 현 위치에서 머무르도록 유도하는 것이다. 두 번째 명령어 "하우스House"는 개를 특정한 장소로 이동시키기 위한 것이며, 마지막 명령어 "따라Heel"는 개가 보호자의 옆에서 함께 걷도록 하는 데 목적이 있다(Lehrman, 1953; Lorenz, 1953). 이러한 개 훈련에 대한 관심은 1935년 미국반려견협회American Kennel Club, AKC가 복종 시험Obedience Trials을 도입하면서 더욱 높아졌다. 1936년에는 여러 인기 잡지들이 훈련된 반려견을 기르는 것의 장점과 개 훈련이 취미로서 가지는 오락적 요소를 소개하며 대중의 관심을 끌었다(Koehler, 1962).

제2차 세계대전 이후, 도시와 교외에서 반려견을 기르는 가정이 늘어나면서 개의 복종성과 훈련은 더욱 중요한 요소가 되었다. 개는 단순한 반려동물이 아니라 집을 지키고 보호자의 편의를 돕는 역할까지 요구받게 되었다. 이 시기에 개 훈련 분야에서 중요한 역할을 한 인물은 윌리엄 쾰러William R. Koehler이다. 그는 캘리포니아 전쟁견 훈련센터War Dog Training Center에서 수석 훈련사로 근무하며 군견을 훈련하였고, 전쟁 이후 미국에서 가장 큰 개 클럽 중 하나인 오렌지 엠파이어 견종 클럽의 수석 훈련사로 활동하였으며, 월트 디즈니 스튜디오의 개 훈련사로도 일하였다. 1962년, 그는 자신의 훈련 철학을 담은『쾰러의 개 훈련 방법The Koehler Method of Dog Training』을 출간하였다. 이 책에서 그는 "개 심리학자들의 수다The Prattle of Dog Psychologists"라는 표현을 사용하며 간식 보상 훈련 기법Tid-bit Training Techniques을 강하게 비판하였다. **쾰러의 훈련 방식의 가장 큰 특징은 긴 줄을 활용하여 개의 주의를 집중시키는 기법**이다. 그는 훈련 초기에는 목줄 훈련을 하지 않고, 개와의 구두 의사소통도 최소화해야 한다고 주장하였다. 또한, 훈련 과정에서 "강력한 교정Strong Correction"이 필요하다고 강조하였다. 그의 방법에는 목줄을 강하게 당기거나 목걸이를 조이는 방식이 포함되어 있었으나, 반복적인 잔소리식 교정은 개를 혼란스럽게 만들어 오히려 비효율적이고 가혹할 수 있다는 점도 지적하였다. 이러한 훈련 방식은 많은 논란을 불러일으켰으며, 그의 제자인 비키 허른은 감정적으로 강한 표현 때문에 법적 소송이 제기되었고, 한때 아리조나주에서 금지되기도 했다고 언급했다(Hearne, 1987). 비록 논란이 있었지만 쾰러의 훈련 방식은 현대 개 훈련 시스템에 큰 영향을 미쳤으며, 군견과 경찰견 훈련에 지속적으로 활용되고 있다. 그러나 오늘날에는 보다 인도적인 보상 기반 훈련Positive Reinforcement이 강조되어, 강압적인 방식보다는 개가 자발적으로 학습하도록 유도하는 방법이 선호된다.

1950년대에 블랑쉬 손더스Blanche Saunders는 복종 훈련Obedience Training의 중요성을 널리 알리기 위해 미국 전역을 순회하며 시범을 보이고, 반려견 훈련의 대중화를 적극적으로 이끌었다. 그녀는 개 훈련의 확고한 지지자로, 저서 『완벽한 개 복종 훈련서The Complete Book of Dog Obedience』에서 개 훈련의 원리를 설명하였다. 손더스는 개가 자신의 행동을 기쁘거나 불쾌한 결과와 연관지어 학습한다고 보았으며, 잘못된 행동에는 훈육이 필요하지만 올바른 행동에는 보상이 주어져야 한다고 강조하였다(Saunders, 1969). 그녀의 훈련 방식은 부정적 강화Negative Reinforcement에 초점을 맞추었으며, 주로 목줄을 잡아당기는 교정 방법을 사용하였다. 손더스가 학생들에게 가르친 핵심 구호는 “명령! 당김! 칭찬!”이었으며, 음식이 지속적인 보상이 되어서는 안 되지만, 문제 해결을 위한 간식 사용은 가끔 허용할 수 있다고 보았다. 그녀의 이러한 접근 방식은 군대와 경찰견 훈련의 강압적인 방법에서 벗어나 긍정적 강화 기법으로 전환하는 데 중요한 역할을 하였다(Burch, 2002).

1965년, 존 폴 스콧John Paul Scott과 존 L. 풀러John L. Fuller는 개의 학습과 사회성 발달에 중요한 시기를 밝혀내며, 『개의 유전학과 사회적 행동Genetics and the Social Behavior of the Dog』이라는 책을 통해 그 연구 결과를 발표하였다. 이 연구는 오늘날에도 개 행동학의 중요한 이론적 기반으로 자리잡고 있다(Scott & Fuller, 1998). 1978년에는 뉴욕 케임브리지에 위치한 뉴 스키트New Skete 수도사들이 『당신 개의 최고의 친구가 되는 법: 반려견 훈련 매뉴얼How to Be Your Dog's Best Friend: A Training Manual for Dog Owners』을 출간하였고, 이 책은 즉시 베스트셀러가 되어 개와의 의사소통과 신뢰가 중요한 열쇠임을 강조하였다. 다만, 이후 이들은 개 훈련에서 대립적 처벌Confrontational Punishment을 지지하는 입장을 보였고, 이는 일부 개들에게 위험할 정도로 공격적인 반응을 유발할 수 있다는 연구 결과가 나오면서 논란이 되었다(Herron, Shofer, & Reisner, 2009).

1980년대 초반, 수의사이자 동물 행동학자인 이안 던바Ian Dunbar는 당시 대부분의 개 훈련사들이 생후 6개월 이전의 강아지에게는 훈련을 적용하지 않는다는 사실에 주목하였다. 그러나 연구에 따르면 **강아지는 최적의 학습 기간 동안 중요한 사회성과 행동을 익힐 수 있다는 사실이 증명**되었다. 이를 바탕으로 던바는 1982년, 강아지들이 목줄 없이 사회성을 기르고 훈련을 받을 수 있는 최초의 비목줄 훈련 프로그램 “시리우스 개 훈련Sirius Dog Training”을 설립하였다(Dunbar, 2023). 그는 강아지에게 물어뜯기 억제, 사회화, 기본적인 예절을 가르치는 것이 매우 중요하다고 강조하며, 개 친화적인 훈련을 널리 보급하였다. 이후 던바는 전 세계적으로 1,000회 이상의 강연을 통해 강아지 사회화와 긍정적 훈련 방법을 전파하며, 개 훈련 방식의 변화를 이끄는 중요한 인물이 되었다.

1980년대 이전, 카렌 프라이어Karen Pryor는 스키너의 조작적 조건화Operant Conditioning 원리를 활용하여 돌고래를 훈련하고 해양 동물 쇼를 개발한 해양 동물 훈련사로 활동하였다(그림 1.8). 이후 프라이어는 이 원리를 개 훈련에도 적용하며, **클리커 훈련**Clicker Training과 같은 새로운 기법을 발전시키는 데 기여하였다. 이처럼 다양한 연구와 훈련 기법의 발전 덕분에 개 훈련 방식은 점차 **강압적인 방법에서 벗어나 보다 인도적이고 과학적인 접근법으로 변화**하였다. 특히, 강아지 조기 사회화, 긍정적 강화, 그리고 보상 기반 훈련이 더욱 강조되면서 현대적인 개 훈련 방식이 자리 잡게 되었다.

출처 : Gordon, 2012

그림 1.8 카렌 프라이어

1999년, 카렌 프라이어는 일반 대중도 쉽게 이해할 수 있도록 조작적 조건 형성Operant Conditioning 과정을 설명한 책『개를 혼내지 마세요: 새로운 교육과 훈련 기법Don't Shoot the Dog: The New Art of Teaching and Training』을 출간하였다(Pryor, 1999). 이 책은 보상 기반 훈련의 원리와 효과적인 학습 방법을 소개하며, 동물뿐 아니라 사람을 교육하는 데도 활용할 수 있는 다양한 기술들을 설명하고 있다. 이 책에서 카렌 프라이어는 사람들이 변화를 유도하고자 처벌을 사용하는 경우에 자주 실패하는 이유를 설명하며, 대신 남편, 자녀, 반려동물의 행동을 긍정적으로 변화시키는 구체적인 방법들을 제시한다. 프라이어의 개 훈련 자료와 세미나에서는 긍정적 강화를 중심으로 좋은 행동을 강화하는 기법을 소개하며, 조작적 조건화가 어떻게 효과적으로 활용될 수 있는지를 보여준다. 프라이어와 개 훈련사 게리 윌크스는

그림 1.9. 개를 혼내지 마세요: 새로운 교육과 훈련 기법

1992년과 1993년 일련의 세미나를 통해 클리커 훈련을 처음으로 소개하였다. 이 훈련법은 힘을 사용하지 않고 과학적 원리에 기반한 인도적인 방식으로, 전 세계적으로 새로운 차원의 훈련 기법을 정립하는 데 큰 영향을 미쳤다. 다만, 윌크스는 처벌과 보상을 함께 사용하는 방식을 지지하여 두 사람의 철학적 차이로 인해 협력이 오래 지속되지는 못했다.

초기 체계적인 동물 복지를 지지한 인물 중 한 명은 정치학자 로버트 가너Robert Garner이다. 그는 동물을 보호하기 위한 정책과 제도적 접근의 필요성을 강조했으며, 동물의 도덕적 지위를 논의하는 데 중요한 학문적 기여를 하였다. 동물 행동학자들이 개 훈련에 본격적으로 관심을 갖기 시작한 것은 1900년대부터였지만, 이러한 훈련법이 대중적으로 알려지고 널리 사용되기 시작한 것은 제2차 세계대전 이후이다. 이 시기 동물권 운동가들의 활동이 활발해지면서 여러 나라에서 동물에 대한 잔인한 대우를 범죄로 규정하는 법안을 도입하기 시작했고, 이 변화는 개 훈련 방식에도 긍정적인 영향을 주어 보다 온화하고 과학적인 방법이 주목받게 되었다. 특히, 클리커 훈련과 같은 새로운 인도적인 훈련 방법들이 등장하면서 음식 보상이나 긍정적 강화에 기반한 개 훈련 방식이 자리 잡기 시작하였다. 이러한 접근법은 신체적 처벌이나 위협적인 방법을 사용하지 않고, 좋은 행동을 보상하는 데 초점을 맞추어, 이전의 강압적인 훈련 방식에서 벗어나 보다 효과적이고 윤리적인 훈련법으로 발전하게 되었다.

그림 1.10 클리커 훈련

오늘날 대부분의 훈련사들은 **동물들이 두려움 없이 긍정적 강화를 통해 효과적으로 학습한다는 점을 잘 이해하며, 인도적인 방법을 선호**한다. 많은 훈련사들이 **클리커 훈련이나 후각을 활용한 비강압적 기법을 적용하고 있으며, 신체적 교정 역시 동물의 부정적인 행동을 처벌하기보다 올바른 행동을 가르치는 데 초점**을 맞춘다. 이를 통해 보다 안전하고 배려하는 방식으로 훈련을 진행하려 노력한다. 또한, 개와 보호자 간의 원활한 소통을 돕기 위해, 훈련사들은 보호자들에게 행동 문제 해결 방법과 적절한 개 다루기 기술을 교육하고 있다. 예를 들어, 과도한 짖음이나 과도한 경계심과 같은 일반적인 문제들을 해결하기 위한 다양한 자료를 제공하여, 반려견과 보호자가 함께 건강한 관계를 형성할 수 있도록 돕고 있다.

우리나라의 개 훈련 역사는 1930년대 일제강점기로 거슬러 올라간다. 당시 조선총독부 산하에 제국군용견협회가 창설되며 군용견 육성이 시작되었고, 박해동 등을 비롯한 한국인들이 중국 만주 28연대에서 군견병으로 복무하며 우리 최초의 군견병이자 훈련사로 기록되었다(신귀철, 2021).

이후 1950년대 중반, 최초의 애견훈련소인 "삼일 경비견훈련소"가 설립되었으며, 1960년대에는 (사)한국경비견등록협회가 내무부 장관의 승인을 받아 공식 개 훈련 단체로 자리 잡았다. 1965년에는 (사)한국셰퍼드견등록협회와 함께 국방부 소속 한국군용견협회가 창설되어, 우리나라 개 훈련의 근대화가 본격화되었다. 특히, 6.25전쟁 당시 미군이 경계견, 정찰견, 추적견 등 군견을 활용한 것이 큰 계기가 되어, 우리 군도 미국 군견 시스템을 모델로 삼아 1960년대 중반부터 본격적인 군견 훈련 체계를 마련하게 되었다(김병부, 2022). 1970년대 후반에는 일본에서 전래된 훈련책자『애견의 훈육과 훈련』이 소개되었으나, 체계적인 연구가 부족해 발전은 다소 더딘 시기였다. 당시 훈련은 군대에서 군견을 다루던 일부 반려인들에 의해 유지되었다. 1980년대 중반부터는 정부기관을 중심으로 후각 작업견 훈련이 본격적으로 발전하였다. 관세청과 경찰에서도 탐지견 조직을 설립하여 마약 및 폭발물 탐지 등 전문 분야에서 개의 활용이 확대되었다.

1990년대에는 애견 시장이 급격히 성장하면서 민간 부문에서도 개 훈련이 활발해졌다. 전국적으로 사설 반려견 훈련소들이 증가하고, 독일 등 외국의 다양한 훈련 기법이 유입되면서 보다 체계적인 훈련 방식이 자리 잡기 시작하였다. 2000년대에 들어서는 민간 훈련소가 크게 성장하며 반려견 훈련 산업이 더욱 발전하였고, 훈련 방식도 점차 과학적이고 체계적인 방법으로 변화하면서 전문성이 강화되었다. 2010년대부터는 "애견"이라는 개념이 "반려견"으로 전환되면서, 개가 단순한 동물이 아닌 가족의 일원으로 인식되는 문화가 확산되었다. 이에 따라 반려견의 문제행동 교정 분야도 새롭게 주목받게 되었다. 2020년에는 국가 차원에서 반려견 행동 교정과 관련된 국가직무능력표준NCS이 개발되고, 반려견 행동지도사 국가자격체계 구축 방안이 연구되어, 체계적인 전문 분야로 자리 잡기 위한 제도적 기반이 마련되었다.

이와 같이 우리나라의 개 훈련 역사는 군용견 중심에서 민간 반려견 훈련으로 점진적으로 확대되었으며, 초기 강압적인 방식에서 점차 긍정적 강화에 기반한 인도적인 방법으로 변화해 왔다. 오늘날 보호자와 훈련사들은 처벌보다는 올바른 행동을 가르치는 데 주력하며, 반려견과 보호자가 더욱 조화로운 관계를 형성할 수 있도록 노력하고 있다. 앞으로도 더욱 과학적이고 체계적인 훈련 기법이 발전하여, 반려견이 사람과 함께 건강하고 행복한 삶을 영위할 수 있을 것으로 기대된다.

2. 개 훈련의 정의

과거의 전통적인 개 훈련 방식은 개에게 "누가 주인인지"를 보여주는 데 초점을 맞췄지만, 이는 반드시 효과적인 방법이 아니다. 실제로, **훈련사는 개와 경쟁하는 상대가 아니라 한 팀으로서 함께 배우고 성장하는 동반자**임을 기억해야 한다. 개 훈련은 단순히 훈련사가 개를 지배하는 것이 아니라, 훈련사와 개가 함께 특정 기술이나 행동을 학습하는 과정이다. 구체적으로, 훈련사의 요청에 따라 개가 원하는 행동을 할 수 있도록 동기를 부여하는 것이다. 하지만 이 과정은 단순한 기술 습득을 넘어서, 개가 계속해서 배우고 적응해 나가는 과정이기도 하다. 개는 항상 학습하는 동물이기 때문에, 한 번 배운 기술을 유지하기 위해 꾸준한 연습이 필요하다.

모든 동물과 마찬가지로 개도 명확한 동기 부여가 있어야 한다. 훈련사는 개를 잘 이해하고, 어떤 보상이 가장 효과적인지 파악하는 것이 중요하다. 일반적으로 음식은 개에게 강력한 보상 중 하나이며, 때로는 습식 음식이 건식 음식보다 더 효과적일 수 있다. 물론, 일부 사람들은 칭찬만으로 훈련되기를 바라기도 하지만, 이는 현실적으로 어려울 수 있다. 마치 월급 없이 칭찬만으로 일하는 것과 같기 때문이다. 그러나 올바르게 보상을 사용하면, 개는 결국 훈련사의 목소리나 손 신호만으로도 반응할 수 있으며, 음식 보상 없이도 학습된 행동을 수행할 수 있게 된다. 무엇보다도 개 훈련은 보호자와 개 모두에게 즐거운 경험이어야 한다. 예를 들어, "굴러" 같은 기술을 가르칠 때는 보호자와 개가 놀이를 즐기듯이 진행되기 때문에 부담 없이 효과적으로 학습할 수 있다.

반면, "앉아"와 같은 기본 훈련은 종종 진지하게 접근되어 개가 빨리 배우기를 기대하면서 압박감이 생길 수 있다. 결과적으로 즐거운 분위기에서 진행되는 훈련이 개에게도 보호자에게도 더욱 효과적이며, 학습 속도도 빨라진다. 또한, **개 훈련은 단순히 특정 명령이나 신호에 반응하도록 가르치는 것에 그치지 않고, 자연스러운 행동을 조절하여 개가 스스로 바람직한 행동을 하도록 유도하는 과정을 포함한다.** 일반적으로는 기본적인 복종 훈련을 통해 개와 보호자 간의 원활한 소통과 통제력을 확립한 후, 보다 고급스럽고 전문적인 훈련으로 발전시킬 수 있다.

1) 기본 복종 훈련의 핵심 기술

- **호출**(Recall) - 개가 보호자의 부름에 즉시 반응하도록 훈련한다.
- **앉아**(Sit) - 보호자의 명령에 따라 개가 앉는 법을 배우게 한다.
- **옆에서 걷기**(Heeling) - 개가 목줄을 착용했든 안 했든, 보호자와 나란히 걸을 수 있도록 훈련한다.
- **기다려**(Stay) - 보호자의 명령이 있을 때까지 개가 움직이지 않도록 가르친다.
- **사회화**(Socializing) - 개가 사람, 다른 개, 또는 다양한 동물들과 친숙하게 지내며 공격적인 행동을 보이지 않도록 교육한다.

이러한 기본적인 복종 훈련은 개가 보호자와 안전하고 조화롭게 생활하는 데 필수적이며, 이후 더 고급 기술이나 전문적인 역할(예: 서비스견, 탐지견, 스포츠견 등)로 확장될 수 있다.

3. 개 훈련의 기본 원칙

효과적인 개 훈련을 위해서는 단순히 명령을 반복하는 것이 아니라, 훈련의 기본 원칙을 이해하고 적용하는 것이 중요하다. 개는 훈련사의 행동과 반응을 빠르게 학습하므로, 일관된 방식으로 지도할 때 가장 좋은 결과를 얻을 수 있다. 훈련의 성공을 결정하는 주요 요소는 타이밍, 일관성, 동기 부여, 명확한 지시, 그리고 상황에 따른 유연성이다. 이러한 원칙을 잘 활용하면 개는 더욱 빠르고 효율적으로 학습할 뿐 아니라, 보호자와 개 사이의 신뢰도 크게 강화될 수 있다. 다음은 개 훈련에서 반드시 고려해야 할 다섯 가지 핵심 원칙에 대한 설명이다.

그림 1.11 훈련 기본 원칙

1) 타이밍(Timing)

타이밍은 개가 **자신의 행동과 그에 따른 결과를 연결하는 데 필요한 시간 범위**를 말한다. 개는 행동과 결과가 약 1.3초 이내에 이어져야 서로 연관지을 수 있다. 즉, 올바른 행동에는 1.3초 이내에 보상이 주어지고, 부적절한 행동에는 같은 시간 내에 교정이 이루어져야 한다. 그러나 보호자들은 종종 반려견의 잘못된 행동 후 시간이 지난 뒤에 처벌을 하는 실수를 범하기도 한다. 이 경우 개는 자신의 행동과 처벌 사이의 연결고리를 제대로 인식하지 못해, 단순히 보호자가 화난 것으로만 받아들인다. 그 결과, 개는 보호자의 감정을 읽고 순종적인 태도를 보일 뿐, 왜 혼나는지 제대로 이해하지 못하게 된다. 따라서 효과적인 훈련을 위해서는 올바른 행동과 보상, 그리고 부적절한 행동과 교정이 즉각적으로 연결되도록 타이밍을 신경 쓰는 것이 매우 중요하다.

2) 일관성(Consistency)

반려견이 새로운 행동을 배우고 습관화하려면 일관성이 매우 중요하다. 여기서 일관성이란 **모든 상황에서 동일한 규칙과 방식으로 개의 행동에 반응하고, 지속적으로 같은 기준을 적용하는 것**을 말한다. 반려견은 보호자의 행동과 반응을 면밀히 관찰하며 학습하기 때문에, 보호자가 한 번은 허용하고 또 한 번은 금지하는 등 일관되지 않은 태도를 보이면 혼란을 느끼고 그 행동을 익히기 어려워진다. 새로운 행동이 자연스럽게 습관으로 자리 잡으려면 최소 30일 정도의 꾸준한 반복과 유지가 필요하다. 매일 같은 방식으로 개의 행동을 지도하고, 일관된 보상과 교정을 제공할 때 반려견은 더 빠르고 효과적으로 학습할 수 있다. 꾸준한 훈련과 지속적인 규칙 적용이 반려견에게 좋은 습관을 만드는 핵심 요소임을 기억해야 한다.

3) 동기(Motivation)

반려견이 올바른 결정을 내리고 원하는 행동을 하도록 유도하려면 동기 부여가 필수적이다. 이 동기는 보호자의 행동을 통해 형성되며, 개가 바람직한 행동을 했을 때 즉각적으로 긍정적인 반응을 보이는 것이 중요하다. 이러한 반응은 **"긍정적 동기"** 또는 **"보상"**으로 불리며, 보호자는 반려견이 올바른 행동을 했을 때 즉시 적절한 보상을 제공해야 한다. 보상의 방식은 매우 중요한데, 개가 **실제로 체감할 수 있는 물리적인 보상이 가장 효과적**이다.

- **언어적 보상** – 예를 들어 "잘했어!"라고 칭찬하는 것은 반려견에게 큰 동기 부여가 되지 않을 수 있다.

- **음식 보상 및 신체적 보상** – 간식 제공이나 쓰다듬기, 마사지와 같은 보상은 개가 긍정적인 행동을 반복하도록 유도하는 데 더 효과적이다.

따라서 반려견이 원하는 행동을 할 때 즉각적이고 의미 있는 보상을 제공하면, 긍정적인 학습 경험을 통해 보다 빠르고 효과적으로 행동을 익힐 수 있다.

4) 지시(Direction)

지시는 **보호자가 반려견에게 원하는 행동을 명확하게 전달하는 중요한 도구**이다. 여기에는 손동작, 몸의 움직임, 언어적 신호, 자세, 보상 등이 포함되어, 개가 훈련 중 어떤 행동을 해야 하는지 쉽게 이해할 수 있도록 도와준다. 반려견은 인간의 언어를 완벽하게 이해하지 못하기 때문에, 명확한 지시가 없으면 혼란과 스트레스를 느낄 수 있다. 따라서 보호자는 일관된 신호와 명확한 지시를 사용하여 반려견이 빠르게 학습할 수 있도록 도와야 한다. 이렇게 명확한 지시를 활용하면 개의 학습 기간을 단축시킬 수 있을 뿐만 아니라, 훈련 과정에서 발생할 수 있는 혼란과 스트레스도 줄일 수 있다. 보호자가 신호를 꾸준히 사용하고, 개가 이해하기 쉬운 방식으로 훈련을 진행하면 반려견은 더욱 빠르고 효과적으로 원하는 행동을 습득하게 된다.

5) 상황(Situation)

상황은 **반려견이 바람직한 행동을 할 수 있도록 유도하는 환경적 요소를 의미하며, 시각, 청각, 후각 등의 다양한 자극을 포함**한다. 반려견은 주변 환경에서 주어지는 자극을 통해 어떻게 행동해야 하는지를 학습한다. 예를 들어, 우리가 도서관에 들어가면 자연스럽게 조용한 분위기에 적응하여 속삭이거나 조심스럽게 움직이는 것처럼, 반려견도 특정 상황에서 적절한 행동을 하도록 교육될 수 있다. 즉, **반려견의 행동이 상황에 맞게 달라지도록 하는 것은 보호자의 역할**이다. 다양한 환경에서 반려견이 어떻게 행동해야 하는지는 보호자가 명확한 기준을 가지고 일관되게 지도할 때 결정된다. 만약 반려견이 특정 상황에서 부적절한 행동을 보인다면, 이는 반려견의 문제가 아니라 보호자의 교육 방식에 문제가 있을 수 있다. 따라서 보호자는 다양한 상황에서 반려견이 올바르게 반응할 수 있도록 차분하고 일관된 방식으로 지도해야 한다.

반려견의 행동은 보호자가 이러한 교육 원칙을 얼마나 잘 이해하고 적용하느냐에 따라 달라진다. **타이밍은 반려견이 자신의 행동과 그 결과를 올바르게 연결할 수 있도록 도와주며, 일관성은 건강한 습관 형성에 큰**

역할을 한다. 또한, **동기는 반려견의 의사 결정에 중요한 영향을 미치고, 명확한 지시는 학습 과정을 더욱 쉽게 만들어 준다.** 마지막으로, **상황은 반려견이 특정 환경에서 기대되는 행동을 자연스럽게 익힐 수 있도록 유도한다.** 이 다섯 가지 원칙을 효과적으로 활용하면 반려견은 더욱 빠르고 안정적으로 원하는 행동을 습득할 수 있다.

표 1.1 훈련 기본 원칙과 내용

기본 원칙	핵심 내용
타이밍	행동과 결과 연결
일관성	습관 형성
동기	의사 결정
지시	학습 용이
상황	기대 행동

4. 개 훈련의 이론

개 훈련의 첫 단계는 과학적인 학습 원리와 방법을 이해하는 데 있다. 이를 통해 보호자와 개 모두에게 효과적인 훈련 기술을 개발할 수 있다(Blake, 2008). 학습 이론의 전문 용어가 다소 어렵게 느껴질 수 있으나, 사실 우리는 일상 생활에서 이미 많은 학습 원리와 방법을 사용하고 있다. 학습 원리를 명확하게 이해하면 기존 행동을 수정하거나 새로운 행동을 가르치는 데 큰 도움이 된다. 목표를 달성하기 위해서는 **검증된 과학적 방법을 따르는 것이 중요하며, 입증된 학습 이론을 기반으로 해야 한다.** 이를 통해 보호자와 개가 성공적인 훈련을 이룰 수 있으며, 새로운 과학적 연구를 지속적으로 따라가 최신 정보를 얻는 것도 필수적이다.

개 훈련에는 여러 가지 학습 방법과 과정이 있는데, 대표적으로 고전적 조건화Classical Conditioning, 조작적 조건화Operant Conditioning, 역조건화Counter-conditioning가 있다. 이러한 방법들에서 중요한 요소는 동기부여Motivation, 강화Reinforcement, 그리고 처벌Punishment이다. 효과적인 훈련을 위해서는 성공적인 훈련 환경을 조성하고, 조건적 강화물을 적절히 사용하는 한편, 숙련된 훈련 방법을 적용하는 것이 필요하다.

동물 훈련의 철학은 긍정적인 상호작용과 일관성을 바탕으로 개와 인간 간의 관계를 형성하여, 미래의 문

제행동을 예방하고 빠른 학습을 도모하며 기존의 행동 문제를 해결하는 데 있다. 이 철학은 조작적 조건화의 과학적 행동 원리와 LIMALowest Intrusive, Minimally Aversive 접근 방식을 포함하여, 최소한의 개입과 혐오적인 방법을 사용해 훈련을 진행하는 것을 목표로 한다(Association of Professional Dog Trainers, n.d.). 비록 훈련은 긍정적 강화로 점차 발전하고 있지만, 다양한 훈련 방법과 철학을 배우는 것이 가장 포괄적이고 효과적인 교육을 제공할 수 있다.

1) LIMA 원리

LIMA 원리는 "최소 간섭, 최소 혐오"를 의미하며, **훈련사나 동물 행동 전문가가 가장 효과적이고 인도적인 방법을 사용하면서 불필요한 간섭과 혐오를 최소화하는 전략**을 채택하는 것을 말한다(Lindsay, 2005). 이는 개의 행동 변화를 위해 **불필요한 처벌을 배제하고, 환경과 신체적 안녕, 대체 행동 강화**를 통해 긍정적 변화를 유도하는 데 중점을 둔다.

(1) 역량 기반

훈련사나 동물 행동 전문가는 긍정적 강화를 극대화하고 처벌은 최소화해야 하며, 지속적인 교육과 실습을 통해 자신의 역량을 발전시켜야 한다. 자신의 전문성을 벗어난 문제에 대해서는 조언을 제공하지 않는 것도 핵심 원칙이다.

(2) 긍정적 강화와 학습자 이해

긍정적 강화는 교육과 행동 변화의 핵심 요소로, 학습자의 경험을 바탕으로 결정된다. 훈련사나 전문가는 학습자가 받는 보상(예: 쓰다듬기, 음식, 도구 등)을 신중하게 평가해야 하며, **개인의 선호나 편견이 영향을 미치지 않아야 한다.**

(3) 체계적인 문제 해결과 전략

일관되고 체계적인 접근 방식을 통해 구체적인 목표 행동을 설정하고, 그 행동의 목적과 결과를 명확히 파악하는 것이 필수적이다. 다양한 전략을 윤리적으로 적용하여 학습자의 반응을 세심하게 관찰하고 문제를 적절히 해결해야 한다.

(4) 학대 예방

LIMA는 부적절하거나 과도한 처벌을 피하여, 개에게 공격적이거나 반격적인 행동, 불안, 공포 및 신체적 위험을 유발하지 않는 것을 목표로 한다. 처벌 대신 긍정적 방법을 사용함으로써 보호자와 개, 그리고 훈련사 간의 관계를 건강하게 유지할 수 있다.

(5) 학습자의 선택권과 통제권

훈련사나 동물 행동 전문가는 학습자에게 가능한 한 많은 통제권과 선택권을 제공해야 한다. 이는 개가 스스로 결정할 수 있도록 돕고, 각 동물의 개성과 필요에 맞춘 맞춤형 훈련을 가능하게 한다.

(6) 원하는 행동 강화

훈련에서는 항상 '동물에게 어떤 행동을 하길 원하는가?'라는 질문에 집중해야 한다. 처벌에 의존하기보다는, **바람직한 행동을 강화하는 방향으로 접근**하여 동물이 올바른 행동을 자연스럽게 습득하도록 유도해야 한다.

이와 같이 LIMA 원칙은 **동물 복지를 최우선으로 고려하며, 인도적이고 신중한 방법**으로 행동 변화를 유도하는 데 중점을 둔다. 이를 통해 훈련사와 기관들은 동물과 사람 모두를 존중하는 훈련을 실현할 수 있다.

2) 행동 변화 절차의 계층 구조(Hierarchy of Behavior-Change Procedures)

행동 분석가 수잔 프리드먼 박사Susan Friedman, PhD는 "인간적 계층 구조Humane Hierarchy"라는 개념을 처음 제시하며, 개의 행동 개입과 훈련을 위한 모델을 만들었다. 이 동물 복지 행동 변화 계층 구조는 훈련 및 행동 교정 과정에서 전문가가 어떤 방법을 사용할지 결정하는 데 도움을 주며, 보호자와 동물 보호 전문가가 훈련 방법의 실행 순서를 이해하는 데 유용하다. 이 모델에 따르면, **개는 기본적인 필요가 충족되고 적절한 교정이 이루어진 후에야 학습 동기가 형성된다.** 교정은 최소한의 개입으로 시작하여, 개가 점차 발전함에 따라 더 고급스러운 방법으로 진행된다(Friedman, 2010; Martino, 2022). 우리가 배고프거나 추운 상태에서 일에 집중하기 어려운 것처럼, 개도 신체적 필요가 충족되지 않으면 최상의 학습 성과를 내기 어렵다. 또한, 다른 동물 등 외부 자극으로 주의가 분산되는 상황에서는 좋은 결과를 기대하기 어렵다. 프리드먼 박사의 모델은 **개가 건강하고 적절한 영양을 섭취하며 신체적인 필요가 충족된 후에야 행동 변화가 효과적으로 시작될 수 있다**는 전제를 담고 있다(McNeil, 2014).

표 1.2 행동 변화 절차의 계층 구조

단계	내용
1	건강, 영양 및 신체적 필요 사항 해결 Wellness : Nutritional, Physical
2	선행 조치 Antecedent Arrangement
3	긍정적 강화 Positive Reinforcement
4	대체 행동의 차등 강화 Differential Reinforcement of Alternative Behaviors
5	부정적 처벌, 부정적 강화 또는 소거 Extinction, Negative Reinforcement and Negative Punishment
6	긍정적 처벌 Positive Punishment

표 1.2는 환경 변화에서 시작하여 긍정적 처벌로 이어지는 6단계 계층 교정 방법을 보여준다. 각 단계는 다음 단계로 넘어가기 전에 충분히 이해되고 효과적으로 적용되어야 한다.

(1) 1단계: 건강, 영양 및 신체적 필요 사항 해결

모든 의학적, 영양적, 건강상의 문제는 반드시 면허가 있는 수의사에게 맡겨야 한다. 훈련 전문가는 **개가 건강하고 필요한 모든 것이 충족되는지 확인하며, 개가 겪고 있는 신체적 문제나 환경적 요인을 먼저 해결하는 데 집중**해야 한다. 특히, 개가 불안하거나 과도한 각성, 혹은 정신적 능력 저하와 관련된 상태들(예: 알레르기, 골격 통증, 갑상선 문제, 스테로이드 수치 변화 등)을 잘 알고 있어야 한다. 이러한 신체적 문제가 해결되지 않으면 행동 교정이 어려워질 수 있으므로, 문제를 완전히 해결한 후에 다음 단계로 넘어가야 한다

(2) 2단계: 선행 조치

선행 조치는 **개가 특정 행동을 시작하기 전에 나타나는 조건**을 의미하며, 이를 효과적으로 이해하고 관리하는 것은 문제행동을 미리 예방하는 데 매우 중요하다. 예를 들어, 반려견이 다른 개들이 지나갈 때 짖는다면, 그 행동이 있기 전에 뒤뜰이나 울타리 바깥에서 특정 자극을 받는 경우가 있다. 이러한 선행 요인을 관리하기

위해 시각적 장벽 설치, 긴 목줄 사용, 또는 개와의 거리를 조정하는 등의 방법을 활용하면, 문제행동을 미리 예방하고 바람직한 습관을 형성하는 데 큰 도움이 된다.

(3) 3단계: 긍정적 강화

원하는 행동을 유도하려면, 그 행동이 발생할 확률을 높이는 방식으로 훈련을 진행해야 한다. **환경을 먼저 수정해 원하지 않는 행동을 차단한 후, 개가 바람직한 행동을 했을 때 즉각적으로 보상을 제공하는 것이 중요**하다. 예를 들어, 호출Recall을 강화하거나 반응 부족 시 보상을 제공하는 방식은 좋은 시작점이 될 수 있다. 이 과정에서는 시간, 인내심, 일관성이 필수적이며, 1단계에서 점검한 개의 건강 상태를 주기적으로 확인하는 것도 중요하다. 4단계로 넘어가기 전에 잠시 멈추고 진행 상황을 평가하는 것이 좋다.

(4) 4단계: 대체 행동의 차등 강화

문제행동을 교정하기 위해서는 **먼저 올바른 대체 행동을 가르치는 것이 필요**하다. 이후, 그 대체 행동을 지속적으로 강화하면서 문제행동에 대한 보상은 줄여나간다. 예를 들어, 개가 울타리에서 짖는 대신 눈 맞춤, 코 맞춤, 장난감 잡기, 또는 매트 위에 눕는 행동을 강화할 수 있다. 이러한 새로운 행동들은 먼저 조용하고 산만하지 않은 환경에서 훈련한 후, 점차 복잡한 상황에서도 잘 수행할 수 있도록 단계적으로 진행해야 한다.

(5) 5단계: 부정적 처벌, 부정적 강화 또는 소거

이 단계에서는 **학습견이 불쾌감을 느낄 수 있는 방법을 사용할 수 있다.** 단, 혐오감을 추가하는 대신 불필요한 혐오 요소를 제거하는 접근도 포함된다. 이 방법을 적용하기 전에, 반드시 다음과 같은 사항들을 점검해야 한다:

- 학습견의 건강에 도움이 되는가?
- 환경이 적절히 설정되었는가?
- 학습견이 새로운 행동에 충분히 능숙한가?
- 원하는 행동이 이미 학습되었는가?

이 중 하나라도 부정적이라면, 5단계로 진행하는 대신 이전 단계로 돌아가야 한다.

(6) 6단계: 긍정적 처벌

긍정적 처벌은 문제행동의 발생 가능성을 줄이기 위해, 그 행동에 대해 지속적으로 불쾌한 결과를 제공하는 방법이다. 예를 들어, 목줄 교정, 소리가 나는 캔Shaker Can, 전기충격 목걸이 등이 이에 해당된다. 그러나 이러한 방법은 현재의 행동만을 일시적으로 중단시킬 뿐, 미래의 행동 변화를 보장하지 못하며 개의 복지에 부정적인 영향을 줄 수 있다. **긍정적 처벌은 효과적인 교육 방법이 아니므로, 보통 1~3단계를 통해 변화가 없을 때 재평가하는 것이 바람직하다.** 이 단계는 매우 드물게 사용되며, 가장 큰 위험을 동반할 수 있다.

LIMA 방식으로 개의 행동을 교정하면, 개의 감정적 · 정신적 균형을 유지하는 데 도움이 되며, 보호자와 개가 서로 만족스럽고 존중하는 관계를 형성할 수 있다Lindsay, 2005. 새로운 행동을 가르치거나 기존 행동을 상황에 맞게 적용할 때는 항상 행동 변화 절차의 계층 구조를 따르는 것이 효과적인 훈련을 위해 필수적이다. 체계적인 접근을 통해 문제를 해결하면, 보다 긍정적이고 인도적인 훈련이 이루어질 수 있다.

3) ABC 모델

개의 행동 변화를 이해하는 것은 비교적 간단하다. ABC 모델은 선행Antecedent, 행동Behavior, 결과Consequences를 의미하며, 이 세 가지 요소만 잘 파악하면 개의 행동을 효과적으로 바꿀 수 있다. 즉, **어떤 행동이 일어나기 전에 어떤 상황이 있었는지(선행), 어떤 행동이 나타났는지(행동), 그리고 그 행동의 결과가 무엇인지(결과)를 아는 것이 핵심**이다.

ABC 모델

- **선행 계획(Antecedent)**: 행동이 일어나기 직전에 발생하는 상황, 신호, 촉발 요인Trigger, 환경 설정, 그리고 동기 부여를 포함한다. 예를 들어, 음식으로 유인하거나 부드러운 소리를 내어 개에게 "앉아" 행동을 유도할 수 있다(Nugent, 2018).
- **행동(Behavior)**: 개가 실제로 수행하는 행동을 의미한다. 예를 들어, 보호자가 "앉아"라는 명령을 내렸을 때 개가 앉는 행동이다(Gilmore, 2017).
- **결과(Consequences)**: 행동 후에 나타나는 결과로, 개가 "앉아" 행동을 잘했을 때 보상을 주거나, 보상이 주어지지 않는 등의 결과를 포함한다(Pratt, & Dubie, n.d.).

선행 계획 Antecedent Arrangement**은 개가 성공적으로 행동을 할 수 있도록 환경을 조절하는 방법**이다. 훈련사나 보호자는 개가 새로운 행동을 배울 때 그 행동을 쉽게 수행할 수 있도록 환경에 변화를 준다. 예를 들어, 개가 미끄러운 바닥에서 "앉아!" 명령을 배우기 어려워한다면, 훈련사는 부드럽고 미끄럽지 않은 양탄자를 깔아 환경을 개선할 수 있다. 또 다른 예로, 개가 목줄을 매고 정중하게 걷는 법을 배우고 있다면, 산만한 요소가 없는 집 안 복도에서 연습하도록 환경을 조성할 수 있다. 사람들은 행동에 영향을 미치기 위해 결과에만 집중하는 경향이 있다. 예를 들어, 개가 "앉아!" 명령을 수행했는지 여부에만 신경 쓰는 경우가 많다. 그러나 부정적인 행동(짖거나 뛰는 행동)을 예방하려면, 해당 행동을 쉽게 할 수 있는 환경을 마련하는 것이 더욱 중요하다. 즉, 선행 사건을 신중하게 계획하면 결과를 자연스럽게 결정할 수 있다. **선행 계획은 행동 변화 절차의 계층 구조를 따르고, LIMA 접근법을 적용할 때 개가 건강하고 행복할 수 있도록 환경을 조성하는 가장 중요한 첫 단계이다.**

개가 손님에게 뛰어오를 때

- **선행 계획**: 개가 손님에게 뛰어오르지 않도록, 친구에게 개의 목줄을 잡고 약 2미터 떨어진 곳에 가만히 서 있도록 부탁한다. 이렇게 하면 개가 손님에게 뛰어오를 수 있는 상황을 미리 차단할 수 있다.
- **행동**: 개는 손님에게 뛰어오르지 않고 앉거나 네 발이 모두 바닥에 닿은 차분한 자세를 유지한다.
- **결과**: 개가 올바른 행동을 보였을 때, 보호자나 친구가 간식 등으로 보상을 제공한다. 이를 통해 개는 차분하게 앉아 있거나 네 발이 모두 닿은 상태를 보상과 연관지어, 점점 더 자주 그러한 행동을 하게 된다.

개가 네 발을 모두 땅에 두거나 앉는 법을 배운 후에는, 손님이 더 가까이 서 있거나 개의 목줄을 풀어주는 등 선행 계획을 점차 바꾸어 환경을 다양하게 경험하게 하는 것이 좋다. 개는 환경과의 상호작용을 통해 학습하므로, 다양한 상황에서 올바른 행동을 유지하도록 돕는 것이 중요하다. 이 과정은 여러 가지 학습 방식으로 이루어진다. 예를 들어, 고전적 조건화는 두 자극 사이의 연관성을 형성하여 학습을 유도하며, 습관화나 민감화는 반복적인 경험을 통해 불필요한 반응을 줄이거나 특정 자극에 대한 반응을 강화하는 역할을 한다. 또한, 조작적 조건화는 선행 조건과 그 결과 사이의 연관성을 형성하여 행동을 수정하는 방법이다. **많은 과학적 연구에서 보상 기반 훈련이 처벌 기반 방법보다 개와 보호자 간의 관계를 더 긍정적이고 효과적으로 만든다고 밝혀졌**다(Hiby, Rooney, & Bradshaw, 2004; Rooney, & Cowan, 2011; Ziv, 2017).

4) 고전적 및 조작적 조건화

고전적 조건화와 조작적 조건화는 개 훈련에서 일반적으로 사용되는 두 가지 주요 학습 방법이다. 고전적 조건화는 중립적인 자극(예: 특정 소리)과 무조건적인 자극(예: 음식)을 결합하는 과정이다. 예를 들어, 개가 특정 소리와 음식을 반복적으로 연결하면, 그 소리만 들어도 음식을 기대하게 된다. 이를 통해 개는 두 자극 사이의 연관성을 학습한다(Chance, 2003). 조작적 조건화는 행동의 결과에 따라 그 행동의 강도가 강화되거나 약화되는 과정이다. 이 방법에는 주로 네 가지 결과가 있다:

① 긍정적 강화: 원하는 자극(예: 간식)을 제공하여 행동을 강화한다.

② 부정적 강화: 개가 피하고자 하는 불쾌한 자극을 제거하여 행동을 강화한다.

③ 긍정적 처벌: 불쾌한 자극을 제시하여 행동을 감소시킨다.

④ 부정적 처벌: 개가 원하는 자극을 제거하여 행동을 감소시킨다.

전통적인 훈련 방법에서는 긍정적 처벌과 부정적 강화를 자주 사용했지만, 이러한 방법들은 개에게 부정적인 영향을 줄 수 있다. 예를 들어, 긍정적 처벌을 사용하면 도피 행동, 공격성, 무관심 등 부정적인 결과가 나타날 수 있다(Beerda, et al., 1998). 또한, 부정적 강화는 불쾌한 자극이 먼저 제시된 후 제거되어야 하는데, 만약 행동 후 제거된다면 이는 사실상 긍정적 처벌로 작용할 수 있다. 긍정적 처벌과 부정적 강화는 유사한 사건을 포함할 수 있으나, 그 기능은 다르다(Sidman, 2000). 부정적 강화는 때때로 개의 두려움이나 경계심 등 원치 않는 부정적 결과를 초래할 수 있다. 반면, **긍정적 강화는 강압적이지 않고, 의도하지 않은 부정적인 결과를 초래할 위험이 적어, 개에게 적절한 행동을 가르치는 데 가장 안전하고 효과적인 방법**이다.

(1) 고전적 조건화

이반 페트로비치 파블로프Ivan Petrovich Pavlov는 러시아의 생리학자로, 1902년에 개 침샘 연구를 진행하던 중 사육사의 발소리만 듣고 개가 침을 흘리는 현상을 발견하였다. 이 발견을 계기로 파블로프는 고전적 조건화 실험을 시작하였다. **고전적 조건화는 원래는 특정 반응을 일으키지 않던 중립 자극이, 반복적으로 무조건 자극(예: 음식)과 결합함으로써 그 자체만으로도 특정 반응을 유발하게 되는 과정**을 말한다. 파블로프의 실험에서는 음식(무조건 자극)을 주면 개가 침을 흘리는 무조건 반응이 나타났고, 이후 종소리(중립 자극)를 음식과 반복적으로 연결시키자, 종소리만 들어도 개가 침을 흘리게 되었다. 이렇게 **중립 자극이 조건 자극으로 전환되어 조건 반응을 일으키는 것을 조건 형성**이라고 한다. 예를 들어, 개가 크레이트(이동장)에 들어갔을 때 문이

잠겨서 나갈 수 없는 불쾌한 경험을 하게 되면, 개는 크레이트에 들어가는 것을 싫어하게 된다. 이는 크레이트와 불쾌한 경험이 조건화된 결과이다. 이 문제를 해결하기 위해서는 크레이트에 대한 긍정적인 연관을 만들어야 한다. 예를 들어, 먼저 크레이트 근처에 간식을 놓아 개가 간식을 먹으며 칭찬을 받게 한 다음, 점차 간식을 크레이트 안으로 옮겨 넣는다. 이때 문을 잠그지 않고 개가 자유롭게 드나들 수 있도록 하여, 크레이트가 편안한 장소임을 인식시킨다. 이후에는 크레이트에 들어가는 것을 좋은 경험(예: 공원에 가서 놀기)과 연결시켜, 나쁜 기억이 남은 병원 방문과는 연관되지 않도록 한다. 이와 같이 **고전적 조건화를 활용한 훈련은 부정적인 기억을 긍정적인 경험으로 전환하여 개의 행동을 교정하는 효과적인 방법**이다.

조건 형성 실험	예
조건 형성 이전	• 개는 음식을 보면 자연스럽게 침을 흘린다. 이때 음식은 무조건 자극(UCS)이 되고, 침을 흘리는 반응은 무조건 반응(UCR)이 된다. • 종소리를 들려주면 개는 아무런 반응을 보이지 않는다. 따라서 종소리는 본래 반응을 일으키지 않는 중성 자극(NS)이 된다.
조건 형성 과정	• 개에게 음식을 줄 때마다(무조건 자극, UCS), 동시에 종소리(중성 자극, NS)를 반복적으로 들려준다. • 이처럼 무조건 자극과 중성 자극을 반복적으로 연결하는 과정을 조건 형성이라고 한다.
조건 형성 이후	• 조건 형성이 완료되면, 중성 자극이었던 종소리(NS)만 들려주어도 개는 침을 흘리게 된다. • 이제 종소리는 조건 자극(CS)이 되고, 침을 흘리는 반응은 조건 반응(CR)이 된다.

가) 습득(Acquisition)

습득은 새로운 조건 반응이 형성되는 과정을 말한다. 조건 반응을 잘 형성하기 위해서는 다음과 같은 중요한 요소들이 있다:

- **자극 간 간격**: 두 자극(조건 자극과 무조건 자극)을 짧은 시간 안에 제시하면 조건 반응이 더 잘 형성된다.
- **제시 순서와 시간적 관계성**: 조건 자극CS을 먼저 제시한 후 무조건 자극UCS을 제공하는 것이 가장 효과적이다.
- **일관성의 원리**: 조건 자극CS이 변하지 않고 계속 유지될 때, 학습 효과가 더욱 높아진다.
- **계속성의 원리**: 조건 반응CR이 나타날 때까지 조건 자극CS을 지속적으로 제공해야 효과적이다.
- **강도의 원리**: 조건 자극CS이 충분히 강하고 명확하게 제공될 때, 효과적인 습득이 이루어진다.

나) 소거(Extinction)

소거는 **조건 형성이 풀려서 조건 자극CS이 다시 중성 자극NS으로 돌아가는 과정**을 말한다. 예를 들어, 조건 자극인 종소리를 반복해서 들려주되 음식을 제공하지 않으면, 개는 종소리만으로 침을 흘리지 않게 된다. 즉, 조건 자극과 무조건 자극을 계속 연결하지 않으면 조건 반응은 점차 사라진다. 그러나 소거가 발생했다고 해서 조건 반응이 완전히 사라지는 것은 아니다. 조건 자극을 갑자기 다시 제시하면, 조건 반응이 다시 나타날 수 있는데, 이를 **자발적 회복**Spontaneous Recovery이라고 한다. 회복된 반응은 이전보다 약하게 나타날 수 있지만, 학습이 완전히 소멸되지 않았음을 보여준다. 또한, 소거 후 다시 종소리와 함께 음식을 제공하면 조건 자극과 무조건 자극이 재연결되어 조건 반응이 다시 강화된다.

다) 자극 일반화(Stimulus Generalization)와 변별(Discrimination)

자극 일반화란 **조건 자극과 비슷한 다른 자극에 대해서도 동일한 조건 반응이 나타나는 현상**을 말한다. 즉, 새로운 자극이 원래의 자극과 유사하면 조건 반응이 일반화될 가능성이 높아진다. **변별**은 **유사한 자극들을 구분하여 서로 다르게 반응하는 학습 과정**이다. 예를 들어, 한 아이가 생선 통조림을 먹은 후 다시 생선을 먹을 수 있게 되는 것처럼, 자극이 비슷해도 각각 다르게 반응하는 능력을 의미한다. 초기에는 자극 일반화가 나타날 수 있으나, 시간이 지나면서 유사한 자극들을 점차 구분(변별)하고, 원래의 자극에만 반응하도록 학습하게 된다.

(2) 조작적 조건화

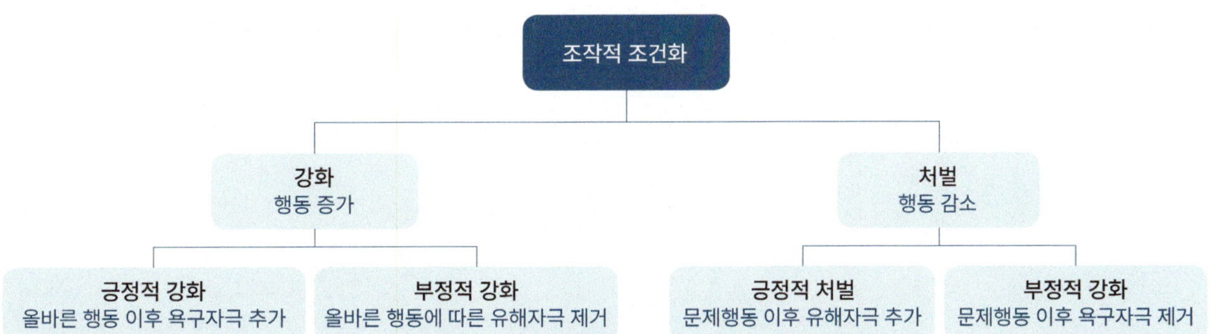

그림 1.12 조작적 조건화

조작적 조건화Operant Conditioning는 미국 심리학자 버러스 프레데릭 스키너Burrhus Frederic Skinner, 1904-1990가 제안한 행동주의 심리학 이론이다. 이 이론은 **특정 행동에 대해 보상을 선택적으로 제공하여 그 행동의 반복 확률을 높이거나 낮추는 방법을 설명하며, 여기서 선택적 보상은 강화와 처벌을 의미**한다. 이 이론은 **작동적 조건화**作動的條件化 **또는 도구적 조건화**道具的條件化, Instrumental Conditioning라고도 불리며, 스키너 상자를 통해 실험되고 증명되었다. 스키너 상자는 빈 상자 안에 지렛대가 하나 들어 있고, 이 지렛대는 먹이통과 연결되어 있다. 지렛대를 누르면 먹이가 나오는 구조로 설계되어 있으며, 스키너는 이 상자를 이용해 조작적 조건형성을 실험하였다.

다음은 이 실험의 과정을 설명한 것이다.

① 배고픈 흰 쥐를 스키너 상자에 넣는다.
② 흰 쥐는 상자 안을 돌아다니다가 우연히 지렛대를 누른다.
③ 지렛대를 누르면 보상물이 나오게 된다.
④ 처음에는 지렛대와 보상물 사이의 관계를 알지 못한 쥐는 계속 상자 안을 탐색한다.
⑤ 그러나 다시 우연히 지렛대를 누르고 보상물이 나오자, 쥐는 지렛대를 누르는 행동을 점점 더 자주 하게 된다.

이 과정이 반복되면서 흰 쥐는 지렛대를 누르면 먹이가 나온다는 사실을 자연스럽게 학습하게 된다. 이 실험에서 흰 쥐가 지렛대를 누르는 행동은 먹이라는 보상으로 강화되었다. 만약 지렛대를 눌렀을 때 먹이가 나오지 않았다면, 쥐는 그 행동을 학습하지 못했을 것이다. 이처럼, **어떤 행동 후에 원하는 보상을 제공하는 과정을 강화**Reinforcement**라고 한다. 고전적 조건화는 무조건 자극**Unconditioned Stimulus**을 이용해 학습을 유도하는 반면, 조작적 조건화에서는 보상을 제공하여 행동을 강화하는 방식**이다. 따라서 조작적 조건화에서 강화는 매우 중요한 역할을 한다.

가) 강화이론

스키너는 유기체가 어떤 행동을 한 후 그 결과가 유리하면, 그 행동을 더 자주 하게 된다고 보았다. 이때 그 **행동의 결과로 주어지는 자극을 강화물**Reinforcer이라고 하며, 이는 행동의 빈도를 높이는 역할을 한다.

강화물은 일차적 강화물과 이차적 강화물로 나눌 수 있다:

- **일차적 강화물**(Primary Reinforcer): 유기체의 행동을 직접적으로 증가시키는 자극이다. 예를 들어, 음식이나 물은 배고픈 유기체에게 즉각적인 만족을 주어 다음 행동을 강화할 수 있다.
- **이차적 강화물**(Secondary Reinforcer): 유기체의 행동을 직접적으로 증가시키지 못하지만, 일차적 강화물과 연합되어 행동을 증가시킬 수 있다. 예를 들어, 쿠폰이나 토큰은 직접적인 강화는 아니지만, 일차적 강화물과 교환할 수 있어 간접적으로 행동을 강화한다.

즉, **이차적 강화물은 그 자체로는 유기체를 강화하지 않지만, 일차적 강화물과 연결되어 행동을 증가시키는 역할**을 한다.

강화는 특정 행동 후에 유기체가 원하는 자극을 제공하거나, 불쾌한 자극을 제거하여 그 행동이 더 자주 일어나도록 만드는 방법이다. 이에 따라 행동의 빈도수가 높아진다. 강화는 크게 두 가지 방식으로 구분된다:

- **정적 강화**(Positive Reinforcement): **좋은 자극을 제공하여 행동의 빈도를 높이는 방법**이다. 예를 들어, 개가 "앉아" 행동을 했을 때 간식과 칭찬을 제공하는 것이 이에 해당하며, 이는 프리맥의 원리 Premack's Principle와 관련이 있다.
- **부적 강화**(Negative Reinforcement): 개가 **원치 않는 불쾌한 자극을 제거하여 행동의 빈도를 높이는 방법**이다. 예를 들어, 개가 목줄을 당기지 않고 산책할 때, 목줄 당김과 같은 불쾌한 자극이 제거되어 올바른 행동이 강화된다.

반대로, **특정 행동의 빈도를 줄이기 위해서는 처벌**Punishment을 사용할 수 있다. 처벌은 유기체의 행동 후에 좋은 자극을 제거하거나 불쾌한 자극을 주어 행동의 빈도를 줄이는 방법이다.

- **정적 처벌**(Positive Punishment): 불쾌한 자극을 제공하여 문제행동을 줄이는 방법이다. 예를 들어, 개가 산책 중에 보호자와 나란히 걷지 않고 앞으로 나아가려 할 때, 목줄을 당기며 "안 돼"라고 말하는 것이 해당된다.
- **부적 처벌**(Negative Punishment): 개가 원하는 자극을 제거하여 문제행동을 줄이는 방법이다. 예를 들어, 개가 보호자와 함께 걷지 않으면 맛있는 간식을 제공하지 않는 것이 이에 해당한다.

처벌은 행동을 감소시킬 수 있지만, 부작용이 있을 수 있다. 예를 들어, 처벌을 받은 유기체는 공격적이거나 회피하는 행동을 보일 수 있으며, 처벌만으로는 바람직한 행동을 증가시키지 못할 수 있다. 따라서 처벌은 가능하면 사용하지 않고, 필요한 경우에는 강화와 함께 사용하는 것이 바람직하다. 처벌을 사용해야 한다면, 다음 사항을 고려해야 한다:

- **즉각성**: 문제행동이 일어난 직후 바로 처벌을 제공해야 한다.
- **일관성**: 문제행동이 나타날 때마다 일관되게 처벌해야 한다.
- **강도의 일관성**: 초기부터 강한 처벌을 제공하여, 개가 처벌에 적응하지 않도록 해야 한다.
- **대안적 행동 제공**: 처벌을 받는 문제행동 외에 다른 행동을 할 기회를 주어, 올바른 행동을 강화할 수 있도록 해야 한다.

또한, 강화 계획Reinforcement Schedule은 **행동 후에 강화물이 어떻게 제공되는지를 결정하는 중요한 요소**이다.

- **지속적 강화(Continuous Reinforcement)**: 개가 특정 행동을 할 때마다 매번 강화물을 주는 방법으로, **학습 초기 단계에서 효과적**이다.
- **간헐적 강화(Intermittent Reinforcement)**: 매번 강화물을 제공하지 않고, 일정한 패턴이나 확률에 따라 가끔씩만 강화물을 제공하는 방법이다. 이 방식은 행동의 소거에 대한 저항력이 강해, **배운 행동을 오래 유지하는 데 유용**하다.

간헐적 강화는 시간과 반응 수를 기준으로 다음과 같이 나눌 수 있다:

- **고정비율계획(Fixed Ratio)**: 일정한 반응 횟수 후에 강화물을 제공한다. 예를 들어, 개가 동일한 행동을 다섯 번 할 때마다 한 번 강화물을 제공한다.
- **고정간격계획(Fixed Interval)**: 일정 시간이 경과한 후 처음 반응에 강화물을 제공한다. 예를 들어, 10분마다 한 번 강화물을 제공하는 방식이다.
- **변동비율계획(Variable Ratio)**: 반응 횟수에 따라 강화물이 제공되지만, 그 횟수가 일정하지 않다. 예를 들어, 때로는 두 번, 때로는 세 번 반응 후에 강화물을 제공하는 방식이다.
- **변동간격계획(Variable Interval)**: 강화물이 제공되는 시간이 일정하지 않게 주어진다. 예를 들어, 5분 안에 아무 때나 한 번 강화물이 제공될 수 있다.

이처럼 강화 계획에 따라 행동이 학습되고 유지되는 방식이 달라지므로, 훈련에 따라 적절한 강화 계획을 선택하는 것이 중요하다.

5) 영리한 한스 효과(Clever Hans Effect)

19세기 말, 독일의 한 고등학교 수학 교사였던 빌헬름 폰 오스텐Wilhelm von Osten은 동물의 지능에 깊은 관심을 가졌다. 그는 고양이, 말, 곰 등에게 수학을 가르치기 시작했는데, 그중에서도 '한스Hans'라는 아랍종 말이 특별한 재능을 보였다. 빌헬름이 칠판에 숫자를 적으면, 한스는 발굽으로 정확한 횟수만큼 땅을 쳤다. 시간이 지나면서 한스는 점점 더 복잡한 문제를 풀어내는 모습을 보였다. 곱셈과 나눗셈은 물론, 제곱근 계산, 분수 개념, 달력 읽기, 시간 맞히기, 심지어 사람 이름을 알아맞히는 능력까지 선보였다. 예를 들어, 빌헬름이 "16의 제곱근은?"이라고 물으면 한스는 발굽으로 네 번 두드렸고, 알파벳 A는 한 번, B는 두 번 치는 방식으로 사람의 이름도 맞혔다. 이 놀라운 능력 덕분에 한스는 큰 주목을 받았지만, 일부에서는 그의 89%에 달하는 높은 정답률에 의문을 제기하기도 했다. 결국 독일 교육위원회는 한스를 검증하기 위해 동물학자, 심리학자, 마필 조련사, 교사, 서커스 단원 등으로 구성된 조사위원회를 꾸려 다양한 실험을 진행했다. 그러나 그 누구도 한스의 능력이 거짓이라는 증거를 찾지 못했다. 그러던 중 심리학자 오스카 풍스트Oskar Pfungst가 이 미스터리를 파헤치기 시작하였다(Pfungst, & Rahn, 2012). 그는 한스와 주인 빌헬름 사이의 상호작용을 집중적으로 분석한 결과, 한스가 실제로 문제를 푼 것이 아니라, 사람들의 미묘한 신체 언어를 읽고 반응한 것임을 밝혀냈다. 즉, 질문을 던진 사람의 무의식적인 몸짓, 자세, 목소리 톤, 표정, 숨소리, 체온 변화 등 아주 작은 신호를 감지하고 이를 바탕으로 정답을 유추한 것이다. 이 연구 결과를 바탕으로 "영리한 한스 효과Clever Hans Effect"라는 개념이 등장하였다. 이는 **실험 과정에서 조사자나 관찰자의 미세한 변화가 실험 대상인 사람이나 동물에게 영향을 미칠 수 있다는 것을 의미**한다Miklósi, Polgárdi, Topál, & Csányi, 1998. 따라서 연구자는 실험 내용이나 결과에 대해 사전 지식이나 선입견 없이, 철저하고 객관적인 환경을 유지해야 한다.

6) 프리맥 원리(Premack Principle)

1965년, 심리학자 데이비 프리맥David Premack은 **더 자주 발생하는 행동을 이용해 덜 선호하는 행동을 강화할 수 있다**는 개념을 정립하였다. 이 원칙은 프리맥 원리로 알려져 있으며, 일상에서도 쉽게 찾아볼 수 있다. 예를 들어, 부모가 자녀에게 "숙제를 끝내야 게임을 할 수 있어"라고 말하면, 게임(더 선호하는 행동)이 숙제(덜 선호하는 행동)를 강화하는 역할을 한다. 마찬가지로, "초콜릿을 먹고 싶다면 채소를 먼저 먹어야 해"라는 말에도 같은 원리가 적용된다. 이러한 방식으로 선호하는 행동을 보상으로 활용해 덜 선호하는 행동을 유도하는 교육 방법은 종종 '할머니의 법칙Grandma's Law'이라고도 불린다.

프리맥 원리는 반려견 교육에서도 매우 효과적으로 활용될 수 있다. 예를 들어, 반려견이 출입문을 나가는 것을 매우 좋아한다면 보호자는 "문을 나가기 전에 먼저 앉아야 해"라는 규칙을 설정할 수 있다. 이렇게 하면 반려견은 출입문을 나가기 위해 보호자의 허락을 기다리며 '앉기' 행동을 자연스럽게 학습하게 된다. 산책 중에도 프리맥 원리는 효과적으로 적용될 수 있다. 반려견이 주변 냄새를 맡거나 전봇대로 달려가는 행동을 좋아한다면, 보호자는 이를 활용해 느슨한 목줄 걷기를 가르칠 수 있다. 반려견이 목줄을 팽팽하게 당기지 않고 보호자와 함께 차분하게 걸을 때, 보상으로 원하는 행동(예: 냄새 맡기, 주변 탐색)을 허용한다. 처음에는 짧은 시간 동안 훈련을 진행한 후, 점차 보상의 기준을 높여나가면 더욱 효과적이다.

프리맥 원리를 효과적으로 활용하기 위해서는 몇 가지 중요한 점을 기억해야 한다. 첫째, **강화하려는 행동을 명확하게 정의**해야 한다. 반려견이 어떤 행동을 중요하게 생각하는지 관찰하고, 이를 보상으로 설정하는 것이 핵심이다. 둘째, **난이도를 점진적으로 높여야** 한다. 너무 어려운 과제부터 시작하지 않고, 간단한 행동부터 차근차근 강화하는 것이 중요하다. 셋째, **보상이 충분히 매력적**이어야 한다. 반려견이 출입문을 나가는 것, 냄새 맡기, 다른 사람과 인사하기 등의 행동을 선호한다면, 이러한 요소를 활용해 학습 효과를 극대화할 수 있다.

프리맥 원리의 가장 큰 장점은 훈련을 반복할수록 반려견이 원하는 행동을 자연스럽게 하게 된다는 점이다. 예를 들어, 반려견이 출입문을 나가고 싶다면, 시간이 지나면서 별다른 지시 없이도 보호자의 허락을 기다리며 '앉기' 행동을 하는 것이 자연스러운 습관으로 자리 잡을 수 있다. 이처럼 프리맥 원리는 반려견 교육에서 긍정적인 습관을 형성하는 데 매우 효과적이며, 보호자와 반려견 모두에게 즐거운 학습 경험을 제공한다.

5. 공격성 사다리: 반려견의 스트레스 신호 이해하기

모든 개는 필요할 때 자신을 보호하기 위해 물 수 있다. 개들은 대부분 무는 행동을 최후의 수단으로 남겨두고 다양한 경고 신호를 보내지만, **개가 물 수 있다는 가능성을 항상 염두에 두어야 한다.** 개는 인간처럼 말을 할 수 없기 때문에, 불편함이나 스트레스, 그리고 상호작용을 피하고 싶은 욕구를 주로 시각적 신호로 표현한다.

"공격성 사다리Aggression Ladder"는 개가 스트레스를 받을 때 보내는 여러 신호를 단계별로 정리한 개념이다(Shepherd, 2009). 이 사다리를 이해하면, 반려견이 불편함을 느낄 때 보내는 초기 신호를 빠르게 파악하고, 상황이 악화되지 않도록 적절히 대응할 수 있다. 개는 과거 경험을 통해 특정 신호가 효과적이었다는 것을 학습하기 때문에, 보호자가 경고 신호를 무시하면 더 강한 반응을 보일 수 있다. **초기 신호를 정확히 인식하고 대응하는 것이 무는 행동까지 이어지는 상황을 예방하는 핵심이다.**

공격성 사다리는 개의 스트레스 수준에 따라 점진적으로 변화한다.

- **하단 단계**: 비교적 약한 신호로, 개가 불안하거나 긴장했을 때 하품, 눈 깜빡임, 코 핥기, 머리를 돌려 시

선을 피하는 등의 행동을 보인다. 이는 개가 "진정시켜 줘" 또는 "불안해"라는 메시지를 전달하는 초기 신호이다.

- **상단 단계**: 스트레스가 커지면, 개는 으르렁거리거나 몸을 경직시키고, 꼬리를 낮추며 입을 다무는 행동을 보인다. 이는 "나를 불편하게 하지 마" 또는 "거리를 유지해 줘"라는 강한 경고 신호로 해석될 수 있다. 만약 이러한 신호들이 무시된다면, 개는 점점 더 강한 방식으로 감정을 표현하여, 결국 이빨을 드러내거나 실제로 물게 될 위험이 있다.

공격성 사다리는 때로 신호등과 같이 설명되기도 한다:

- **녹색 영역**: 개가 가벼운 불안을 느끼는 초기 단계
- **주황색 영역**: 스트레스가 증가하여 위험에 가까워지는 단계
- **빨간색 영역**: 극도의 스트레스로 인해 공격적 행동을 보일 가능성이 높은 단계

보호자가 반려견의 녹색 신호를 신속하게 인식하고 적절히 대응하면, 개가 공격성 사다리의 더 높은 단계로 올라갈 가능성을 줄일 수 있다. 개마다 성격과 경험이 다르기 때문에, 반드시 모든 개가 같은 단계를 거치는 것은 아니지만, 초기 신호를 정확히 파악하여 대응하는 것이 무엇보다 중요하다. 결국, **보호자가 반려견의 스트레스 신호를 이해하고 올바르게 반응하는 것은 개와 보호자가 안전하고 행복한 관계를 유지하는 데 핵심적**이다. 반려견이 보내는 신호를 존중하고 적절하게 대응하여 신뢰를 쌓아가는 것이 가장 중요하다.

그림 1.13 개 공격성 사다리

1) 녹색 영역

녹색 영역은 개가 불안을 느끼기 시작하는 초기 단계이다. 이때 반려견은 하품, 눈 깜빡임, 코 핥기, 머리 돌리기 등의 행동으로 불안을 표현하며, 때로는 앉거나 발로 긁거나 보호자를 건드리는 신호를 보인다. 이러한 행동은 개가 불편함을 느끼고 있으며, **보호자로부터 진정과 지지를 원한다는 메시지**이다. 보호자는 반려견이 스트레스를 주는 자극과 긍정적인 경험을 연결할 수 있도록 도와, 스트레스를 완화시키고 더 심한 단계로 넘어가는 것을 막아야 한다.

많은 보호자들이 개가 두려움을 보일 때 보상을 주는 것을 주저하지만, **두려움은 감정이며, 감정 자체는 강화될 수 없다는 점을 기억해야 한다.** 오히려 보상을 통해 반려견이 불안한 요소와 긍정적인 경험을 연관시키면, 점차 안정적인 정서적 반응을 보일 수 있다. 예를 들어, 반려견이 10미터 거리에서 다른 개를 보고 하품하거나 코를 핥는다면, 보호자가 몇 걸음 물러서서 보상을 제공하면 긴장이 완화될 수 있다. 만약 상호작용 중에도 하품, 눈 깜빡임, 고개 돌리기 등의 신호가 나타난다면, 보호자는 이를 경고 신호로 인식하고 상호작용을 잠시 중단해 반려견이 스스로 관계를 조절할 수 있는 공간을 제공해야 한다. 또한, 반려견이 불안한 상황에서 회피 행동(머리 돌리기, 몸을 반대 방향으로 틀기, 발 들기, 앉기 등)을 보인다면, 보호자는 가능하면 반려견이 자극에서 벗어날 수 있도록 도와주어야 한다. 목줄 착용이나 좁은 공간에 갇힌 경우, 개가 도망칠 수 없으면 스트레스가 더 커질 수 있음을 주의해야 한다. 반려견이 불안할 때 보호자가 안전하고 차분한 존재가 되어주면, 개는 자신이 보호받고 있다는 신뢰를 형성하고 상황을 보다 편안하게 받아들일 수 있다.

2) 주황색 영역

녹색 영역에서 보내는 신호가 무시되거나 반려견이 도망칠 수 없는 상황에서는 스트레스 수준이 상승하여 주황색 영역으로 이동한다. 이 단계에서 반려견은 멀리 걸어가거나 기어가는 등 거리를 두려는 행동을 보이며, 귀를 뒤로 젖히거나 움츠리고, 꼬리를 감추거나 돌아눕는 등의 반응을 한다. 또한, 몸이 경직되거나 한 곳을 응시하는 행동도 보일 수 있는데, 이는 **스트레스가 심화되고 있음을 알리는 중요한 신호**이다.

보호자가 반려견이 주황색 영역의 신호를 보일 때 이를 무시하거나 억지로 상호작용을 유도하면, 개는 더 높은 수준의 스트레스를 경험할 수 있다. 반려견이 스스로 거리를 두려는 행동을 보이면, 이를 존중하여 개가 불편한 상황에서 벗어날 수 있도록 도와야 한다. 예를 들어, 반려견이 귀를 뒤로 당기거나 돌아눕는다면, 즉시 그 상황에서 벗어나도록 유도하는 것이 필요하다.

주황색 영역의 행동들은 보호자가 신속하게 개의 신호를 인식하고, 개가 안정감을 찾을 수 있도록 안전한 휴식 공간을 제공할 때 녹색 영역으로 돌아갈 수 있도록 돕는다.

3) 빨간색 영역

빨간색 영역에 해당하는 행동은 개가 극도의 스트레스를 받아 더 이상 회피할 수 없는 상황에서 나타나는 최후의 방어 신호이다. 여기에는 으르렁거리기, 입을 굳게 다물기, 그리고 물기와 같은 행동이 포함된다. **으르렁거림은 "당신이 하고 있는 행동을 멈춰라"라는 강한 경고의 표현**이다. 보호자가 이러한 신호를 무시하거나 처벌하면, 개는 이미 극심한 스트레스 상태에 놓여 있어 더욱 강한 불안과 공포를 느낄 수 있다.

보호자가 으르렁거리는 행동을 억제하면, 개는 자신의 불편함을 표현할 수단을 잃게 되어, 다음 번 상황 발생 시 경고 없이 바로 물 가능성이 높아진다. 입을 굳게 다무는 행동 역시 **스트레스가 최고조에 달했다는 중요한 경고 신호**이므로, 보호자는 즉시 개를 위험한 상황에서 벗어나게 하고 긴장을 완화할 조치를 취해야 한다. 만약 개가 물기 직전의 상태라면, 신속히 상황을 중단하고 개가 충분히 진정할 수 있도록 해야 한다.

4) 단계를 건너뛰기

반려견마다 공격성 사다리의 단계를 밟는 속도는 다를 수 있으며, 일부 개는 초기 경고 없이도 바로 높은 단계로 올라갈 수 있다. 이는 유전적인 요인뿐만 아니라, 과거 학습 경험에 의해 형성된 행동 패턴 때문일 수 있다. 예를 들어, 과거에 낮은 단계의 신호(하품, 코 핥기 등)가 효과적이지 않아 바로 공격적인 행동(으르렁거리기, 물기 등)이 유일한 대응으로 강화되었다면, 이후에는 경고 신호 없이도 빠르게 무는 행동을 보일 수 있다. 반면, 초기 신호가 효과적으로 받아들여져 긍정적인 결과를 이끌어냈다면, 개는 낮은 단계의 신호를 자주 사용하게 될 것이다.

보호자는 항상 반려견의 신호를 세심하게 관찰하고 즉각적으로 대응해야 한다. 이는 반려견과 보호자 간의 신뢰를 쌓고, 안전하고 건강한 관계를 유지하는 데 매우 중요하다. 작은 신호라도 놓치지 않고 적절하게 대응하는 것이, 더 큰 문제를 예방하는 가장 좋은 방법이다.

6. 개 훈련에 대한 과학적 근거

1) 긍정적 강화와 순종: 반려견 훈련 방식이 행동에 미치는 영향

반려견의 행동은 다양한 요인에 의해 영향을 받으며, 훈련 방법의 차이가 개의 행동 변화를 이끄는 중요한 요소가 될 수 있다(Arhant et al., 2010). 연구에 따르면, 적절한 훈련은 개의 순종성을 높이고 행동 문제를 줄이는 데 효과적이다(Bennett & Rohlf, 2007; Clark & Boyer, 1993; Jagoe & Serpell, 1996). 특히 **긍정적 강화를 활용하면 행동 문제가 감소하고 순종성이 더욱 향상**되는 것으로 나타난다(Blackwell et al., 2008). 반면, **강압적 훈련이나 체벌과 같은 혐오적 처벌은 단기적인 효과를 보일 수 있으나, 장기적으로는 두려움과 스트레스 반응, 그리고 공격성 증가로 이어질 위험이 크다**(Beerda et al., 1998; Schalke et al., 2007; Herron et al., 2009). 또한, 긍정적 처벌을 사용하는 경우에도 반려견의 집중력이 낮아지고 주의가 쉽게 산만해지는 경향이 나타난다(Haverbeke et al., 2008; Herron et al., 2009).

반려견의 행동은 보호자와의 상호작용 방식, 그리고 개의 크기에 따라서도 달라질 수 있다. 예를 들어, 작은 개들은 가족 구성원에게 뛰어오르거나 침대에서 자는 것이 더 자주 허용되는 반면, 큰 개들은 가져오기 게임이나 산책 시 더 활발한 활동을 보인다(Westgarth et al., 2008; Guy et al., 2001). 결과적으로 긍정적 강화 중심의 훈련을 통해 길러진 반려견은 체벌을 사용한 경우보다 더 순종적이고 긍정적인 행동을 보이는 경향이 있다. **보호자와의 신뢰 관계를 강화하기 위해서도 긍정적 강화가 가장 효과적인 방법임을 기억해야 한다.**

2) 학습 효과와 놀이 활동이 개의 기억력에 미치는 영향

학습 후에 놀이 활동을 하는 것은 반려견의 장기 기억력을 향상하는 데 긍정적인 영향을 미칠 수 있다(Affenzeller, Palme, & Zulch, 2017). 실험에서는 순종 래브라도 리트리버를 두 그룹으로 나누어 한 그룹은 학습 후 훈련사와 함께 즐거운 놀이 활동을, 다른 그룹은 학습 후 휴식을 취하도록 하였다. 그 결과, 새로운 과제를 성공적으로 학습한 후 30분 동안 놀이 활동을 한 개들이 24시간 후 재교육 과정에서 과제 수행에 필요한 시행 횟수가 현저히 줄어들었다. 이 결과는 놀이 활동이 단기 기억보다 장기 기억에 더 큰 영향을 미친다는 점을 시사하며, 즐거운 경험이 학습 효과를 지속적으로 강화하는 역할을 한다는 점을 보여준다. 이 연구 결과는 인간의 기억력에도 긍정적인 영향을 미친다는 기존 연구와 유사한 패턴을 보이며, 반려견에게도 적용될 수 있음을 시사한다. 따라서 **반려견의 학습 효과를 극대화하려면 학습 후 적절한 놀이 활동을 함께 진행하는 것이 더욱 효과적이다.**

3) 음식 보상을 활용한 개 훈련과 다양성 효과

음식 보상은 반려견 훈련에서 긍정적 강화를 적용하는 가장 일반적인 방법 중 하나이다. 보상의 기본 원리는 행동의 빈도를 증가시키거나 유지하는 역할을 하는 데 있다. 다만, 조작적 조건화 과정에서는 시간이 지나면서 학습된 반응의 빈도가 감소하는 경향이 있을 수 있는데, 이를 방지하기 위해 항상 같은 음식 보상을 제공하는 대신, 다양한 음식 보상을 활용하는 전략을 사용할 수 있다. 이를 '**다양성 효과**Variety Effect'라고 하며, 보상 유형을 변화시킴으로써 동기 부여를 지속하고 식욕 및 소비량을 늘릴 수 있다. 연구에서는 소시지, 치즈, 개 간식 등 다양한 음식 보상을 사용했을 때, 시간이 지남에 따라 다양한 보상을 선호하는 경향이 증가하는 유의미한 패턴이 관찰되었다(Bremhorst et al., 2018). 이러한 결과는 **단일 보상에 비해 보상의 변화를 도입하는 것이 장기적인 동기 유지에 도움**이 됨을 시사한다.

4) 반려견의 주의력 노화와 평생 훈련의 영향

반려견의 주의력 노화는 지각 및 작업 기억과 같은 인지 기능에 영향을 미치며, 이는 개와 보호자 간의 의사소통에 중요한 역할을 한다. 주의력이 저하되면 훈련 및 협력이 어려워질 수 있고, 전반적인 학습 능력에도 영향을 준다. 연구에서는 반려견을 연령별로 세 그룹(장년기: 6~8세, 노년기: 8~10세, 고령기: 10세 이상)으로 나누어 다양한 작업을 통해 주의력을 평가하였다(Chapagain et al., 2017). 그 결과, 연령이 증가함에 따라 주의 집중력이 감소하는 경향이 나타났지만, 평생 꾸준한 훈련을 받은 개들은 선택적 주의력—예를 들어 보호자와의 눈맞춤—을 더 오래 유지하는 경향을 보였다. 이는 **일정한 훈련과 정신적 자극이 반려견의 전반적인 인지 기능을 유지하는 데 중요한 역할**을 할 수 있음을 시사하며, 보호자들이 노령견의 학습과 훈련을 지속해야 하는 이유를 강조한다.

5) 반려견의 음성 명령과 몸짓 명령에 대한 반응 차이

몸짓과 음성 명령에 익숙한 반려견들은 **일반적으로 음성보다 몸짓 명령에 더 잘 반응**하는 경향이 있다(D'Aniello et al., 2016). 실험에서는 반려견들에게 몸짓 명령과 음성 명령을 각각 단독으로 제공한 후, 두 가지 명령이 상반되는 상황(부조화 조건)에서 어떤 명령에 더 신뢰를 보이는지를 평가하였다. 연구 결과, 대부분의 반려견들이 단독으로 제공된 경우 몸짓 명령을 훨씬 더 정확하게 수행했으며, 부조화 조건에서도 몸짓 명령을 선호하는 경향을 보였다. 다만, 보호자가 개와 가까이 있을 때는 음성 명령 "와"와 몸짓 명령 "기다려"가 동시에 제시될 경우, 자연스럽게 음성 명령을 따르는 경우도 있었다.

6) 훈련 기간과 빈도가 개의 학습에 미치는 영향

반려견의 훈련 빈도와 회기 지속 시간은 학습 효과에 중요한 영향을 미친다(Demant et al., 2011). 실험에서는 44마리의 실험실 비글을 4개 그룹으로 나누어 조작적 조건화를 활용한 복종 훈련을 진행하였다. 그룹별로 훈련 빈도(주 1~2회 vs. 매일)와 회기당 훈련 횟수(1회 vs. 연속 3회)를 달리하여 학습 효과와 기술 유지력을 평가하였다. 그 결과, 주 1~2회, 하루 1회 훈련을 받은 개들이 가장 높은 학습 효과를 보였으며, 매일 반복 훈련이나 연속 3회 훈련을 받은 그룹에서는 오히려 학습 효과가 낮았다. 흥미롭게도, 훈련 종료 후 4주 동안의 기술 유지력에는 훈련 빈도나 지속 시간에 따른 차이가 없었다. 이 연구 결과는 **과도한 반복보다는 적절한 간격을 두고 꾸준히 훈련하는 것이 개의 학습 효과를 극대화**하는 데 효과적임을 보여준다.

7) 개의 공격성 연구와 효과적인 행동 수정 방법

개의 공격성은 다양한 형태로 나타나며, 이에 대한 이해와 적절한 행동 수정이 매우 중요하다(Dinwoodie, Zottola, & Dodman, 2021). 한 연구에서는 800명의 보호자로부터 보고된 963마리의 공격적인 개를 대상으로 갈등 공격성, 개 간 공격성, 사람에 대한 공포 공격성, 개에 대한 공포 공격성, 포식적 공격성 등을 평가하였다. 조사 결과, 공격적인 행동을 보인 개 중 절반 이상이 잡종견이었고, 대다수가 수컷이며, 집에 혼자 있는 경우가 많았다. 또한, 공격성을 보인 개의 56%는 전문가의 치료 지원을 받았고, 15%는 근본적인 의학적 문제가 원인이었다. 특히, 짖음 방지 목걸이와 입마개 같은 훈련 장비는 공격성 치료 성공률을 낮추는 요인으로 작용하는 반면, **체계적 둔감화**Systematic Desensitization와 **역조건화**Counterconditioning **기법은 공격성 완화에 효과적**이었다. 효과적인 행동 수정 방법으로는 보호자와의 의사소통 향상, 습관화, 이완 프로토콜, 짧고 빈번한 훈련 회기가 긍정적인 영향을 미치는 것으로 확인되었다. 일부 개는 공격성 치료의 일환으로 약물 치료를 받기도 했지만, 약물 사용과 치료 반응 사이에는 유의미한 연관성이 발견되지 않았다. 또한, 대체 의학 및 기능성 식품이 전반적인 공격성 치료에 긍정적인 영향을 미칠 수 있음을 보여준다. 결론적으로, **개의 공격성을 효과적으로 치료하려면 체계적인 행동 수정 프로그램을 적용하고, 보호자와의 신뢰 관계를 강화하며, 반려견의 건강 상태를 꼼꼼히 점검하는 것이 핵심**이다. 부적절한 훈련 장비 사용은 피하고, 영양 관리와 환경적 요인도 함께 고려해야 한다.

전반적으로, 반려견 훈련에서는 긍정적 강화를 중심으로 한 훈련 방법이 보호자와 개 간의 신뢰를 쌓고, 안정적이며 긍정적인 행동 변화를 유도하는 데 가장 효과적인 것으로 나타난다. 학습 효과를 극대화하기 위해서는 놀이 활동, 다양한 보상, 적절한 훈련 빈도 및 지속 시간 등이 중요한 역할을 하며, 노령견의 인지 기능 유지에도 꾸준한 훈련이 도움이 된다. 또한, 공격성 문제에 대해서는 체계적인 행동 수정과 함께 반려견의 건강 및 환경적 요인을 고려하는 종합적인 접근이 필요하다. 이러한 요소들을 종합적으로 고려할 때, 보호자는 반려견과 함께 보다 안전하고 행복한 관계를 만들어갈 수 있다.

2

반려견 행동 이해

2장 반려견 행동 이해

1. 반려견의 행동

1) 행동에 영향을 미치는 요인과 개념

(1) 생득적 행동

생득적 행동은 동물이 태어나면서부터 본능적으로 나타내는 종 특유의 행동양식을 의미한다. 이러한 행동은 **학습이나 연습 없이 자연스럽게 발달**하며, 다른 개체를 모방하거나 외부 환경의 영향을 받지 않고도 나타난다. 예를 들어, 신생아가 배고픔이나 불편함을 느낄 때 우는 행동은 생득적 행동의 대표적인 사례이다. 이와 같이 **태어날 때부터 특정 방식으로 행동하는 것이 생득적 행동의 핵심 특징**이며, 이는 동물이 생존과 적응을 위해 진화해 온 본능적 반응이라고 할 수 있다.

(2) 습득적 행동

습득적 행동은 학습을 통해 후천적으로 획득한 행동을 말한다. 동물은 살아가면서 다양한 상황을 경험하고 시행착오를 겪으며, 환경에 적응하기 위해 **학습과 경험을 바탕으로 행동을 변화시키고 발전**시킨다. 여기에는 경험을 통해 판단하고 행동을 조절하는 능력, 훈련을 통해 배우고 습관을 형성하는 과정, 그리고 부모나 동료로부터 교육받은 행동 등이 포함된다. 즉, 습득적 행동은 단순한 본능을 넘어 **환경에 적응하고 생존 전략을 강화하는 중요한 과정**이다.

(3) 각인

각인은 동물이 생후 몇 시간 내에 겪는 초기 경험이 행동에 큰 영향을 미치는 과정을 의미한다. 특히 조류(예: 오리, 닭, 칠면조)와 우제류(예: 염소, 양, 사슴)에서 뚜렷하게 나타난다. 각인의 대표적인 예로, 갓 부화한 새끼가 처음 본 대상을 어미로 인식하고 따라 다니는 행동을 들 수 있다. 오스트리아의 동물학자 콘라트 로렌츠는 각인 현상을 연구하여, 부화 직후 새끼들이 첫 번째로 본 대상을 어미로 인식하는 강한 학습 형태임을 과학적으로 밝혀냈다. 이러한 각인은 어미-새끼 간의 **유대감 형성과 종의 생존, 사회적 행동에 큰 영향을 미치는 중요한 현상**이다.

그림 2.1 각인

(4) 인지

인지란 시각, 후각, 미각, 청각, 촉각을 통해 들어온 정보를 처리하고 기억하며 사고하여 문제를 해결하는 과정을 말한다. 이는 마치 컴퓨터가 입력된 신호를 처리하고 저장하는 것과 유사하다. 인지는 **언어 능력, 운동 제어 등 다양한 지적 · 심적 기능을 포함**하며, 동물 행동 연구와 훈련, 교감 치유의 기초가 된다. 심리학자 장 피아제의 이론은 인지 발달 단계를 설명하며, 동물의 학습과 문제 해결 능력을 이해하는 데 중요한 역할을 한다.

(5) 진화와 유전이 동물 행동에 미치는 영향

찰스 다윈은 동물의 행동이 진화와 유전의 영향을 받아 자연선택을 통해 점진적으로 변화한다고 주장하였다. **환경에 적응한 생물은 생존하고, 그렇지 못한 생물은 도태**되며, 이러한 과정을 통해 행동과 성격이 유전적으로 전달된다. 예를 들어, 인간과 함께 생활하는 개들은 과거 사냥 등에서 특정 역할을 수행하며 **특정 성향이**

유전적으로 형성되었고, 이는 오늘날에도 각 견종의 행동 패턴에 영향을 미친다. 하운드와 테리어 견종의 사례에서 볼 수 있듯, **유전적 특성과 환경적 요인이 결합되어 개체별로 다양한 행동양식을 형성**한다.

(6) 적응도와 동물 행동의 진화

동물의 행동은 생존과 번식 성공률을 극대화하기 위해 진화해 왔다. 적응도는 **생애 번식 성공도를 높이는 행동 전략**과 밀접한 관련이 있으며, 환경 변화에 따라 동물의 행동과 사회적 구조도 변화한다. 연어의 산란 행동처럼, 특정 행동 전략은 생존율을 높이는 데 유리하게 작용하며, 집단행동은 새끼의 생존 확률을 높이는 전략으로 발전해 왔다. 결론적으로, **동물의 행동은 환경과 생존 전략에 맞춰 진화하며, 적응도를 높이는 방식으로 유지**된다.

그림 2.2 연어의 환경 적응 행동

(7) 동기 부여와 행동의 관계

동기 부여Motivation가 없으면 어떠한 행동도 일어나지 않는다. **동기 부여는 동물이 특정 목적을 위해 행동을 수행하도록 유도하는 핵심 메커니즘**으로, 내적 욕구를 행동으로 전환하는 중요한 역할을 한다. 동물은 시기에 따라 먹이를 찾거나 다른 개체에게 다양한 행동을 보이는데, 이는 내적 상태가 변화하기 때문이며, 이러한 상태가 행동으로 드러나는 데는 동기 부여가 필수적이다. 동기 부여는 목적과 기능에 따라 여러 유형으로 나눌 수 있으며, 각각이 생존, 번식, 감정, 사회적 관계 등에 중요한 영향을 미친다.

표 2.1 동기 부여 유형

구분	내용
항상성 동기 부여 Homeostasis Motivation	개체의 생존을 유지하기 위한 기본 욕구로, 식욕, 수면욕, 배설욕, 체온 조절, 호흡 조절 등 신체 상태를 조절하고 유지하는 행동을 유도한다.
번식성 동기 부여 Reproductive Motivation	종의 존속을 위한 본능적 동기로, 성욕과 육아욕 등이 포함된다.
내발적 동기 부여 Internal (Intrinsic) Motivation	호기심, 탐색 행동, 접촉 욕구 등 환경과의 상호작용을 통해 만족을 얻으려는 사회적 활동을 촉진하는 내적 요인이다.
정동적 동기 부여 Affective Motivation	기쁨, 슬픔, 두려움 등의 감정적인 반응을 유발하는 자극 요인으로, 특정 감정을 기반으로 행동을 결정하게 만든다.
사회적 동기 부여 Social Motivation	다른 개체와의 상호작용이나 자신을 보호하기 위한 행동을 유도하며, 무리 생활을 하는 동물에게 특히 중요한 역할을 한다.

이처럼 동기 부여는 개의 내적 욕구를 자극하여 행동의 발생과 방향을 결정하는 중요한 요소로, 개가 생존하고 번식하는 데 필수적인 역할을 한다.

그림 2.3 동기 부여

(8) 동물의 학습과 행동 변화

동물은 살아가면서 다양한 경험을 통해 많은 것을 배우고, 그 결과 행동이 변화하고 발전한다. 이러한 학습은 단순히 선천적으로 타고난 행동이 아니라, 환경에 적응하면서 후천적으로 습득되는 행동이다. 인간이 유치원, 학교, 직장 등에서 여러 가지를 배우며 성장하는 것처럼, 동물들도 학습을 통해 자신의 환경에 맞는 행동을 익히고 발전시킨다. 예를 들어, 새들의 울음소리는 본능적으로 정해진 것이 아니라, 부모의 지저귐을 기억하고 기관이 발달하면서 반복적으로 따라하는 학습 과정을 거쳐 각 개체마다 다르게 나타난다. 또한, 비둘기를 대상으로 한 실험에서는 다양한 색을 보여준 후 특정 색을 부리로 쪼았을 때 먹이를 제공하는 방식을 통해, 비둘기가 반복 학습을 통해 특정 색을 인지하고 기억하는 모습을 확인할 수 있었다. 이처럼 동물의 학습은 연상 학습, 시행착오 학습, 모방 학습, 관찰 학습 등 여러 유형으로 구분되며, 이러한 과정을 통해 동물은 환경에 적응하고 생존 전략을 강화하게 된다.

(9) 동물의 감각과 행동의 관계

동물의 행동과 심리를 올바르게 이해하려면, 각 동물 종마다 고유한 감각 세계가 있다는 점을 인식해야 한다. 인간이 잘 감지하지 못하는 초음파나 진동과 같은 자극도, 개나 고양이처럼 감각이 발달한 동물에게는 매우 강렬한 자극이 될 수 있다. 예를 들어, 개는 후각이 매우 발달하여 냄새를 통해 개체를 식별하고 의사소통을 할 수 있다. 반면, 뱀은 후각뿐만 아니라 열 감지 능력이 뛰어나 어두운 환경에서도 체온을 단서로 먹잇감의 위치를 정확하게 찾아낸다. 이처럼 각 동물은 자신에게 가장 중요한 감각기관을 발달시켜 주변 환경을 인식하며, 이러한 감각적 특성이 행동으로 표현된다. 동물의 감각과 행동 사이의 관계를 이해하는 것은, 동물과의 원활한 상호작용뿐만 아니라 그들의 심리와 행동 패턴을 분석하는 데 필수적이다.

(10) 동물의 의사소통 신호와 행동

동물들은 다양한 신호를 통해 정보를 교환하며, 이를 바탕으로 상호작용하고 생존 전략을 발전시켜 왔다. 이 과정에서 동물의 행동은 외부 자극뿐만 아니라 호르몬 분비와 같은 내부 자극에도 영향을 받는다. 예를 들어, 울음소리, 시각적 자세와 동작, 체취 및 냄새는 성별, 연령, 집단 구성, 혈연관계, 적의 존재 여부 등 다양한 정보를 전달하는 중요한 수단이다. 인간이 언어와 보디랭귀지를 통해 의사소통을 하는 것처럼, 동물들도 자신들만의 신체적 표현을 활용하여 상호작용한다. 대표적인 예로, 늑대 무리에서는 공격 의사를 나타낼 때 털을 세우고 이빨을 드러내며 으르렁거리는 청각적 신호와 함께, 상대방은 시선을 피하고 몸을 낮추며 높은 톤의 콧소리로 순응의 의사를 표현한다. 이러한 의사소통 신호들은 물리적 충돌 없이 서로의 의도를 파악하고, 서열을 결정하거나 갈등을 해소하는 데 중요한 역할을 한다. 동물의 의사소통 신호를 이해하는 것은, 그들의 행동을 분석하고 효과적인 상호작용을 이루는 데 필수적인 요소이다.

그림 2.4 의사소통 신호

2. 반려견 행동의 유형

1) 생식행동(生殖行動)

동물의 생식행동은 각자의 생태적, 사회적 환경에 적응하면서 진화해 왔다. 이는 야생에서 생존과 번식에 실패한 개체들이 도태되고, 환경에 적합한 개체들만이 다음 세대로 이어지기 때문이다. 따라서 동물의 생식행동을 이해하기 위해서는 해당 종이 진화해 온 생태적 · 사회적 환경을 함께 고려하는 것이 필수적이다.

(1) 반려견의 생식전략과 배우체계

개의 경우, 한 번에 여러 마리의 새끼를 낳는 다태동물多胎動物이다. 갓 태어난 강아지는 며칠 동안 눈과 귀가 완전히 발달하지 않아 외부 자극에 민감하며, 스스로 배설조차 하지 못하는 미숙한 상태이다. 이때 어미개는 보금자리에서 새끼들을 돌보며 양육에 힘쓰지만, 자신의 새끼가 아닌 강아지가 다가와도 비교적 관대하게 받아들여 함께 돌보는 경향을 보인다.

(2) 성 행동

반려견이 자신의 유전 정보를 후세에 전달하고 종을 유지하기 위해서는 성 행동, 즉 교미가 필수적이다. 성 행동은 수컷의 정자와 암컷의 난자가 만나 수정되는 과정을 포함한다. 개뿐만 아니라 다양한 동물들이 각기

다른 방식의 성 행동을 보이므로, 이를 이해하는 것이 중요하다. 성 행동은 성호르몬의 영향으로 본능적으로 나타나며, 수컷과 암컷이 교미하고 정자가 사정되는 과정을 포괄한다.

가) 암컷의 발정 주기

암컷 개는 난소에서 난자가 자라면서 발정 상태에 들어간다. 발정은 암컷이 짝짓기를 받아들일 준비가 된 상태를 의미하며, 이 시기에 수컷과의 교미가 이루어진다. 만약 암컷이 임신하지 않은 경우, 일정 간격으로 발정이 반복되어 발정 주기를 형성한다. 발정기에 암컷은 수컷에게 자신의 상태를 알리기 위해 청각, 시각, 촉각 신호를 보내거나 소변을 통해 독특한 페로몬 향을 발산한다. 특히 수컷 개는 발달된 후각 덕분에 암컷이 내는 페로몬을 감지하고 짝짓기를 시도한다.

(3) 반려견의 구애 행동과 교미 과정

번식기가 되면 반려견은 평소와 다른 행동을 보이며 짝을 찾기 시작하는데, 이를 구애 행동이라고 한다. 수컷과 암컷 모두 자신을 돋보이게 하거나 상대방의 관심을 끌기 위한 행동을 통해 짝을 선택하거나 선택받게 된다. 구애 행동은 단순한 짝짓기 이상의 의미를 가지며, 우수한 유전 형질을 가진 개체를 찾고 종족을 이어가기 위한 중요한 과정이다. 이 과정은 다음과 같은 여러 의미를 포함한다.

- **동종 확인과 의사소통**: 서로 같은 종임을 확인하고, 암컷과 수컷이 서로 의사소통하는 과정이다.
- **경쟁과 선택**: 강한 수컷이 영역을 확보하고 경쟁에서 승리함으로써 번식 기회를 얻으며, 암컷은 건강한 유전자를 가진 수컷을 선택해 자손에게 좋은 형질을 물려주려 한다.
- **구애 행동의 시작**: 대부분의 포유류에서 수컷은 발정 중인 암컷의 냄새를 감지하며 구애 행동을 시작하는데, 개도 이와 유사한 패턴을 보인다.

일반적으로 암컷 개는 연간 두 번 발정하며, 계절과 무관하게 발정하는 경우도 많다. 발정기에 접어든 암컷은 불안하거나 예민해지고 식욕이 변화하며, 소변과 질 분비물을 통해 페로몬을 발산해 수컷에게 신호를 보낸다. 이에 반해 수컷 개는 암컷의 여러 부위를 맡거나 핥으며, 주위를 맴돌고 몸을 맞대는 등 다양한 행동으로 관심을 표현한다. 때로는 춤을 추듯 몸을 흔들며 시선을 끌기도 한다. 이와 같이 구애 행동과 교미 과정이 순조롭게 진행되면, 암컷과 수컷은 서로에게 호감을 느끼고 짝을 이루어 교미에 이르게 된다. 교미 과정에서 수컷은 암컷 위로 올라타 마운팅Mounting 행동을 보인 후, 생식기를 암컷의 질에 삽입하여 사정한다. 이로써 교미가 완료되고, 암컷은 수정 과정을 거쳐 임신한 후 일정 기간이 지나 새끼를 출산한다. **반려견의 구애 행동과 교미 과정은 단순한 번식 행위를 넘어, 자연 속에서 생존과 번영을 위한 진화적 필수 과정임을 이해할 수 있다.**

이러한 이해를 바탕으로 반려견의 본능적 행동을 더욱 깊이 파악하고, 반려동물에게 적절한 보호와 관리를 제공할 수 있다.

(4) 개의 성행동

개는 발정기 동안 한 번만 배란하는 단발정 동물이다. 암컷은 보통 생후 6개월쯤 첫 발정을 경험하며, 발정 주기는 발정전기, 발정기, 발정후기, 무발정기의 네 단계로 나뉜다. 발정전기는 약 1주 정도 지속되며, 이 시기에는 음부에서 혈액이 섞인 분비물이 배출된다. 이 분비물에 포함된 페로몬이 수컷을 유인하며, 발정기가 되면 암컷은 교미를 허용한다. 발정기에 접어든 암컷은 수컷에게 바짝 붙거나 관심을 보이며, 보호자와의 의사소통에서도 평소보다 산만해지거나 성격이 달라지는 모습을 보일 수 있다. 수컷 개는 생후 약 6개월이 지나면 성적으로 성숙하여 교미가 가능하다. 발정기 암컷이 분비하는 페로몬 냄새를 맡으면 강하게 반응하며, 암컷과의 교미를 시도한다. 교미 전, 수컷은 암컷의 귀나 입을 핥거나 음부 냄새를 맡으며 친밀감을 표현하고, 앞발을 암컷의 몸에 올리는 등의 행동을 보인다. **이러한 성 행동은 개의 본능적인 번식 과정의 일부이며, 반려견을 키우는 보호자가 이러한 행동을 이해하는 것은 매우 중요하다.**

(5) 개의 모성행동

동물은 새끼를 낳거나 알에서 부화한 후, 어미와 새끼 사이에 특별한 관계를 형성한다. 이때 **어미가 새끼를 돌보고 보호하는 행동을 모성행동이라고 하며, 이는 새끼의 생존에 필수적인 역할을 한다.** 모성행동은 여러 요인에 의해 영향을 받는데, 환경과 포식자로부터 보호하는 외부요인과 호르몬과 본능에 의해 나타나는 내부요인으로 나뉜다. 포유류의 갓 태어난 새끼는 보통 몸에 양수가 묻어 젖은 상태인데, 어미는 새끼를 핥아 양수를 제거한다. 이는 체온을 유지하고, 냄새를 없애 포식자로부터 새끼를 보호하는 역할을 한다. 또한, 어미는 새끼를 안전한 장소로 옮기거나 위험한 상황에서 적극적으로 보호하며, 다양한 방법으로 새끼와 소통한다. 대표적인 모성행동으로는 핥기 및 몸단장, 새끼 옮기기, 보호하기, 의사소통을 위한 발성, 새끼를 따뜻하게 품기, 보금자리 만들기 등이 있다. 어미 개는 새끼에게 젖을 먹이며, 일정한 성장 후에는 먹이를 찾는 방법과 생존 기술을 가르친다. 정상적인 모성행동이 이루어지지 않으면 새끼의 생존율이 급격히 낮아질 수 있으며, 야생에서는 이러한 어미의 역할이 새끼의 생사를 결정짓는 중요한 요소가 된다. 그러나 반려동물이나 가축의 경우, 어미가 새끼를 제대로 돌보지 못하는 상황이 발생할 수 있다. 개, 고양이 같은 반려동물뿐만 아니라, 소나 말과 같은 농장 동물에서도 어미의 모성행동이 부족하거나 보살핌이 어려운 경우 인간의 개입이 필요하다. 이러한 환경에서는 보호자가 새끼를 돌보거나 인공적으로 키우는 방법이 활용된다. 예를 들어, 농장에서 소나 말이 출산하면 인간이 보금자리를 마련하고, 어미가 새끼를 안전하게 보호할 수 있도록 돕는다. 특히 반려견의 경우, 보호자가 어미 개의 출산을 돕고, 갓 태어난 새끼의 양수를 닦아주거나 보금자리를 정리해 주는 역할을 할 수 있다. 가축화된 동물들은 오랜 시간 인간과 함께 살아오면서 야생과는 다른 방식으로 모성행동이 변화하였으며, 인간과의 유대를 통해 새로운 형태의 육아 방식이 나타나게 되었다. **결국, 개의 모성행동은 단순히 새끼를 키우는 행위를 넘어, 새끼의 생존과 종족 유지에 필수적인 요소이다.** 이러한 점을 이해하면 반려견의 출산과 육아 과정에서 더욱 적절한 보호와 돌봄을 제공할 수 있다.

2) 유지 행동

(1) 섭식행동

먹이를 섭취하는 것은 모든 동물이 생존하기 위해 반드시 해야 하는 기본적인 행동이다. 동물은 스스로 에너지나 영양소를 생성할 수 없기 때문에 외부에서 먹이를 섭취해야 살아갈 수 있다. 따라서 섭식행동은 동물의 기본적인 생존 활동 중 가장 중요한 행동 중 하나이다. 모든 동물은 선천적으로 먹이를 먹을 수 있으나, 서식 환경과 상황에 따라 섭식 방법과 먹이의 종류가 달라진다. 동물은 시각과 청각을 이용해 먹이의 종류, 위치, 양을 확인한 후 접근하며, 이후 후각과 미각을 사용해 먹이가 먹기에 적합한지 판단한다. 그러나 반려견이나 가축과 같이 인간과 함께 사는 동물들은 야생동물처럼 자유롭게 먹이를 선택할 수 없다. 이들은 사람이 제공하는 먹이를 먹으며, 섭식행동이 보호자의 관리에 의해 결정된다. 따라서 반려동물과 가축을 돌보는 사람들은 동물의 연령, 성별, 건강 상태 등을 고려해 적절한 영양을 공급하는 것이 중요하다. 이처럼 섭식행동은 단순한 영양 섭취 이상의 의미를 가지며, 인간과 함께 사는 동물들에게는 보호자의 적절한 식사 관리가 필수적이다.

가) 개의 섭식행동

반려견은 사람이 먹이를 제공하기 때문에 야생에서처럼 직접 사냥할 필요가 없다. 그러나 선조인 늑대의 섭식 습관이 현재 반려견의 식사 행동에 영향을 미치고 있다. 늑대는 무리 생활을 하며 사냥한 먹이를 함께 나누어 먹으며, 무리 내 경쟁이 치열하여 먹이를 빠르게 먹는 습관이 형성되었다. 개도 이 본능이 남아 있어, 여러 마리의 개가 함께 있을 때 서로 경쟁하며 빨리 먹으려는 행동을 보인다. 또한, 개과 동물은 주변 개들의 행동에 영향을 받아 함께 행동하는 **'사회적 촉진'** 현상을 보이기도 한다. 예를 들어, 한 마리가 먹기 시작하면 다른 개들도 따라 먹으려는 행동을 한다. 그러나 반려견은 보호자의 관리하에 생활하기 때문에 개체마다 섭식행동이 달라질 수 있다. 예를 들어, 보호자가 자유롭게 먹이를 제공하는 자율 배식 환경에서는 천천히 먹는 개도 존재하며, 다른 개들과 경쟁할 필요가 없는 경우 먹는 속도가 느려질 수 있다. 따라서 보호자는 반려견의 견종, 나이, 성격을 잘 파악하여 적절한 영양 관리와 식사 환경을 조성하는 것이 중요하다. 급하게 먹는 개의 경우 지능형 급식기나 자동 급식기를 활용하여 천천히 먹도록 유도하며, 식사 시간이 불규칙하거나 식욕이 없는 경우에는 건강 상태를 점검하는 것이 필요하다. 결국, **개의 섭식행동은 늑대 시절의 본능과 현재 반려견으로서의 환경이 결합되어 나타나는 결과이며, 보호자의 올바른 관리가 건강한 식습관 형성에 중요한 역할**을 한다.

a) 늑대의 수렵 행동

늑대는 사냥을 통해 먹이를 얻으며, 사냥감의 움직임, 소리, 냄새를 감지하여 공격할 적절한 순간을 기다린다. 수렵 과정은 다음과 같이 진행된다.

① **바라보고 살핀다** – 멀리서 사냥감을 발견한 후 신중하게 관찰한다.

② **조용히 뒤따르다가 뛰어든다** – 소리 없이 접근한 후, 적절한 순간에 빠르게 달려든다.

③ **사냥감을 낚아챈다** – 정확한 타이밍에 점프하여 사냥감을 붙잡는다.

④ **물어뜯고 먹는다** – 강한 턱 힘을 이용해 사냥감을 제압한 후 먹이를 섭취한다.

⑤ **남은 먹이를 숨긴다** – 나중을 대비해 먹지 않은 부분을 땅속이나 눈 속에 숨긴다.

이러한 행동 패턴은 **늑대가 무리 생활 속에서 생존에 최적화된 방식으로 발전한 본능적인 행동**이다.

b) 개의 섭식 행동 및 일반 행동

개의 행동은 늑대의 수렵 본능에서 유래된 요소가 많으며, 동체시력이 발달하여 움직이는 물체에 높은 관심을 보인다. 이러한 본능은 다양한 놀이와 일상 행동으로 나타난다.

① **움직이는 물체에 흥미를 느낀다** – 빠르게 움직이는 대상(공, 원반 등)을 주의 깊게 관찰하고 반응한다.

② **새 사냥과 회수 본능을 보인다** – 물건을 물어오거나 특정 대상을 쫓아가는 행동을 한다.

③ **양몰이 본능을 발휘한다** – 무리 생활에서 유래된 습성으로, 특정 대상을 몰거나 주변을 빙글빙글 도는 행동을 한다.

④ **공놀이와 원반 회수 행동을 한다** – 사냥감을 쫓는 본능이 반영되어 공이나 원반을 빠르게 따라가서 물고 돌아온다.

⑤ **터그 놀이(잡아당기기 놀이)를 즐긴다** – 물어뜯고 흔드는 행동을 통해 사냥감을 제압하는 연습을 한다.

⑥ **물건을 물어뜯는다** – 이빨을 사용해 먹이를 분해하는 본능이 남아 있어 장난감이나 물건을 씹는 행동을 보인다.

⑦ **먹이를 파묻는다** – 늑대처럼 나중을 대비해 먹이를 땅속이나 숨길 수 있는 장소에 감추는 습성을 보인다.

이러한 행동들은 늑대의 수렵 습성과 깊은 연관이 있으며, 반려견의 본능적인 욕구를 충족시키기 위해 놀이와 활동이 필요한 행동이다.

나) 섭식행동에 영향을 주는 요인

반려견이 먹이를 섭취하는 방식과 행동은 항상 동일한 것이 아니다. 같은 개라도 같은 장소에서 먹이를 섭취하더라도, 그때의 상황에 따라 섭식행동이 달라질 수 있다. 이는 다양한 요인들이 반려견의 섭식행동에 영향을 미치는 결과이다. 이처럼 반려견의 먹는 습관과 행동은 여러 가지 요소에 의해 달라지며, 이를 이해하는 것이 반려견의 건강한 식습관 형성에 중요한 역할을 한다.

표 2.2 반려견의 섭식행동에 영향을 주는 요인

경쟁	이성, 공간, 먹이, 물 등 반려견이 필요로 하는 모든 영향
날씨	자연, 생활하는 곳의 날씨와 계절에 따른 영향
먹이	먹이의 분포, 양, 질에 따른 경쟁 섭식
정보	먹이 주변의 환경 정보에 따른 섭식
방해 요인	높은 기온, 강풍, 직사광선, 해충 등

(2) 배설행동

배설은 몸속에서 필요 없는 물질을 외부로 배출하는 생리적으로 꼭 필요한 과정이다. 배변은 단순히 노폐물을 배출하는 기능뿐만 아니라, **자신의 존재를 다른 동물에게 알리는 사회적 의미를 가진 행동**이다. 특히 개나 고양이의 배설행동에서 중요한 특징 중 하나는 어미가 새끼의 항문이나 음부를 핥아 배설을 돕는 행동이다. 갓 태어난 강아지나 고양이는 스스로 배변할 수 없으므로, 어미가 자극하여 배설을 유도한다. 이후 새끼가 배출한 배설물은 곧바로 어미가 섭취하는데, 이러한 행동은 보금자리를 깨끗하게 유지하는 데 효과적이다. 또한, 어미가 새끼의 배설물을 제거하는 행동은 포식자로부터 새끼를 보호하기 위한 본능적인 생존 전략이다. 배설물의 냄새를 없애면 포식자가 새끼의 존재를 알아차릴 가능성이 줄어들기 때문이다. 이처럼 반려견의 배설행동은 생리적 기능뿐만 아니라, 환경을 청결하게 유지하고 생존을 위한 본능적 역할을 수행한다.

가) 개의 배설행동

강아지는 생후 약 2주(이행기)부터 스스로 배설하기 시작한다. 그러나 이 시기의 강아지는 근육과 신경이 아직 완전히 발달하지 않아 성견보다 배뇨 횟수가 많다. 개의 조상인 늑대는 본능적으로 자신이 자거나 먹는 보금자리를 깨끗하게 유지하려는 습성이 있다. 따라서 배설할 때 보금자리에서 멀리 떨어진 곳을 찾아 배변하는 행동을 보인다. 개도 이러한 본능을 가지고 있으므로, 반려견을 강아지 때 가정으로 입양하였다면 보호자가 보금자리와 분리된 배변 장소를 정해주고 배변 교육을 실시하는 것이 중요하다. 이처럼 개의 배설 행동은 선천적인 습성과 환경의 영향을 함께 받으며, 보호자의 올바른 교육이 배변 습관 형성에 큰 역할을 한다.

(3) 표식 행동

표식 행동Marking은 단순한 배설이 아니라 **자신의 흔적을 남겨 다른 동물과 소통하는 행동이다.** 표식 행동은 오줌, 분변, 피지선에서 나오는 냄새를 이용해 세력권을 표시하고, 다른 개체에게 경고하거나 무리를 보호하는 역할을 한다. 이 행동은 주로 포유류에서 많이 나타나며, 수컷 개가 더 자주 보이나 암컷에게도 나타날 수 있다. 반려견이 산책 중 여기저기에서 오줌을 누는 행동도 표식 행동의 일종이다. 개는 자신의 냄새를 특정 장소에 남겨 영역을 표시하려는 본능이 있다. 특히 수컷 개는 나무, 벽, 기둥 등 수직으로 된 물체에 다리를 들고 높은 곳에 오줌을 묻히려는 경향이 있다. 반면, 암컷은 이러한 행동을 덜 보이며, 이는 수컷 호르몬의 영향과 관련 있다. 표식 행동은 개가 성적으로 성숙할수록 더 자주 나타나며, 중성화 수술 후 그 빈도가 줄어드는 경우가 많다. 따라서 표식 행동이 과도하게 나타나면 보호자가 적절한 훈련과 관리로 조절할 필요가 있다. 이처럼 표식 행동은 개의 자연스러운 본능 중 하나이며, 보호자는 이를 이해하고 적절한 환경을 조성하는 것이 중요하다.

(4) 몸단장 행동

몸단장Grooming은 동물이 자신이나 다른 개체의 털과 피부를 정리하는 행동이다. 이 행동을 통해 피부에 붙은 먼지나 기생충을 제거하고, 타액 속 성분으로 상처를 치료하는 기능을 수행한다. 몸단장 행동에는 여러 가지 형태가 있다.

① **긁기와 몸단장(Scratching and Grooming)** – 뒷발로 가려운 부위를 긁거나 몸을 정리하는 행동이다.

② **앞발을 이용한 세수 행동** – 앞발로 얼굴이나 머리를 핥아 닦는 행동이다.

③ **입을 이용한 몸단장(Oral Grooming)** – 혀와 치아를 사용하여 털을 정리하는 행동이다.

또한, 개들은 서로 몸을 핥거나 다듬어 주면서 직접 닿기 어려운 부위를 정리할 수 있다. 이러한 행위는 **무리 내 유대감을 형성하고 관계를 강화하는 사회적 행동**이다. 특히, 개와 고양이처럼 태어나자마자 스스로 몸을 돌볼 수 없는 동물은 어미의 보살핌이 매우 중요하다. 어미가 새끼를 핥아 주는 행동은 깨끗함을 유지하는 것뿐만 아니라, 애착 형성과 건강한 성장에 도움을 주는 중요한 역할을 한다. 또한, 강아지나 고양이가 사회성을 배우는 중요한 시기(사회화기)에는 어미, 형제, 사람과의 접촉과 몸단장 경험이 뇌의 정상적인 발달에 긍정적인 영향을 미친다. 따라서 반려동물을 키우는 보호자는 정기적으로 빗질을 하거나 부드럽게 만지는 핸들링을 통해 유대감을 형성하고 건강한 성장에 기여할 필요가 있다.

3) 사회적 행동

사회적 행동은 동물들이 여러 개체가 모여 무리나 집단을 이루며 서로 상호작용하는 행동이다. 두 마리 이상의 개체가 서로 영향을 주고받으며 나타나는 다양한 행동을 사회적 행동이라 하며, 이는 혼자서 하는 행동이 아니라 같은 무리 내에서 관계를 형성하는 과정이다. 예를 들어, 개와 고양이는 모두 사회적 행동을 보이나, 종마다 의사소통 방식이 달라 **같은 동물이라도 사회적 행동의 형태와 의미는 다르게 발달**할 수 있다.

사회적 행동은 크게 친화 행동과 공격 행동으로 나뉜다.

① **친화 행동**: 서로 핥거나 장난을 치며 유대감을 형성하는 행동이다.

② **공격 행동**: 무리 내 서열을 정하거나 자신의 영역을 보호하기 위해 나타나는 행동이다.

이처럼 사회적 행동은 환경과 동물의 성향에 따라 다양하게 나타나며, 개체 간의 관계를 형성하는 중요한 역할을 한다.

(1) 무리생활

개의 사회적 관계 형성을 이해하려면 선조인 늑대의 무리 생활을 살펴볼 필요가 있다. 늑대는 무리를 이루어 서열을 정리하는 습성이 있으며, 개도 이러한 본능을 이어받아 서열을 정하고 무리 내 역할을 분배하려는 행동을 보인다. 무리 내에서 우위를 차지하기 위해 싸우거나 경계하는 행동이 나타나면서, 개들은 공격적 행동과 친화적 행동을 모두 발달시켰다. 예를 들어, 반려견들 사이에서 서열이 정해지지 않은 경우 으르렁거리거나 경계하는 모습을 보이며, 자신의 영역을 표시하여 무리 내 질서를 유지하려는 본능적인 행동을 한다. 반면 고양이는 개와 다른 방식으로 사회적 관계를 형성한다. 개처럼 서열을 정하기보다는 자신의 영역을 중시하며, 다른 개체와 거리를 유지하는 경향이 강하다. 야생에서는 보통 혼자 사냥하며 독립적으로 생활하였으나,

도시의 길고양이들은 환경에 따라 무리를 지어 생활하는 경우도 있다. 특히, 고양이는 인간과 함께 생활하면서 사냥 없이도 먹이를 얻을 수 있는 환경 속에서 무리 생활 방식이 변화하고 있다. 이처럼 개와 고양이는 각기 다른 방식으로 사회적 관계를 형성하며, 환경과 생활 방식에 따라 무리 생활의 형태가 달라진다.

(2) 공간 이용

동물이 살아가기 위해서는 자신만의 적절한 공간을 확보하는 것이 매우 중요하다. 동물들은 단순히 머무르는 것뿐만 아니라 먹이나 물을 찾거나 짝을 찾기 위해 이동하는 등 여러 목적을 가지고 서식지를 활용한다. 이처럼 동물의 공간 이용 방식은 생존과 번식을 위한 필수적인 행동이며, 환경과 생활 방식에 따라 달라진다.

가) 행동권

행동권이란 동물이 생활하면서 필요한 먹이, 물, 짝 등을 얻기 위해 다니는 활동 범위를 의미한다. 이 공간은 다른 개체나 다른 종과 겹칠 수 있으며, 함께 공유되기도 한다. 특히 무리를 이루어 생활하는 동물들은 같은 행동권을 공유하며, 경우에 따라 행동권이 100% 겹치는 경우도 있다. 행동권은 **동물이 살아가는 데 꼭 필요한 공간이며, 그 크기와 모양, 선호하는 지역은 환경과 생활 방식에 따라 다양하게 변화**된다.

나) 세력권

세력권은 행동권과 달리 다른 개체와 공유하지 않고 배타적으로 사용하는 공간이다. 즉, 자신이나 가족만 사용하는 영역으로, 다른 개체가 쉽게 들어올 수 없다. 특히 번식기에는 세력권을 더욱 강화하여 보호하려는 행동이 두드러진다. 동물들은 자신의 세력권을 지키기 위해 다른 개체의 침입을 경계한다. 포유류의 경우, 배설물이나 털을 남겨 자신의 영역임을 알리는 표식 행동을 한다. 세력권은 **동물이 안전하게 생활하고, 먹이나 짝을 보호하기 위해 중요한 역할**을 하는 영역이다.

(3) 공격 행동

공격 행동은 동물이 다른 개체에게 직접적인 신체적 압박을 가하거나 위협하는 행동이다. 이러한 행동은 단순한 폭력이 아니라 생존을 위한 본능적인 반응이다. 동물은 먹이를 사냥하거나 세력권을 보호하고, 짝짓기 및 공간 확보 등 다양한 이유로 공격 행동을 보인다. 포식자는 사냥감을 잡기 위해 부리, 이빨, 발톱 등의 신체적 도구를 사용하여 공격하지만, 공격 행동은 포식자에 국한되지 않는다. 피식자도 생존을 위해 방어적으로 공격하는 경우가 많으며, 같은 종 내에서도 자원을 차지하거나 사회적 관계 문제로 인해 공격적인 행동이 나타날 수 있다.

공격 행동은 감정의 개입 여부에 따라 두 가지 유형으로 나뉜다.

❶ 정동적(감정이 수반된) 공격 행동

- **경합적 공격**: 한정된 자원을 차지하기 위해 싸울 때 발생하는 공격이다.
- **영역적 공격**: 자신의 세력권에 침입한 개체에게 나타나는 공격이다.
- **아픔에 의한 공격**: 몸이 아프거나 다쳤을 때 방어적으로 나타나는 공격이다.
- **공포에 의한 공격**: 두려움을 느껴 위협에서 벗어나기 위해 나타나는 공격이다.
- **수컷 간의 공격**: 성 성숙기에 호르몬의 영향으로 발생하는 공격이다.

❷ 포식성(감정이 수반되지 않은) 공격 행동

- **사냥을 위한 공격**: 포식자가 사냥감을 잡기 위해 보이는 공격이다.

이 외에도 특별한 이유 없이 갑자기 공격적인 행동을 보이는 경우를 **특발성 공격 행동**이라고 한다. 특발성 공격 행동은 원인을 정확히 알 수 없는 경우가 많으며, 신경학적 이상이나 정신적인 문제로 인해 발생할 가능성이 있다.

반려견도 다양한 이유로 공격 행동을 보일 수 있다. 대표적인 공격 행동 유형은 다음과 같다.

- **영역성 공격**: 자신의 공간을 보호하기 위한 공격이다.
- **공포성 공격**: 두려움을 느껴 방어적으로 나타나는 공격이다.
- **먹이 확보성 공격**: 먹이를 빼앗기지 않으려는 공격이다.

개의 공격성은 품종, 개체별 성향, 성장 환경 등에 따라 다르게 나타나며, 보호자의 적절한 훈련과 관리가 필요하다. 결국, 개의 공격 행동은 자신을 보호하고 생존하기 위한 본능적인 반응이다. 따라서 보호자는 반려견의 공격 행동이 언제, 어떤 상황에서 발생하는지 이해하고, 적절한 교육과 환경을 제공하여 문제행동을 예방하는 것이 중요하다.

표 2.3 공격 행동에 영향을 주는 요인

요인	내용
우위 관계 형성	개체 간의 서열을 정하기 위해 공격적인 행동이 나타나며, 이 과정에서 물리적인 충돌이나 위협 행동이 발생하여 싸움으로 이어지기도 한다. 이러한 행동은 **무리 내 질서를 확립하고 개체 간의 관계를 조정하는 역할**을 한다.

자원 획득	동물은 생존에 필요한 먹이, 보금자리, 물, 공간 등의 자원을 확보하기 위해 공격적인 행동을 보인다. 특히 먹잇감을 사냥하거나 자신의 영역을 지키는 과정에서 다른 개체와 충돌이 발생할 수 있으며, 이러한 경쟁은 **공격 행동으로 이어지는 본능적인 반응**이다.
번식	번식 과정에서는 짝을 차지하기 위한 경쟁이 발생하거나, 방해하는 개체를 쫓아내기 위해 공격적인 행동이 나타난다. 이러한 행동은 **번식 기회를 확보하고 자신의 유전자를 다음 세대로 전달하려는 본능적인 반응**이다.

가) 학습에 의한 공격 행동

군견이나 경찰견처럼 특정 임무를 수행해야 하는 개는 교육을 통해 상황에 따라 높은 경계심과 방어 행동을 보이도록 훈련받는다. 이처럼 개는 환경과 목적에 따라 다양한 학습을 통해 특정 행동을 습득하며, 이는 반려견처럼 인간과 사회 속에서 공존하는 경우에도 마찬가지이다. 예를 들어, 개가 배달부가 올 때마다 짖거나 경계하는 행동을 반복하면서 자신이 침입자를 물리쳤다고 인식할 수 있으며, 이러한 행동은 **학습된 영역 방어 행동**으로 나타난다. 이와 같이 학습된 행동은 개의 본능과 결합되어 일상생활에서도 자연스럽게 드러난다.

나) 수컷 간의 공격 행동

수컷 개는 암컷보다 공격 행동이 더 자주 나타나며, 특히 번식기에는 테스토스테론Testosterone 호르몬의 증가로 인해 이러한 행동이 더욱 두드러진다. 계절에 따라 번식 시기가 정해진 동물의 경우, 1년 중 특정 시기에 호르몬 상승과 내분비 변화가 일어나며, 이로 인해 공격 행동이 활성화된다. 또한, 개체마다 청각적 또는 시각적 위협 신호를 보내며 갈등을 피하려 하지만, 상황이 해결되지 않을 경우 최후의 수단으로 물리적 충돌이나 싸움이 발생할 수 있다.

다) 영역성 공격 행동

개는 낯선 대상이 자신의 영역에 침입하거나 무리에 접근하면 본능적으로 경계심을 높인다. 위협이 지속될 경우, **영역을 보호하기 위해 공격적인 행동**을 보인다. 이러한 행동은 고양이를 포함한 여러 동물에게서도 공통적으로 나타나며, 자신의 세력권을 지키려는 본능적인 반응이다. 특히, 개는 보호자의 가족을 무리의 동료로 인식하기 때문에 집이나 마당에 들어온 낯선 사람에게 위협적 태도나 공격 행동을 보여 영역을 수호한다. 동시에 짖음으로써 무리 동료에게 위험을 알리고 보호자의 주의를 환기시킨다. 이와 같은 영역성 공격 행동은 견종, 개체별 성격, 경험에 따라 다양하게 나타난다.

라) 공포성 공격 행동

반려견은 불안이나 공포를 느끼는 상황에서 도망칠 수 없다고 판단되면 **방어적 공포성 공격 행동**을 보인다. 이때 개는 먼저 위협 신호를 보내며, 상황이 악화되면 공격으로 이어진다. 이러한 공포성 공격은 암컷과 수컷 모두에게 나타나며, 중성화 여부와 관계없이 발생할 수 있다. 또한, 동종의 다른 개뿐만 아니라 사람이나 타 동물에게도 공격 행동을 보인다. 실제로 개가 사람을 공격하는 경우의 대부분은 포식적 목적이나 우위 확보가 아닌, 공포에 의한 방어적 반응이다.

마) 아픔에 의한 공격 행동

고통은 방어적 공격 행동을 유발한다. 특히, 야생동물이나 유기동물을 구조할 때 병적 질환 등으로 인해 고통을 느끼면 **본능적인 방어 반응으로 공격 행동**을 보인다. 개나 고양이의 경우 치료 과정에서 고통을 동반하는 자극을 받으면 방어적 공격이 나타날 수 있으므로 신중한 접근이 필요하다. 또한, 개들 간의 싸움을 멈추기 위해 강제로 고통을 주는 행동은 오히려 방어적 공격 행동을 유발할 수 있으므로 주의해야 한다.

바) 경합적 공격 행동

먹이, 보금자리 등 한정된 자원이나 무리 내 서열을 둘러싼 경쟁에서 경합적 공격 행동이 나타난다. 반려견과 같이 사회성이 높은 동물은 서열 관계와 위협 행동을 통해 갈등을 해결하는 경우가 많아, 물리적 충돌보다 위협적인 자세나 행동으로 상황을 정리한다. 이를 통해 공격 상황을 최소화한다.

사) 모성 행동에 의한 공격

어미가 새끼를 보호하기 위해 보이는 공격 행동은 위협 신호 없이 즉각적이고 강력한 공격으로 나타난다. 야생 동물의 경우 번식기 동안 이러한 모성 공격 행동이 두드러진다. 예를 들어 들꿩은 4월 번식기에, 암컷은 7월과 8월에 공격 행동 빈도가 증가한다. 개나 고양이 역시 새끼 보호를 위한 본능적인 공격 행동을 보이나, 개체별로 행동 발현 양상에 차이가 있다.

아) 포식성 공격 행동

섭식 활동을 위한 사냥 시 나타나는 공격 행동을 포식성 공격이라고 한다. 이는 동료 간의 공격 행동과 구분된다. 예를 들어 개와 늑대는 동료와 다툴 때는 무는 힘을 조절하지만, 사냥 시에는 힘을 억제하지 않고 먹잇감을 신속히 제압하는 데 집중한다. 고양이 역시 동료와의 다툼에서는 발톱을 사용하지만, 사냥 시에는 송곳니를 이용해 먹잇감을 정확히 제압하며, 무리 내 경합에서는 감정이 고조되지만 사냥 시에는 냉정하고 본능적인 행동을 보인다.

자) 병적인 공격 행동

일반적인 공격 행동은 원인과 이유가 명확하나, 병적인 공격은 전조 없이 갑자기 나타나며 **예측할 수 없는 심한 공격 행동**을 보인다. 인간과 가까이 지내는 동물에서 반복적으로 나타난다면 위험한 상황을 초래할 수 있다. 이러한 경우는 뇌 이상 등 정신적 문제로 인한 가능성이 있으므로, 의료적 검진과 진단을 통한 치료가 필요하다. 조기에 적절한 조치를 취하지 않으면 공격 행동이 심화되므로, 전문적인 관리와 치료가 중요하다.

(4) 친화 행동

친화 행동은 다른 개체와 긍정적인 정서적 관계를 형성하고 유지하려는 욕구나 동기에 따른 행동이다. 반려견은 다양한 감각기관을 사용해 다른 개체를 식별하며, 공격 행동과 달리 무리 동료들과 즐겁고 기쁜 감정을 나누어 친밀감을 표현한다. 예를 들어, 마음에 드는 상대에게 놀이에 초대하는 몸짓이나 시각적, 청각적 신호로 **적극적으로 호감을 표현하는 행동**이다. 반려견은 후각을 통해 상대의 냄새를 기억하고 판단하며, 몸을 서로 기대거나 상호 그루밍을 하는 것이 대표적인 친화 행동이다. 생후 4주가 지나면 주변을 탐색하기 시작하며, 이 시기에 다양한 사회적 경험을 통해 친화 행동을 발달시킨다. 보호자는 반려견의 사회화를 위해 다양한 교감을 시도하는 것이 긍정적인 관계 형성에 도움이 된다. 개와 고양이의 경우, 충분히 사회화된 개체라면 후각적 정보를 바탕으로 인사를 나누며 점차 친밀해질 가능성이 있다. 특히, 개는 코와 생식기 주변을 탐색하여 개체 식별과 생리적 정보를 얻고, 서로 호감을 느낄 경우 몸을 기대거나 몸단장, 놀이 행동 등을 통해 친화 행동을 보인다.

3. 반려견 행동의 발달

반려견의 행동은 태어나서부터 죽을 때까지 지속적으로 발달하며 다양한 변화를 겪는 과정이다. 출생 직후에는 기본적인 생존을 위한 단순한 행동만을 보이지만, 성장하면서 주변 환경과 상호작용하며 점점 더 정교하고 복잡한 행동을 발달시킨다. 반려견은 눈을 뜨지 않은 상태로 태어나 어미의 보호가 필요한 만성성 동물이다. 어미와 동료들로부터 의사소통 신호, 사회적 규칙, 사냥 및 놀이 방법 등을 배우며 사회성을 형성한다. 또한, 사람과의 상호작용과 보호가 행동 발달에 중요한 역할을 하여, 인간과의 유대감을 형성하는 과정에서 인간의 가족 구성원으로 자리 잡게 된다. **개의 인간과의 밀접한 관계 형성과 가축화는 이러한 발달 행동학적 배경 덕분**이다.

1) 반려견의 행동 발달단계

반려견의 생애주기에 따른 행동 발달단계는 강아지 시기부터 성년기, 노년기까지 총 6단계로 구분된다. 반려견의 평균 수명이 길어지면서 일부는 성년기와 노년기 사이, 즉 6~8년 차를 중·장년기로 구분하기도 하며, 이는 사람의 40~50대와 유사한 시기로 볼 수 있다. 그러나 반려견의 행동 발달에서 가장 중요한 시기는 신생아기부터 청소년기까지이다. 이 시기를 중심으로 노년기까지의 6단계를 체계적으로 살펴봄으로써 각 단계별 특성과 발달 과정을 이해하고, 반려견의 건강하고 행복한 성장을 돕는 방법을 모색할 수 있다.

(1) 신생아기(생후 약 2주간)

반려견의 임신 기간은 약 63일 전후이며, 빠르면 58일경부터 출산이 시작된다. 출산 몇 주 전부터 보금자리를 마련하고 산실을 쾌적하고 안전하게 관리하는 것이 중요하다. 신생아기는 태어나서 눈을 뜨기 전까지 약 13일간을 의미하며, 이 시기의 강아지들은 스스로 배설하지 못하고 어미에게 전적으로 의존한다. 촉각, 체온 감각, 미각, 후각은 약간 발달하였으나, 시각과 청각은 아직 미흡한 상태이다. 신생아기에는 어미의 보살핌이 절대적으로 필요하며, 사람의 세심한 돌봄 또한 중요한 역할을 한다. 특히, 어미 개가 사람에게 의지하고 신뢰하는 경향이 있으므로, 신생아 강아지들의 건강과 안전을 위해 보호자는 적극적으로 보살펴야 한다. 따뜻하고 안정된 환경에서 어미와 새끼 모두가 편안함을 느낄 수 있도록 세심하게 관리해야 한다.

가) 신생아기의 특징

- **눈을 뜨지 못한 강아지들은 체온 유지를 위해 서로 몰려다니며, 빨기, 기어다니기, 파고들기와 같은 본능적 행동**을 보인다. 이는 배고픔, 불안, 추위에서 벗어나려는 본능이 반영된 것이다.
- 신생아기에는 반려견 특유의 행동보다는 수면욕이 강하게 나타나며, 전체 시간의 90% 이상을 자면서 영양 공급, 체온 유지, 뇌와 신경계 발달이 이루어진다.
- 스스로 배변하지 못하기 때문에 약 3주간 어미가 핥아 주어 배변을 유도하고 깨끗하게 관리한다. 이 과정에서 무리 내 서열 관계를 학습하며, 순종적 행동과 생식기 냄새를 맡는 자세를 통해 우위 개체에 복종하는 법을 배운다.

- 신생아기에 받은 자극은 향후 스트레스 저항성, 안정성, 학습 능력에 영향을 미친다. 연구에 따르면 생후 3일에서 16일 사이의 적절한 신경적 자극은 강아지의 신경 발달과 성장에 긍정적인 영향을 주며, 이후 성공적인 개체로 성장할 가능성을 높인다. 이때의 자극은 경미한 수준의 스트레스를 의미하며, 사람의 부드러운 보살핌을 통해 정서적으로 안정되고 균형 잡힌 강아지로 성장할 수 있다.

(2) 이행기(생후 약 2~3주)

이행기는 신생아기에서 벗어나 눈을 뜨고 귀가 열리며 강아지의 형체가 드러나는 시기를 의미한다. 이 시기부터 강아지는 외부 세계와 본격적으로 상호작용하며 반려견다운 모습을 보이고, 움직임이 활발해진다. 감각기관이 서서히 발달하면서 주변 환경에 대한 호기심이 증대되고, 신체적 활동과 사회적 행동이 점차 활발해진다.

가) 이행기의 특징

- **생후 약 13일경에 눈을 뜨며, 약 20일경에는 귀가 열려 세상을 보고 듣게 된다.**
- **감각 발달의 시작**: 보기, 듣기, 걷기, 배변, 씹기, 후각 발달 등 반려견의 기본 행동이 형성되며, 신생아기에서 사회적 존재로 변모한다.
- **시각 발달**: 생후 약 13일경에 눈을 뜨며 눈동자가 점차 맑고 뚜렷해진다. 5주 정도가 지나면 눈의 색깔이 자리잡고, 한 달부터 물체의 형태를 선명하게 구분하기 시작한다.
- **청각 발달**: 생후 약 20일경부터 소리를 듣기 시작하므로, 작은 소리부터 점진적으로 노출시켜 공포나 불안이 형성되지 않도록 부드럽고 안전한 환경을 제공하는 것이 좋다.
- **후각 발달**: 강아지는 호기심이 강해지며 어미, 동료, 사물, 사람 등의 냄새를 탐색하여 세상을 인지하기 시작한다.
- **구강 발달 및 놀이 행동**: 약 20일 이후 윗니가 발달하면서 씹고 물며 노는 행동을 통해 신체 발달과 사회적 상호작용이 시작된다.
- **환경에 대한 민감성 증가**: 감각 발달로 인해 주변 환경에 더욱 민감해지며, 서로의 존재와 보금자리를 인지한다.
- **긍정적 정서 발달 자극**: 가벼운 자극은 긍정적 정서 발달로 이어지므로, 사람이 부드럽게 만져주고 들어올려주며 귀, 입, 발톱 손질 및 빗질 등 정기적 손질을 제공하면 사람에게 익숙해지고 신뢰감을 형성한다. 이러한 경험은 성장 후 올바른 행동 형성에 도움이 된다.

(3) 사회화기(3~12주)

사회화기는 반려견이 동료 및 사람과의 사회적 관계를 학습하는 시기로, 생후 약 3주부터 시작된다. 이 시기는 **반려견의 성격이 집중적으로 형성되는 결정적 시기**이며, 획득한 행동을 바탕으로 견종과 개체에 따라 발달 양상이 달라진다. 사회화기에는 동료와의 상호작용뿐만 아니라 사람, 다른 동물, 새로운 환경과의 관계 형성이 이루어진다. 특히 늑대는 무리 내 동료와 애착 관계를 형성하는 반면, 반려견은 동료뿐 아니라 사람 및 다양한 환경과의 사회적 애착 관계를 형성하며 사회성을 발달시킨다. 이 시기의 경험은 평생 성격과 행동에 영향을 미치므로, 긍정적인 상호작용과 다양한 사회적 자극을 안전하고 즐거운 방식으로 제공하는 것이 중요하다. 올바른 사회화 경험은 **자신감 있고 균형 잡힌 반려견으로 성장하는 데 큰 도움**이 된다.

가) 사회화기의 특징

- **사회화기의 중요성**: 이 시기의 강아지들은 처음 접하는 경험에 매우 민감하며, 다른 동물, 사람, 장소, 물체 등 새로운 대상에 대해 친화적으로 적응한다. 어미 개와 동료들에 한정되었던 사회적 범위가 점차 확장되며, 긍정적 경험을 통해 사회성이 발달된다.
- **낯선 경험에 대한 불안감**: 새로운 경험에 대해 불안감을 느끼며, 무리에서 벗어나지 않으려 하거나 낯선 대상에 대해 경계심을 나타내기 시작한다. 늑대는 야생에서 12주간 어미와 무리와만 관계를 맺었으나, 반려견은 사회화 과정을 통해 두려움을 극복하고 문제 해결 능력을 학습한다.
- **사회화기의 단계 구분**: 사회화기는 행동 발달에서 가장 중요한 시기로, 두 단계로 구분된다.
  - 1단계 (생후 4주~6주경): 젖을 떼고 동료와의 사회화를 배우는 단계이다.
  - 2단계 (생후 6주~12주경): 사람 및 환경에 대한 사회적 관계 형성과 행동 발달이 이루어지는 단계이다.
- **다양한 질감과 환경 적응**: 나무, 흙, 시멘트, 잔디, 자전거, 엘리베이터 등 여러 환경 속에서 산책하며 후각과 청각 발달을 촉진한다.
- **실내 감각적 사회화**: 공, 장난감, 음악, 생활 소음 등을 활용하여 놀이 방식을 다양화하고 감각적 자극을 풍부하게 제공한다.
- **사람과의 접촉**: 생후 5주 이후부터 사람과의 교감을 늘리고, 쓰다듬기, 입, 귀, 발 등 예민한 부위를 부드럽게 만져주며 손질을 제공하면 긍정적 사회화에 도움이 된다. 이러한 경험은 반려견의 향후 사회 행동에 긍정적 영향을 주어 균형 잡힌 성격 형성에 기여한다.

(4) 청소년기(약령기, 12주 이상~1년)

청소년기는 강아지가 생후 12주경부터 성 성숙에 이르기까지의 기간으로, 견종이나 개체에 따라 차이가 있으나 보통 생후 12개월까지로 본다. 이 시기는 사회화기에 이어 반려견의 행동적 발달이 완성되는 시기로, 모험심과 놀이를 통해 사회적 행동을 배우며 성숙해진다. 청소년기에는 사회적 행동 성숙과 서열 감각이 점차 발달하며, 다양한 경험을 통해 사회적 관계와 역할을 이해한다. 호기심과 에너지가 왕성한 시기이므로, 적절한 놀이와 훈련을 통해 긍정적 행동 습관을 형성하는 것이 중요하다. 이 시기의 경험은 반려견의 성격과 행동 패턴에 결정적 영향을 주므로, 일관성 있는 훈육과 긍정적 강화로 균형 잡힌 성장을 유도해야 한다.

가) 청소년기의 특징

- **사회화기의 영향과 퇴행 현상**: 사회화기 이후 적절한 사회적 강화나 정서적 안정이 이루어지지 않으면, 대상에 대해 공포심을 갖거나 경계하는 '퇴행 현상'이 나타난다. 이는 사회화 기간 동안 동료 간의 사회활동이나 사람들과의 교감을 꾸준히 유지하지 않을 때 발생하며, 성격이 예민해지고 불안정해질 수 있다.
- **놀이와 에너지 관리**: 청소년기에는 신체 능력이 급격히 발달하며, 사회화기 이후 '놀이'가 중요한 역할을 한다. 에너지가 넘치고 호기심이 왕성하여 지루함을 참지 못하고 산만하거나 고집을 부리는 행동이 나타날 수 있다. 이 시기에 올바른 교육과 놀이를 통해 에너지 관리가 이루어지지 않으면 분리불안, 공격성, 문제행동으로 발전할 위험이 있다.
- **행동 관찰과 예절 교육**: 청소년기의 넘치는 에너지와 호기심을 주의 깊게 관찰하며, 환경을 적절히 개선하고 행동 특성을 파악해야 한다. 활기차고 다양한 행동은 적절한 행동 수정과 예절 교육을 통해 긍정적인 방향으로 이끌 수 있다. 이 시기는 많은 관심과 사랑이 필요한 시기로, 일관성 있는 훈육과 긍정적 강화로 안정된 성격과 바른 행동 습관을 형성하도록 돕는 것이 중요하다.

(5) 성년기(성숙기, 1년 이상~6년)

성년기는 사람 나이로 20~30대에 해당하며, 반려견의 경우 생후 2세에서 5세 사이에 신체적, 정신적으로 가장 활발하고 활동 능력이 최고조에 달하는 시기이다. 이 시기의 2~3년경을 '황금기'라고 하며, 보통 3년까지 개체의 성향이 완전히 자리 잡는다. 생후 6년부터는 노화가 서서히 시작되며, 활동성은 여전히 높지만 충분한 영양 공급과 규칙적인 운동 관리가 건강 유지에 필수적이다. 성견이 되면서 고집이 생기고 자율성이 강해져 제멋대로 행동할 수 있다. 이 시기에 문제행동이 나타난다면 행동 교정을 시도할 수 있으나, 스트레스가 될 가능성이 높으므로 어릴 때부터 기본 예절 교육과 사회화 훈련이 매우 중요하다. 현대 반려견은 평균 수명이 길어 소형견의 경우 15년 이상 생존하기도 하며, 이에 따라 생후 6~8년차는 사람 나이로 40~50대에 해당되어 성년기와 노년기 사이의 '중 · 장년기'로 구분되기도 한다. 이 시기에는 성숙한 성격을 유지하면서도 활동성이 높으므로, 건강관리와 정서적 안정을 위한 지속적 관심과 교감이 필요하다.

(6) 노년기(고령기, 7년 이상)

노년기는 소형견의 경우 약 9~10년 이상, 대형견의 경우 약 7~8년 이상부터 본격적으로 시작된다. 반려견은 대략 6년차부터 노화가 시작되어 피부와 털 색깔의 변화가 나타나고, 질병의 신호가 서서히 감지된다. 이 시기는 사람과 마찬가지로 건강과 관련된 행동 변화를 세심하게 관찰해야 하며, 정기적인 건강관리와 주의 깊은 돌봄이 필수적이다. 노령견은 시력 및 청력 감퇴, 관절 문제, 피부 변화, 체중 관리 등 다양한 건강 문제에 직면할 수 있으며, 빠른 진단과 적절한 치료가 삶의 질을 크게 향상시킨다. 노년기에는 신체적 변화뿐만 아니라 정서적 변화도 나타나므로, 평소보다 더 많은 관심과 사랑, 정서적 안정감을 제공하는 것이 중요하다. 충분한 휴식과 편안한 환경, 부드러운 돌봄 및 꾸준한 건강 관리를 통해 행복하고 편안한 노년기를 보낼 수 있도록 세심한 배려가 필요하다.

4. 반려견의 의사소통

반려견은 의사소통을 통해 감정과 의도를 표현하는 동물이다. 후각, 시각, 청각적 방법을 주요 의사소통 수단으로 사용하며, 같은 반려견뿐만 아니라 다른 동물이나 사람과도 의사소통한다. 견종마다 감각과 의사소통 능력에 차이가 있어, 경험과 분석을 통해 각 신호의 의미를 정확히 파악하는 것이 중요하다. 공격적이거나 지배적인 반려견은 자신을 크게 보이려는 행동을 하며, 몸짓, 자세, 소리, 냄새 등을 통해 자신의 감정 상태와 의도를 전달한다. **반려견은 몸짓과 행동으로 '말'을 하며, 이는 인간만의 전유물이 아니다.** 반려동물 중 개와 고양이는 인간과 가장 가까운 생활을 하므로 후각, 시각, 청각적 의사소통 신호에 많이 노출된다. 이러한 신호의 의미를 이해하고 숙지하면 인간과 반려견 간의 원활한 소통이 가능해지며, 반려견의 감정과 욕구를 파악하여 긍정적이고 행복한 관계를 형성할 수 있다.

1) 반려견의 의사소통 신호

반려견은 사람과 마찬가지로 얼굴 표정, 몸의 자세, 걸음걸이 등 다양한 몸짓 언어를 통해 감정, 상황, 사회적 관계에 관한 다양한 신호를 보내며 의사소통한다. 반려견은 기본적인 시각적 신호 외에도 청각적 신호와 후각적 신호를 조합하여 자신의 감정과 의도를 표현한다. 예를 들어, 꼬리의 움직임, 귀와 눈의 방향, 몸의 긴장도 등을 통해 현재 상태와 감정을 전달하고, 짖음, 으르렁거림, 낑낑거림 등의 청각적 표현으로 상황에 따른 의사소통을 한다. 또한, 후각적 신호를 통해 다른 개체의 정보를 인식하고 자신의 존재를 알리거나 영역을 표시하기도 한다. **반려견의 의사소통 신호를 체계적으로 이해하면, 반려견의 감정과 의도를 보다 잘 파악하여 인간과의 신뢰 관계 형성에 큰 도움**이 된다.

(1) 시각적 의사소통

시각적 신호는 반려견에게 매우 효과적인 의사소통 방법이다. 반려견은 상대방을 보며 신호를 바꾸어 의사를 전달하기 때문에, 상대의 반응을 이끌어내는 강력한 소통 수단이다. 반려견은 눈빛, 귀의 방향, 꼬리의 움직임, 몸의 자세 등 다양한 시각적 신호를 통해 감정과 의도를 표현하며, 이러한 신호는 반려견들 간뿐만 아니라 사람과의 의사소통에서도 중요한 역할을 한다. **시각적 의사소통을 올바르게 이해하면, 반려견의 감정 상태와 욕구를 보다 잘 파악하여 인간과 반려견 간의 유대감과 신뢰를 강화**할 수 있다.

가) 입 신호

반려견은 입 모양을 통해 다양한 감정과 의사를 표현한다. 사람의 얼굴 표정과 유사하게, 반려견의 입 모양은 흥미, 안심, 즐거움, 분노, 지배성, 공격성, 공포 등 여러 감정을 나타낸다. 예를 들어, 입을 살짝 벌리고 혀를 내민 채 편안한 모습은 안심과 즐거움을 표현하며, 입술을 당기고 이빨을 드러내는 모습은 공격성이나 두려움을 나타낸다. **반려견의 입 신호를 주의 깊게 관찰하면, 반려견의 감정 상태와 의도를 보다 정확하게 파악할 수 있어 원활한 의사소통과 긍정적인 관계 형성**에 기여한다.

그림 2.5 행복한 표정

구분	내용
사진	그림 2.5
의미	• "행복해", "기분 좋아" • 행복하고 기분 좋은 상태를 표현하는 모습
특징	• 사람의 웃는 표정과 비슷한 얼굴을 하고 있음 • 입은 살짝 열려 있으며, 혀가 살짝 보이거나 아랫니가 약간 밖으로 나와 있음 • 편안하고 안정된 기분을 느끼고 있음을 표현 • 활짝 웃는 모습은 행복하고 즐거운 감정을 나타냄
행동 신호 해석	• 편안하고 행복한 상태를 나타내는 긍정적 신호 • 보호자와 긍정적인 교감을 나누고 있으며, 안정감을 느끼고 있는 상태 • 공격성이나 불안감 없이, 순수한 행복과 즐거움을 표현 • 긍정적인 사회적 상호작용을 원하고 있다는 신호
교육 및 주의점	• 긍정적 감정을 표현하고 있는 상태이므로, 편안하게 놔두거나 함께 교감해 주는 것이 좋음 • 행복한 상태를 유지할 수 있도록, 긍정적인 경험을 강화해 주는 것이 바람직함 • 행복한 표정을 지을 때는 칭찬이나 쓰다듬기로 긍정적인 반응을 주면 긍정적 행동 강화에 도움이 됨
요약	• 그림 2.5 속 반려견은 환하게 웃는 표정으로 긍정적이고 행복한 감정을 표현하고 있음 • 기분이 좋고 편안한 상태라는 것을 이해하고, 긍정적 교감을 나누는 것이 중요

그림 2.6 호기심 표정

구분	내용
사진	그림 2.6
의미	• "저건 뭐지?" • 호기심과 관심을 보이는 상태
특징	• 귀를 쫑긋 세우고, 주변을 주의 깊게 바라봄 • 입은 다물고 있으며, 긴장하거나 집중하고 있는 상태 • 귀의 방향이 미세하게 움직이거나, 코가 씰룩거리는 움직임을 보임 • 주변 소리나 시각적 자극에 민감하게 반응하며, 호기심이 발동한 상태
행동 신호 해석	• 호기심을 느끼고 주변을 탐색하고 관찰하고 있다는 신호 • 긴장보다는 흥미와 관심이 강한 상태 • 주변 상황을 파악하고 정보를 수집하려는 자연스러운 행동 • 공격성이나 두려움 없이, 호기심에 의한 집중 상태
교육 및 주의점	• 호기심과 관심이 생긴 상황이므로, 긍정적 경험을 통해 호기심을 자극해 주는 것이 좋음 • 새로운 물건이나 소리, 환경에 대한 탐색을 안전하게 할 수 있도록 배려 • 긍정적인 탐색 경험은 반려견의 자신감과 사회성 발달에 도움이 됨
요약	• 그림 2.6 속 반려견은 귀를 쫑긋 세우고 집중하며, 호기심과 관심을 보이고 있음 • 무언가에 관심을 가지고 주의 깊게 살펴보고 있는 상태이므로, 긍정적 경험으로 이어지도록 배려하는 것이 중요

그림 2.7 불쾌한 표정

구분	내용
사진	그림 2.7
의미	• "불쾌하다", "저리가!", "더 이상 화나게 하지 마" • 불쾌감과 위협을 느낄 때 보내는 경고 신호
특징	• 입을 벌리고 이빨을 드러내며, 공격 의도를 표현 • 코에 주름이 잡히고, 이빨이나 잇몸을 많이 드러낼수록 공격 의도가 강함 • "으르렁"거리는 소리와 청각적인 신호를 동반할 수 있음 • 귀의 방향, 꼬리의 위치, 몸 전체의 자세를 종합적으로 관찰하면, 방어적 경고인지, 제압하려는 과시 행동인지를 파악할 수 있음
행동 신호 해석	• 불쾌감과 위협을 느끼고 있다는 경고 신호 • 방어적 경고일 경우, 자신을 보호하기 위해 위협을 느꼈을 때 • 과시 행동일 경우, 상대를 제압하고 우위에 서려는 행동 • 공격 의도가 강한 상태이므로, 자극하거나 도발하지 않아야 함
교육 및 주의점	• 이때는 절대 가까이 다가가지 말고, 자극하지 않도록 주의해야 함 • 강한 불쾌감이나 위협을 느끼고 있으므로, 빠르게 상황을 파악하고 거리를 유지하는 것이 안전 • 상황이 악화되지 않도록, 반려견이 안정될 때까지 자극적인 행동을 피해야 함
요약	• 그림 2.7 속 반려견은 이빨을 드러내고 으르렁거리며, 불쾌감과 위협을 느끼고 있다는 강한 경고 신호를 보내고 있음 • 화가 나 있거나 불쾌감을 느끼고 있는 상태이므로, 절대 자극하지 말고 신중하게 대처해야 함

그림 2.8 화난 표정

구분	내용
사진	그림 2.8
의미	• "각오해라", "화가 나서 참을 수가 없다!" • 강한 공격 의도와 위협적인 감정을 표현하는 상태
특징	• 코 위에 뚜렷한 주름이 잡혀 있으며, 공포나 불안 때문이 아닌 순수한 공격 의도를 나타냄 • 털을 세우고, 꼬리를 힘주어 세운 채, 몸을 앞으로 기울이는 공격 자세 • 상대를 물어뜯을 기세로 공격 준비를 하고 있다는 신호 • 입 모양이 강하게 벌어지고, 이빨을 완전히 드러내며, 으르렁거리는 소리를 동반할 수 있음
행동 신호 해석	• 공격성이 최고조에 달해 언제든지 달려들 수 있는 위험한 상황 • 공포나 불안 때문이 아닌, 순수한 공격 의도를 나타냄 • 상대방에게 위협을 가하거나, 물리적 공격을 준비하는 상태
교육 및 주의점	• 이때는 절대 가까이 다가가지 말고, 자극하지 않도록 신중하고 조심스럽게 대처해야 함 • 공격성이 있는 반려견이나 묶여있는 개를 만났을 때는 입 모양과 몸 전체의 자세를 주의 깊게 관찰해야 함 • 빠르게 상황을 파악하고 물러나거나, 위협적인 행동을 멈출 때까지 거리를 유지하는 것이 안전
요약	• 그림 2.8 속 반려견은 코에 주름을 잡고 으르렁거리며, 강한 공격 의도와 위협적인 감정을 표현하고 있음 • 매우 화가 나 있거나 공격할 준비가 되어 있는 상태이므로, 자극하지 말고 신중하게 대처해야 함

나) 귀 신호

반려견의 귀는 다양한 형태와 움직임을 보이며 효과적인 행동 신호를 나타내는 역할을 한다. 사람의 귀는 형태가 일정하고 움직임이 제한적이어서 의사소통 수단으로 사용하기 어렵지만, 반려견의 귀는 방향, 높낮이, 움직임에 따라 감정 상태와 의도를 표현한다. 입 모양과 함께 귀의 형태와 움직임을 종합적으로 관찰하면 **시각적 의사소통 신호의 의미를 정확하게 파악**할 수 있다. 따라서 반려견의 의사소통 신호를 이해하기 위해서는 입 모양과 귀의 움직임을 함께 읽는 것이 중요하며, 이를 통해 반려견의 감정과 의도를 더욱 잘 파악할 수 있다.

그림 2.9 행복한 귀

구분	내용
사진	그림 2.9
의미	• "행복해" • 긍정적이고 편안한 감정을 표현하는 상태
특징	• 환하게 웃는 표정으로 기분이 매우 좋고 편안한 상태 • 귀가 자연스럽게 서 있으며, 안정되고 편안한 상태일 때 이와 같은 귀 모양을 보임 • 처진 귀를 가진 반려견의 경우, 선 귀보다 신호가 분명하지 않을 수 있지만, 평소 모습과 비교했을 때 앞뒤로 움직이는 귀의 모양을 보면 감정 상태를 파악할 수 있음

행동 신호 해석	• 기분이 좋고 행복한 상태를 나타내는 긍정적 신호 • 무언가에 관심이 생기거나 소리에 집중할 때는 귀의 방향이 살짝 바뀌며, 호기심이나 흥미를 나타냄 • 귀 신호는 얼굴 표정과 몸의 자세와 함께 종합적으로 해석해야 정확한 행동 신호를 이해할 수 있음
교육 및 주의점	• 긍정적 감정을 표현하고 있는 상태이므로, 편안하게 놔두거나 함께 교감해 주는 것이 좋음 • 행복한 상태를 유지할 수 있도록, 긍정적인 경험을 강화해 주는 것이 바람직함
요약	• 그림 2.9 속 반려견은 환하게 웃는 표정으로 긍정적이고 행복한 감정을 표현하고 있음 • 기분이 좋고 편안한 상태라는 것을 이해하고, 긍정적 교감을 나누는 것이 중요

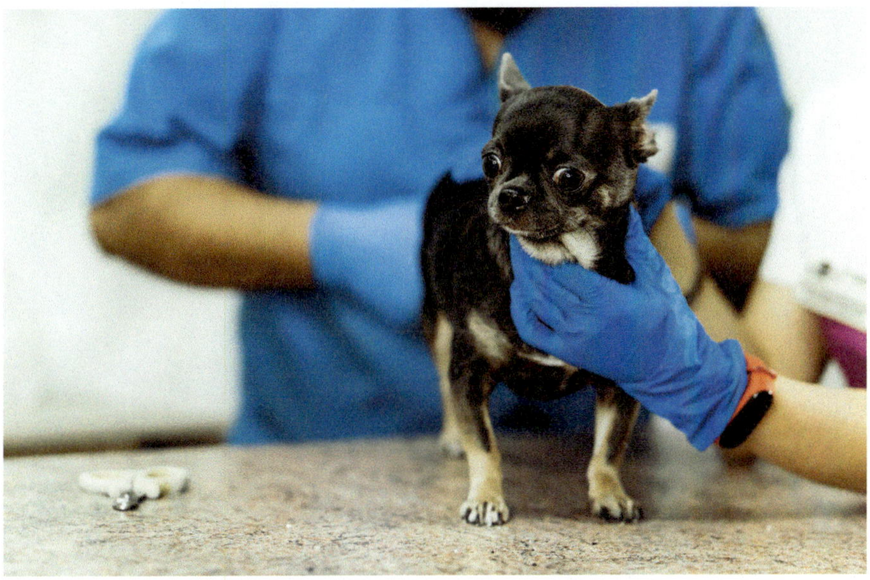

그림 2.10 불안한 귀

구분	내용
사진	그림 2.10
의미	• "무서우니까 그만 좀 해" • 두려움과 복종의 감정을 표현하는 상태
특징	• 귀를 뒤로 접고 머리에 바짝 붙임 • 입을 다물고 눈치를 보며, 두려움과 긴장감을 나타냄 • 공격 의도 없이 복종의 신호를 보냄 • 꼬리를 내리고 몸을 낮추며, 온순한 태도를 보임

행동 신호 해석	• 두려움과 불안감을 강하게 느낄 때 나타나는 행동 • "나는 위협하려는 게 아니에요. 부디 저를 해치지 말아주세요"라는 복종의 신호 • 공격하거나 저항할 의도는 없으며, 위협을 피하고 싶어하는 상태
교육 및 주의점	• 두려움과 불안감을 느끼고 있는 상태이므로, 자극하거나 억지로 다가가지 않도록 주의 • 편안함을 느낄 수 있도록 배려하고, 안정감을 주는 태도를 보여야 함
요약	• 그림 2.10 속 반려견은 두려움과 복종의 감정을 표현하며, 공격 의도 없이 보호를 바라는 상태 • 불안감을 느끼고 있다는 것을 이해하고, 안정감을 줄 수 있는 배려가 필요

그림 2.11 불안과 공포의 귀

구분	내용
사진	그림 2.11
의미	• "겁이 나지만 건드리면 가만히 있지 않을 거야", "이쯤에서 그만해" • 두려움과 공격 의도를 함께 표현하는 상태
특징	• 귀를 뒤로 내리고, 콧등에 주름이 잡힘 • 이빨과 잇몸을 드러내며, 공격할 준비를 보임 • 겁을 먹었지만 싸울 준비가 되어 있다는 신호 • 공격적인 자세와 긴장된 표정을 나타냄

행동 신호 해석	• 두려움과 위협을 동시에 느낄 때 나타나는 행동 • 더 이상 물러설 곳이 없거나, 줄에 묶여 도망칠 수 없는 상황에서 공격 태세를 취함 • "겁나지만 만만하게 보지 마"라는 경고 신호
교육 및 주의점	• 두려움과 위협을 동시에 느끼고 있는 상태이므로, 자극하거나 가까이 다가가지 않도록 주의 • 상황을 악화시키지 않기 위해 천천히 물러나거나 부드럽게 대처
요약	• 그림 2.11 속 반려견은 두려움을 느끼면서도 자신을 방어하기 위한 공격 준비를 하고 있음 • 공격 의도보다는 두려움이 강한 상태이므로, 자극하지 말고 주의 깊게 대처해야 함

그림 2.12 자신감있는 귀

구분	내용
사진	그림 2.12
의미	• "무슨 일이지?"라고 생각하며 주의를 기울이고 집중하는 상태
특징	• 귀에 힘을 주고 똑바로 세우며, 주변을 주의 깊게 관찰 • 귀가 쫑긋 서 있고, 눈빛이 날카롭고 집중된 상태 • 얼굴을 크게 보이며, 주변을 경계하거나 상황을 파악 • 입을 약간 벌리고, 입가에 긴장감이 도는 모습
행동 신호 해석	• 자신감 있고 호기심이 생겼을 때 나타나는 행동 • 경계하면서도 호기심을 갖고 상황을 살피는 상태 • 공격 의도보다는 주변 상황에 대한 집중을 나타냄

교육 및 주의점	• 공격적인 행동이 아닌 집중과 주의 상태이므로, 자극하거나 놀라게 하지 않도록 주의 • 호기심을 긍정적으로 유도하여 자연스럽게 탐색할 수 있도록 배려
요약	• 그림 2.12 속 반려견은 귀를 쫑긋 세우고 집중하며, "무슨 일이 생긴 거지?"라는 호기심과 주의 깊은 상태를 보여줌 • 공격 의도가 아닌 호기심과 주의 집중 상태라는 것을 이해하면 됨

다) 눈의 신호

반려견은 눈동자를 통해 감정을 표현한다. 동공의 크기로 감정의 강도를 가늠할 수 있으며, 동공이 커지는 경우는 기쁨이나 슬픔 등 강한 감정을 나타낸다. 반면, 동공이 작게 수축된 경우는 지루함이나 감정의 정도가 낮은 상태를 의미한다. 반려견이 상대를 노려보는 눈빛은 사냥 본능이나 지배 의도를 드러낼 수 있으며, 이때 상대는 위협을 느껴 순종하거나 맞서 싸우려는 반응을 보일 수 있다. 똑바로 시선을 맞추는 행동은 위협의 신호로 해석될 수 있으나, 현대 반려견들은 야생 늑대와 달리 다른 의미로 사용하기도 한다. 반려견들끼리 지배성을 나타내거나 우열을 가릴 때는 시선을 응시하며 긴장된 눈빛을 보이지만, 사람과 함께 사는 반려견은 식탁 옆에서 간식을 바라는 듯한 눈빛으로 사람을 바라보는 귀여운 행동을 하기도 한다. 따라서 반려견의 눈동자 크기와 시선 방향을 세심하게 관찰하면, **반려견의 감정 상태와 의도를 보다 잘 이해**할 수 있다.

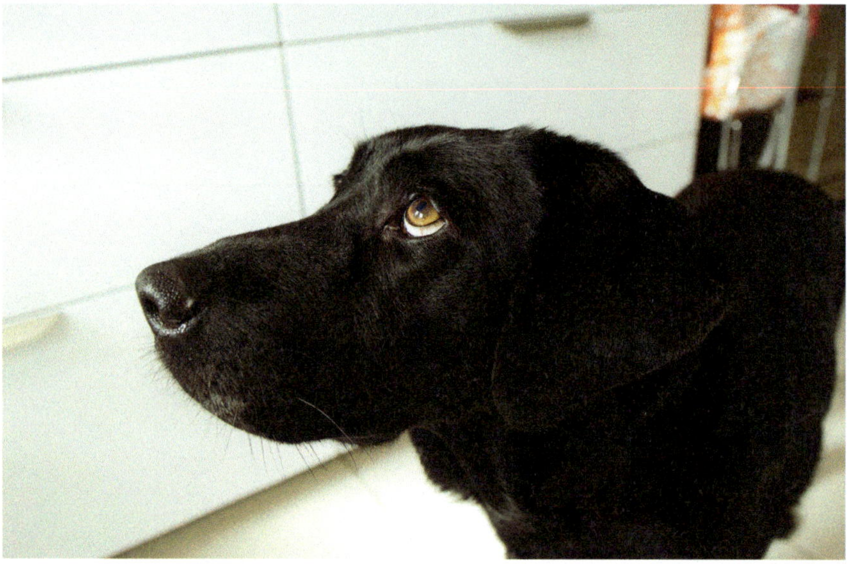

그림 2.13 요청하는 눈

구분	내용
사진	그림 2.13
의미	• "나도 간식!", "산책 안 나가?", "안아 줘" 등 무언가를 요구하거나 기대하고 있음
특징	• 조용히 물끄러미 바라보며, 자신의 요구를 기다림 • 이빨을 드러내지 않고, 귀도 힘있게 세우지 않음 • 온순하고 애처로운 눈빛을 보이며, 공격성 없이 편안한 표정
행동 신호 해석	• 간절한 눈빛은 보호자에게 관심과 애정을 바라거나, 기대를 표현하는 신호 • 조용히 기다리는 방식으로 요구를 표현하지만, 직접적으로 행동하지 않음
교육 및 주의점	• 이러한 눈빛에 매번 보상하면, 요구를 관철시키려는 문제행동으로 발전할 수 있음 • 훈육과 보상을 적절히 조절하여 무조건적인 보상을 기대하지 않도록 훈련해야 함
요약	• 그림 2.13 속 반려견은 애처롭고 간절한 눈빛으로 무언가를 요구하거나 기대하고 있음 • 과도한 보상을 피하면서, 긍정적인 훈육 방법으로 조절하는 것이 중요

그림 2.14 불안한 눈

구분	내용
사진	그림 2.14
의미	• "내가 잘못했어요", "당신이 대장이에요" • 복종과 두려움, 회피의 감정을 표현하는 상태
특징	• 눈을 똑바로 마주치지 않고, 시선을 피하며 아래를 바라봄 • 평소보다 눈을 많이 깜빡임 • 몸을 낮추고, 귀를 뒤로 내리며, 주눅 든 표정을 보임 • 두려움과 복종의 신호를 명확하게 나타냄
행동 신호 해석	• 위협을 느끼거나, 우위의 상대를 인정할 때 복종의 신호 • 보호자에게 혼이 나거나, 불안감을 느낄 때 시선을 피하면서 회피 행동을 보임 • 공격 의도 없이, 상대방에게 순응하고 복종하고 있다는 신호 • 상대방의 지배력을 인정하고 복종하는 평화적인 의사소통 방식
교육 및 주의점	• 두려움과 불안감을 느끼고 있는 상태이므로, 너무 강한 꾸짖음이나 위협적인 행동을 피해야 함 • 복종의 신호를 보낼 때는 부드럽게 다가가 안정감을 주며, 신뢰감을 회복할 수 있도록 긍정적 상호작용 필요 • 복종을 강요하거나 불안감을 조장하지 않도록 주의해야 하며, 긍정적인 훈련 방식으로 안심시켜야 함
요약	• 그림 2.14 속 반려견은 눈을 피하며 복종과 두려움을 표현하고 있음 • "내가 잘못했어요", "당신이 대장이에요"라는 복종의 신호이므로, 너무 강한 훈육보다는 안정감을 주며 긍정적으로 대처해야 함

라) 꼬리의 신호

반려견이 꼬리를 흔드는 것은 기분 좋음을 표현하는 신호로 흔히 인식되지만, 꼬리 움직임은 즐거움과 반가움뿐만 아니라 다양한 의미를 담고 있다. 반려견의 꼬리 움직임은 심리 상태, 사회적 순위, 의사 표현을 나타내는 중요한 신호이다.

먼저, 꼬리의 위치를 관찰하면 반려견의 감정 상태를 파악할 수 있다.

- 꼬리를 가볍게 떨구고 좌우로 살랑살랑 흔드는 경우는 평화롭고 편안한 상태를 의미하며, 위협이나 불안감이 없음을 나타낸다.
- 꼬리가 엉덩이 높이 정도로 수평이거나 살짝 올려진 경우는 흥미와 관심을 표현한다. 이때 반려견은 주변 환경에 호기심을 가지고 시각적, 후각적으로 탐색하는 상태이다. 얼굴 표정은 입을 다물었다가 혀를 내밀거나, 귀를 쫑긋거리며 흥미로운 대상을 주의 깊게 관찰한다.

따라서, 꼬리의 위치와 움직임을 세심하게 관찰하면 반려견의 감정 상태와 의도를 보다 정확하게 이해할 수 있다. 꼬리 흔들기는 항상 긍정적인 의미만을 가지는 것이 아니므로, 상황에 따라 꼬리 신호를 적절히 해석하는 것이 중요하다.

그림 2.15 지배력과 자신감있는 꼬리

구분	내용
사진	그림 2.15
의미	• "경고", "내가 최고다" • 자신감 넘치는 우위성과 지배력을 표현하는 상태
특징	• 꼬리를 아래 엉덩이부터 힘을 주어 위로 세우고, 등 쪽으로 약간 기울임 • 자신의 지배력을 확신하며, 자신감 있는 우위성을 나타냄 • 전체적인 자세가 앞으로 나아갈 기세를 보이며, 이빨을 드러내는 표정을 동반할 수 있음 • 좋아서 꼬리를 흔드는 경우와는 다르게, 긴장감과 경고의 의미를 포함 • 항문선을 통해 자신의 정보를 공개하며, 자신이 누구인지를 알리려는 후각적 신호
행동 신호 해석	• 지배력과 우위성을 과시하며, 자신감을 나타내는 신호 • 반려견들 사이에서 서열을 가리거나, 경합이 일어날 상황에서 자주 보임 • 주로 반려견들 사이에서 서열을 다지는 행동으로, 사람에게는 극히 드물게 보임 • 발정기의 개들도 자신감을 나타내기 위해 꼬리를 세우고 빠르게 흔들며, 흥분의 강도를 나타내기도 함

교육 및 주의점	• 자신감과 우위성을 과시하는 상태이므로, 다른 반려견들과의 경합 상황에서 충돌하지 않도록 주의해야 함 • 사람에게 이와 같은 행동을 보일 때는, 지배력을 과시하려는 성향이 강한 경우일 수 있으므로, 훈련을 통해 바람직한 사회적 태도를 익힐 필요가 있음 • 발정기나 경쟁 상황에서의 꼬리 신호는 오해하지 않도록, 상황을 종합적으로 판단해야 함
요약	• 그림 2.15 속 반려견은 꼬리를 세우고 고개를 들며, 자신감 넘치는 우위성과 지배력을 표현하고 있음 • 자신의 존재를 알리고, 상대에게 경고하는 신호이므로, 다른 반려견과의 경합 상황에서 주의가 필요

그림 2.16 불안과 공포의 꼬리

구분	내용
사진	그림 2.16
의미	• "무서워", "괴롭히지 말아줘" • 두려움과 불안, 복종의 감정을 표현하는 상태
특징	• 꼬리가 다리까지 내려와 붙어 있으며, 힘이 없어 보임 • 자연스럽게 떨어뜨린 것이 아닌, 몸에 바짝 붙어 있는 꼬리 • 기분이 좋지 않거나, 육체적·정신적으로 불쾌함을 나타냄 • 꼬리가 뒷다리 사이로 말려 들어간다면, 공포와 두려움을 표현 • 몸의 자세는 낮추고, 귀를 뒤로 접으며, 눈길을 피하는 복합적인 행동을 동반

행동 신호 해석	• 공포를 나타내며, 상대의 공격을 피하기 위한 화해의 신호 • 자신의 존재를 숨기고 싶어 하는 표현으로, 항문선의 후각적 발산을 감추는 행동 • 강한 힘을 가진 상대나 지배적인 동물 앞에서 주로 보이는 행동 • 공격 의도 없이, 자신을 보호하고 회피하고 싶은 상태
교육 및 주의점	• 두려움과 불안감을 느끼고 있는 상태이므로, 자극하거나 위협하지 않도록 주의해야 함 • 심리적 안정을 위해, 부드러운 목소리와 긍정적인 상호작용을 유도 • 공포 반응을 일으키는 대상이나 환경에서 빠르게 벗어나도록 도와주고, 긍정적인 경험을 통해 불안감 해소 필요 • 자신감을 회복할 수 있도록, 지지하고 격려해 주는 행동이 중요
요약	• 그림 2.16 속 반려견은 꼬리를 다리 사이에 바짝 붙이며, 두려움과 불안을 표현하고 있음 • 공포나 불쾌감을 느끼고 있는 상태이므로, 자극하지 말고 안정감을 주며 보호해야 함

꼬리를 흔드는 속도와 의미

반려견이 꼬리를 흔드는 행동은 매우 자연스러운 의사소통 수단이다. 이 행동은 매일 보지만, 상황에 따라 꼬리 흔드는 속도와 방식에 다양한 의미가 담겨 있다.

꼬리 흔드는 속도의 기본 의미

- 꼬리를 흔드는 속도는 감정의 정도를 나타낸다.
- 긍정적이든 부정적이든, 흥분의 정도에 따라 꼬리 흔드는 속도가 달라진다.
- 속도가 빠를수록 감정이 강하게 고조된 상태이며, 속도가 느리면 비교적 차분한 상태를 의미한다.

상황별 꼬리 흔드는 속도와 의미

- 공격적 행동
  - 자신감 있는 반려견은 꼬리를 세우고 힘주어 빠르게 흔들어 공격 의도를 나타낸다.
  - 이러한 자세는 자신감 넘치는 태도와 결합되어 상대방에게 위협을 전달한다.
- 자신감 있는 인사
  - 공격이 아닌 경우에도, 자신감 있게 인사를 나누는 반려견은 강한 자신감을 표현하며 빠르게 꼬리를 흔든다.
  - 꼬리의 높이와 속도에 따라 우호적인 인사 또는 자신감 넘치는 표현으로 해석할 수 있다.
- 흥분과 반가움
  - 좋아하는 사람을 만나거나 특별한 상대에 대한 반가움이 클 때, 꼬리를 크고 빠르게 흔든다.
  - 엉덩이까지 함께 움직이며 꼬리를 크게 흔드는 행동은 극도의 반가움과 기쁨을 나타낸다.

- 번식기와 생리적 흥분
  - 번식기를 감지하거나 생리적으로 흥분할 때는 꼬리가 올라가고 빠르게 흔들린다.
  - 호르몬의 영향을 받아 흥분 상태를 강하게 표현하며 상대방에게 신호를 보낸다.

요약 및 주의점

- 꼬리를 흔드는 속도는 반려견의 감정 상태와 흥분 정도를 직접적으로 보여주는 신호이다.
- 빠르게 흔든다고 해서 무조건 기쁜 상태만을 의미하는 것은 아니며, 자신감 넘치는 경고나 공격 의도를 포함할 수 있다.
- 상황, 표정, 몸의 자세를 종합적으로 관찰하여 반려견의 감정 상태를 정확히 이해하는 것이 중요하다.

마) 한눈에 보는 반려견의 표정과 자세

그림 2.17 온화한 반려견

구분	내용
사진	그림 2.17
의미	• 긴장감 없이 만족하고 기분 좋은 상태 • 불안이나 위협을 느끼지 않고, 편안하고 안정된 상태
입	• 가볍게 벌어져 있으며, 혀가 살짝 보임 • 이빨을 드러내지 않고, 자연스럽고 편안한 표정 • 기분이 좋고 만족스러운 상태를 나타냄
귀	• 힘주어 세운 느낌 없이, 자연스럽게 서 있음 • 긴장감이나 경계심 없이, 편안한 상태 • 주변 상황에 대한 호기심을 느끼며 주의를 기울임
꼬리	• 자연스럽게 아래로 내려가 있음 • 긴장이나 불안의 신호가 없으며, 평온한 상태 • 기분이 좋고 만족스러운 상태를 나타냄
자세	• 사지의 균형이 잡혀 있으며, 안정적으로 서 있음 • 자신감 있는 자세로, 긴장감 없이 편안한 상태 • 몸의 중심이 안정적이며, 자연스러운 자세
행동 신호 해석	• 만족하고 편안한 상태를 나타내는 긍정적 신호 • 공격성이나 불안감 없이, 행복하고 편안한 감정 상태 • 자신감 있고 호기심 많은 상태를 보여주며, 긍정적인 상호작용을 원함
교육 및 주의점	• 긍정적 감정을 표현하고 있는 상태이므로, 편안하게 놔두거나 함께 교감해 주는 것이 좋음 • 긍정적인 경험으로 행복한 감정을 강화해 주는 것이 바람직함 • 칭찬이나 쓰다듬기로 긍정적인 피드백을 주어 자신감을 북돋아 줄 수 있음
요약	• 그림 2.17 속 반려견은 긴장감 없이 만족하고 기분 좋은 상태를 표현하고 있음 • 편안하고 행복한 상태라는 것을 이해하고, 긍정적 교감을 나누는 것이 중요

그림 2.18 흥미나 관심있는 반려견

구분	내용
사진	그림 2.18
의미	• "저건 뭐지?", "흥미롭네!" • 시각, 청각, 후각적으로 흥미로운 대상에 관심을 보이는 상태
입	• 자연스럽게 다물려 있음 • 긴장감이나 경계 없이, 편안한 상태 • 흥미롭고 호기심 어린 상태를 나타냄
귀	• 앞으로 기울어져 있으며, 소리를 집중해서 듣고 있음 • 쫑긋거리며 소리의 방향을 찾는 모습 • 흥미로운 소리나 대상을 주의 깊게 관찰
눈	• 눈을 크게 뜨고 대상을 주시 • 호기심 어린 눈빛으로 시선을 고정 • 관심 있는 대상을 집중해서 바라봄
꼬리	• 수평으로 내밀며, 약간 흔들기도 함 • 흥미와 호기심을 표현하며 긴장감 없이 자연스러운 상태 • 주의 깊게 관찰하면서도 즐거운 감정을 동반

자세	• 앞발 쪽으로 체중을 실어, 약간 앞으로 내민 상태 • 흥미로운 대상에 가까이 가고 싶은 행동 • 호기심과 관심을 집중하며, 탐색하고 싶은 상태
행동 신호 해석	• 흥미롭고 호기심 많은 상태로, 공격성이나 불안감 없이 편안한 상태 • 새로운 대상을 탐색하고 싶어 하는 상태이며, 긍정적인 감정 상태 • 호기심과 관심을 나타내며, 탐색하고 관찰하고 싶은 의도를 표현
교육 및 주의점	• 긍정적인 탐색 욕구를 자연스럽게 표현하고 있는 상태이므로, 자연스럽게 놔두는 것이 좋음 • 새로운 경험을 통해 호기심을 충족하도록 도와주며, 긍정적인 경험을 제공 • 공격성이나 불안감 없이 새로운 대상에 대한 긍정적인 경험을 쌓도록 긍정적 보상을 해주는 것이 좋음
요약	• 그림 2.18 속 반려견은 호기심과 흥미를 느끼며 관심 있는 대상에 집중하고 있음 • 긍정적이고 호기심 많은 상태를 이해하고, 탐색 욕구를 자연스럽게 충족할 수 있도록 도와주는 것이 바람직함

그림 2.19 지배성과 자신감 있는 반려견

구분	내용
사진	그림 2.19
의미	• 지배성이 강한 반려견이 자신의 존재가 높음을 알림 • 상대가 도전하면 공격할 수 있음

입	• 이빨과 잇몸을 보이고 코에 주름이 잡힘 • 위협적으로 보이며 공격 의도를 경고 • "다가오면 물 수도 있어!"라고 경고하는 상태
귀	• 앞으로 기운 듯하며 약간 좌우로 벌어져 힘을 줌 • 상대방에게 집중하고 경계하는 상태 • "너를 주시하고 있어!"라며 집중하고 있는 상태
꼬리	• 엉덩이 쪽 꼬리에 힘을 주어 위로 곧게 세움 • 자신감 넘치고 지배력을 과시 • "내가 여기서 제일 강해!"라는 뜻
자세	• 다리가 경직되고 몸을 약간 앞으로 내밀며 공격 전 자세 • 꼬리와 등줄기에 털을 세울 수 있음 • 싸울 준비가 되어 있고 긴장한 상태
행동 신호 해석	• 공격적인 상태를 나타내며, 상대방에게 경고하는 행동 • 지배욕구와 영역 방어 본능이 강하게 나타남 • 상대방에게 위협감을 주어 물리적 충돌을 방지하려는 의도
교육 및 주의점	• 기본 복종 훈련("앉아", "기다려", "멈춰")을 강화 • 공격성을 자극하지 않도록 신체적 처벌은 금지 • 안정감을 주기 위해 차분한 목소리로 진정시키기 • 공격성이 심한 경우 반려견 행동 전문가의 도움을 받기
요약	• 그림 2.19 속 반려견은 지배성과 자신감 넘치는 상태를 표현하고 있음 • 상대방에게 위협감을 주며 자신의 존재감을 과시 • 공격성을 자극하지 않도록 주의하며 차분하게 대응해야 함

그림 2.20 방어적 반려견

구분	내용
사진	그림 2.20
의미	• 자신이 위험한 상황에 놓여 불안을 느끼고 있음 • 위협이 계속될 경우 방어 목적으로 공격할 수 있음
입	• 입술이 말려 올라가 이빨이 보임 • "무서워, 하지만 다가오면 물 거야!"라고 경고 • 두려움과 방어 본능이 동시에 나타나는 상태
귀	• 귀를 뒤로 눕혀 붙임 • 위협을 느끼고 방어 태세를 취함 • "겁이 나지만 물리적 충돌을 피하고 싶어"라는 신호
꼬리	• 다리 사이로 꼬리를 감아 넣음 • 두려움을 느낄 때 본능적으로 방어적인 자세 • "너무 무서워... 나 건드리지 마"라는 상태
자세	• 몸을 낮추고 뒷걸음질 치며 위축됨 • 등줄기 털이 곤두서며 긴장 상태 • "너무 두려워서 도망가고 싶지만, 방어해야 할지도 몰라"
행동 신호 해석	• 두려움과 방어 본능이 동시에 나타나는 상태 • 자신보다 강한 상대에게 겁을 먹었으나, 물리적 충돌을 피하고 싶어 함 • 공격 의도보다는 방어 의도가 강하며, 위협이 계속되면 방어적 공격 가능
교육 및 주의점	• 위협감을 느끼지 않도록 천천히 뒤로 물러나기 • 강제적으로 다가가거나 손을 뻗지 않기 • 부드럽고 낮은 목소리로 진정시키기 • 사회화 훈련을 통해 낯선 상황에 대한 두려움 완화 • 방어적 공격성이 심할 경우 행동 전문가의 도움 받기
요약	• 그림 2.20 속 반려견은 두려움과 불안으로 방어적인 자세를 취하고 있음 • 자신보다 강한 상대에게 위협을 느껴 방어 태세를 보임 • 강제로 다가가거나 위협하면 방어 목적으로 공격할 수 있으니 주의해야 함

그림 2.21 불안과 화해의 반려견

구분	내용
사진	그림 2.21
의미	• 겁을 먹고 불안해하며 위협을 느끼고 있음 • 화해를 원하며 상대방과의 마찰을 피하고 싶어함
입	• 입꼬리가 뒤로 당겨져 위축된 상태 • 상대방의 얼굴을 핥거나 핥는 시늉을 함 • "나는 너를 위협하지 않아, 화내지 말아줘"라는 신호
귀	• 귀를 뒤로 눕혀 붙임 • 두려움을 느끼며 방어 태세를 취함 • "너에게 반항하지 않을게"라는 뜻
눈	• 시선을 피하고 힐끔힐끔 쳐다봄 • 눈을 마주치지 않으려 함 • "나는 공격할 생각 없어. 너에게 복종할게"라는 신호
꼬리	• 다리 사이로 처지거나 감아 넣음 • 두려움과 불안이 극도로 높아진 상태 • "너무 무서워... 나 건드리지 마"라는 뜻
자세	• 몸을 낮추고 한쪽 앞발을 올리거나 바닥에 엎드림 • 위축된 상태로 자신을 최대한 작게 만듦 • "나를 해치지 말아줘"라며 방어적인 자세

행동 신호 해석	• 겁을 먹고 불안한 상태로 상대방에게 위협감을 주지 않으려는 행동 • 자신이 더 약한 존재임을 드러내며 갈등을 피하려고 함 • 공격 의도는 없으며, 오히려 방어적이고 복종적인 신호
교육 및 주의점	• 불안감을 느끼지 않도록 차분하게 다가가기 • 강제로 다가가거나 눈을 마주치지 않기 • 부드럽고 낮은 목소리로 진정시키기 • 긍정 강화 교육으로 불안감을 극복하도록 유도 • 방어적 불안이 심할 경우 행동 전문가의 도움 받기
요약	• 그림 2.21 속 반려견은 겁을 먹고 불안해하며 방어적인 자세를 취하고 있음 • 자신이 약한 존재임을 드러내며 갈등을 피하고 화해를 원하고 있음 • 공격 의도는 없지만 강제적으로 다가가면 방어적인 반응이 나올 수 있으니 주의해야 함

그림 2.22 항복의 반려견

구분	내용
사진	그림 2.22
의미	• 완전한 항복을 나타내며 상대방에게 복종하고 있음을 표현 • 상대방의 우위를 인정하고 화해를 호소하는 상태 • "내가 졌어, 네가 더 강해"라고 말하며 공격 의도가 전혀 없음
입	• 입꼬리를 뒤로 당겨 위축된 상태 • 물지 않겠다는 뜻을 나타내며 완전한 복종 상태 • "너에게 해를 끼치지 않을 거야"라고 항복의 신호

귀	• 귀를 최대한 뒤로 접음 • 두려움과 복종의 상태를 표현 • "너에게 반항하지 않을게"라는 신호
눈	• 눈을 작게 뜨고 시선을 피함 • 눈을 마주치지 않음으로써 복종과 항복의 뜻을 표현 • "난 너와 싸울 생각이 없어"라고 말하는 상태
꼬리	• 다리 사이로 완전히 말아 넣음 • 두려움과 불안의 극단적인 상태 • "너무 무서워... 나 건드리지 마"라는 뜻
자세	• 드러누워 배와 목을 보임 • 상대방에게 완전히 복종하며 무방비 상태를 드러냄 • "난 너에게 반항할 생각 없어, 너에게 항복할게"
행동 신호 해석	• 완전한 항복과 복종의 상태로, 상대방에게 저항할 의도가 전혀 없음 • 자신이 더 약한 존재임을 인정하며 공격 의도를 완전히 배제 • 방어적 공격 없이 순수한 복종과 화해의 신호
교육 및 주의점	• 위협감을 느끼지 않도록 차분하고 부드럽게 대하기 • 항복 상태에서 강제로 다가가거나 위협하지 않기 • 긍정 강화 교육으로 자신감을 회복시키기 • 사회화 교육을 통해 두려움 완화 및 안정감 제공 • 항복 상태가 지나치거나 불안이 지속될 경우 행동 전문가의 도움 받기
요약	• 그림 2.22 속 반려견은 완전한 항복 상태로 복종과 화해를 호소하고 있음 • 자신이 약한 존재임을 인정하며 상대방에게 공격 의도가 전혀 없음을 표현 • 이 상태에서 위협하거나 억지로 다가가면 심리적 불안이 심해질 수 있으므로 주의가 필요

개의 시각 의사소통 특징

- 근거리 또는 중거리 의사소통에 효과적이다.
- 장거리 의사소통에는 효과적이지 않다.
- 자세나 표정 변화를 통해 동료 간 의사소통을 한다.
- 개들 사이뿐만 아니라 사람과의 의사소통에도 중요한 역할을 한다.

(2) 청각 의사소통

반려견은 사람의 청각 범위를 넘는 40Hz에서 60KHz의 소리를 감지할 수 있다. 비록 반려견이 이런 높은 소리를 내지는 않지만, 사람이 듣지 못하는 소리에 반응하며 특히 예민한 개는 더욱 민감하게 반응한다. 반려견은 혼자 남게 되면 장거리 신호로 울부짖어 자신의 존재와 위치를 알리는데, 이는 분리불안의 표현이다. 반려견의 짖음, 으르렁거림, 울부짖음은 소리의 높이, 길이, 빈도에 따라 다양한 의미를 지닌다. 예를 들어, 짖는 소리는 경계나 놀람을, 으르렁거림은 위협이나 불안감을, 울부짖음은 외로움이나 불안감을 나타낸다. 짖기나 울부짖음 같은 청각 의사소통 신호는 장거리에서도 효과적으로 전달된다. 반복적으로 반려견의 소리를 관찰하면, 소리의 길이와 톤에 따라 반려견의 의도를 이해할 수 있다.

가) 소리의 높고 낮음

낮은 음정의 으르렁거림이나 짖음은 주로 위협, 분노, 공격 태세를 나타내며 "경고한다" 또는 "저리가"라는 의미이다. 이러한 낮은 톤은 낯선 사람이나 다른 동물에 대한 경계심을 표현하며, 공격 의도를 내포할 수 있다. 반면, 높은 음정의 소리는 순응과 긍정의 의미를 가지며, 예를 들어 간식이나 산책을 요구할 때 낑낑거리는 소리로 긍정적 관심을 끌기 위한 신호로 사용된다. 또한, "악의가 없어요" 또는 "아파요"와 같은 칭얼거림도 높은 음정으로 표현되어 공격 의도가 없음을 나타낸다. 전반적으로 낮은 소리는 위협적이고 공격적인 의도를, 높은 소리는 공포, 순응, 긍정적 태도를 나타낸다.

나) 소리의 빈도

소리의 빈도는 반려견의 흥분 정도를 파악하는 중요한 단서이다. 빠른 속도로 반복되는 소리는 높은 흥분 상태나 긴급 상황을 나타내며, 이는 "중대한 문제 발생" 혹은 위협 가능성을 시사할 수 있다. 반면, 가볍게 한두 번 짖는 경우는 호기심이나 가벼운 반응을 의미한다. 높은 톤의 소리가 반복된다면 반가움이나 즐거움에 의한 흥분 상태일 수 있지만, 고통이나 불안감을 표현할 때도 반복될 수 있다. 낮은 톤의 반복적인 소리는 위협과 경계심이 높아진 상태를 나타내어 공격 가능성을 암시한다. 결과적으로, **반려견의 소리 빈도와 음정의 높낮이를 관찰하면 흥분의 원인과 감정 상태를 보다 정확하게 이해할 수 있다.** 이는 반려견과의 원활한 의사소통과 행동 이해에 중요한 역할을 한다.

다) 소리의 조합

a) 낑낑

낑낑 소리는 신생아 시절 옹알이에서 성견 시절에 반가움, 요구, 순응, 갈등, 아픔 등 다양한 감정을 표현하는 소리로 발전한다. 예를 들어, 오랜만에 가족을 만났을 때 반가움을 나타내거나, 식탁 옆에서 음식과 보호자를 번갈아 보며 "나도 먹고 싶어"라고 요구할 때 높은 콧소리로 낑낑거리는 모습을 보인다. 이는 순응과 긍정적인 감정을 나타내며, 사랑받고 싶거나 관심을 받고자 할 때 자주 사용된다.

b) 깨갱!

깨갱 소리는 고통이나 공포를 느낄 때 나타나는 비명에 가까운 소리이다. 높은 톤으로 길게 이어지며 극심한 고통이나 생명의 위협을 느낄 때 발현된다. 이 소리는 동료에게 도움을 요청하거나 위협적인 상황에서 벗어나기 위한 신호로 사용된다. 단, 높은 비명 소리는 상처 입어 약해진 사냥감을 의미할 수 있어, 다른 개들이 이를 공격 대상으로 인식할 위험이 있다. 예를 들어, 반려견 카페나 놀이터, 훈련소 등 다양한 개체가 함께 있는 환경에서 한 마리가 공포에 질려 비명을 지르면, 무리의 개들이 본능적으로 흥분하여 공격할 가능성이 있다. 이러한 위험 상황을 방지하기 위해 보호자는 반려견의 의사소통 신호와 행동을 올바르게 이해하고 신속하게 대처해야 한다.

c) 으르렁

으르렁 소리는 음정과 상황에 따라 위협, 방어, 자신감 부족, 놀이 등 다양한 의미를 가진다.

- **낮고 굵은 으르렁거림**: 주로 위협을 나타내며 공격 의도가 포함될 수 있다. 이는 상대에게 "다가오지 마" 또는 "나를 건드리면 공격할 것이다"라는 경고의 의미이다.
- **음정이 높아졌다 낮아졌다 하는 으르렁거림**: 자신감이 부족한 개가 강한 척할 때 사용하는 소리로, 도망갈까 말까 고민하는 갈등 상황에서 나타난다. 이는 공격 의도는 강하지 않으나 경고와 방어의 의도를 내포한다.
- **놀이성 으르렁거림**: 현대 반려견은 놀이 중에도 으르렁 소리를 내며 즐거움을 표현한다. 이때는 즐거운 표정과 꼬리 흔들림이 동반되어 단순히 신나는 감정을 나타내므로 걱정할 필요가 없다.

d) 멍멍(짖음)

멍멍 소리는 의미가 가장 다양한 청각 의사소통 신호이다. 상황과 감정에 따라 반가움, 경고, 공격, 불안, 스트레스 등의 의미를 내포하며, 짖음의 톤, 빈도, 길이와 함께 시각적 행동을 종합적으로 분석해야 정확한 뜻을 파악할 수 있다.

- **반가울 때**: 짧고 높은 톤의 멍멍 소리로 친근함과 흥분을 표현한다. 예를 들어, 보호자가 집에 돌아왔을 때 반갑게 달려오며 짖는 경우이다.
- **경고 또는 위협**: 낮고 강한 톤의 짖음은 위협이나 경계심을 나타내며, 낯선 사람이나 다른 동물이 접근할 때 "내 영역이니 가까이 오지 마라"라는 경고를 보낸다.
- **아픔이나 스트레스**: 마르고 쉰 목소리로 반복되는 짖음은 통증이나 스트레스를 나타낼 수 있다. 예를 들어, 다친 부위를 건드렸을 때 짖는다면 아픔을 호소하는 신호이다.
- **긍정적 흥분**: 높은 톤의 반복적인 짖음은 즐거움과 긍정적 감정을 표현하며, 산책 전 흥분 상태를 나타낸다.

결과적으로,

- **낮은 톤의 반복적인 소리는 위협과 경계심이 높아진 상태를 나타내며 공격 가능성이 커진다.**
- **높은 톤의 반복적인 소리는 즐거움과 긍정적 흥분 상태를 나타낼 수 있으나, 고통이나 불안감을 표현할 수도 있다.**

따라서, 반려견의 소리 조합과 빈도, 음정 등을 종합적으로 관찰하면 흥분의 원인과 감정 상태를 보다 정확하게 이해할 수 있으며, 이는 반려견과의 원활한 의사소통 및 행동 이해에 중요한 역할을 한다.

그림 2.23 짖음

e) 하울링

반려견은 보호자가 항상 함께 있기 때문에 보호자가 없을 때 외로움을 느끼거나 분리불안을 겪는다. 이때, 길게 포효하는 듯한 울부짖음을 내며 "우~~~우~~" 하고 하울링을 한다. 이는 동료를 찾거나 외로움을 표현하는 방식으로, 특히 혼자 남겨졌을 때 보호자를 그리워하며 울부짖는 경우가 많다. 늑대의 하울링은 사냥 전 무리를 모으거나 영역을 알리고 무리를 찾는 의사소통 수단으로 사용된다. 이처럼 하울링은 동료를 부르거나 자신의 위치를 알리기 위한 본능적인 의사소통 방법이다. 반려견도 이러한 본능을 이어받아 외로움이나 불안감을 표현할 때 하울링을 사용한다.

표 2.4 투리드 루가스(Turid Rugaas)의 개의 짖음 분류

구분	내용
1. 흥분성 짖음 Excitement Barking	• 설명: **좋은 일이 일어날 것을 예상하거나 즐거운 감정을 표현**할 때 나오는 짖음이다. • 특징: - 소리의 높이는 중간보다 높은 음정이며, 명랑하고 경쾌한 톤이다. - 보통 꼬리를 흔들거나 점프하며 관심을 끌려는 행동을 함께 보인다. - 예를 들어, 산책을 나갈 때나 보호자를 반갑게 맞이할 때 자주 들을 수 있다.
2. 경고성 짖음 Warning Barking	• 설명: **정체를 알 수 없거나 적인지 확인할 수 없는 상황에서 자신의 무리에게 경고**하기 위해 짖는다. • 특징: - 낯선 사람이나 개체가 접근할 때 사용되며, 경계심을 표현한다. - 높은 톤과 중음으로 여러 번 짖고 멈춤을 반복한다. - 짧고 날카로운 짖음이 반복되며, "경계하라"는 의미를 가진다. - 예를 들어, 초인종이 울리거나 낯선 사람이 집 근처에 있을 때 자주 나타난다.
3. 두려움에 의한 짖음 Fear Barking	• 설명: **부자연스럽거나 정체를 알 수 없는 것에 대해 두려움을 느낄 때** 나오는 짖음이다. • 특징: - 높은 음정으로 연속해서 짖는 경우가 많다. - 공격 의도보다는 방어적인 의미가 강하며, 도망가거나 물러서기 어려운 상황에서 나타난다. - 몸을 웅크리거나 꼬리를 내리고 뒤로 물러서며 짖는 모습을 보일 수 있다. - 예를 들어, 낯선 물체나 큰 소음에 놀랐을 때 자주 나타난다.
4. 방어성 짖음 Guard Barking	• 설명: **자신을 방어하거나 자신의 물건, 영역, 가족 등을 보호**하기 위해 짖는다. • 특징: - 대상이 사라지면 멈추는 경우가 많다. - 으르렁거림을 동반하며, 저음의 짧은 소리로 반복해서 짖는 특징이 있다. - 위협의 의미가 강하며, 공격 태세를 취하기도 한다. - 예를 들어, 자신의 장난감을 뺏기지 않으려 하거나 집을 지킬 때 자주 나타난다.

5. 좌절성 짖음 Frustration Barking	• 설명: **답답함이나 무기력감, 외로움, 스트레스를 표현**하기 위해 짖는다. • 특징: - 묶여 있거나 켄넬에 갇혀 있을 때, 오랫동안 혼자 있을 때 자주 나타난다. - 고정된 패턴으로 반복적으로 짖거나 하울링(울부짖음)을 동반하기도 한다. - 외로움이나 굶주림, 지루함 등의 부정적 감정을 표현한다. - 예를 들어, 보호자가 장시간 집을 비웠을 때 자주 나타난다.
6. 학습된 짖음 Learned Barking	• 설명: **보호자가 의식적 또는 무의식적으로 행동을 강화했을 때 생긴 습관적 짖음**이다. • 특징: - 보호자의 반응(간식, 관심, 칭찬 등)을 기대하고 짖는 경우가 많다. - 예를 들어, 짖을 때마다 간식을 주거나 쓰다듬어 주는 상황이 반복되면 요구성 짖음으로 습관화될 수 있다. - 관심을 끌기 위해 "나 여기 있어요!"라고 외치는 듯한 짖음이 자주 들린다. - 의도하지 않았더라도 보호자의 반응이 긍정적 강화가 되면서 점점 짖음이 늘어날 수 있다.

출처 : Rugaas, 2008

개의 청각 의사소통 특징

- **장거리 의사소통에 효과적**이며, 멀리 떨어진 대상과도 소리를 통해 의사를 전달할 수 있다.
- 소리를 내는 방법에 따라 **근거리 또는 중거리 의사소통도 가능**하다.
- 전달하고자 하는 내용에 따라 **시각 의사소통 신호와 함께 사용하여 의미를 더욱 명확**하게 표현하기도 한다.
- **짖는 방법과 강도는 상황에 따라 달라지며, 감정 상태나 의도에 따라 다양한 변화**를 보인다.

(3) 후각 의사소통

개의 의사소통 방법에는 시각, 청각, 후각이 중요한 역할을 한다. 특히 후각은 개들 사이에서 가장 중요한 정보 전달 수단이다. 반려견들이 인사를 나눌 때 처음에는 시각적, 청각적 의사소통을 시도하지만, 서로를 정확히 파악하기 위해 후각을 사용하여 항문선의 냄새를 맡아 상대방에 대한 정보를 확인한다. 후각을 통해 성별, 가족 관계, 무리의 서열, 이동 경로, 번식기 상태 등 다양한 정보를 전달할 수 있다. 시각과 청각적 신호와 달리, 후각은 상대가 없어도 냄새만으로 각 개체의 존재와 상태를 파악할 수 있는 독특한 의사소통 수단이다. 개의 후각 능력은 견종에 관계없이 매우 뛰어나며, 특정 유기 화합물에 대해서는 인간보다 수백 배 민감하다. 예를 들어, 인간의 코에는 약 5백만 개의 후각 수용체가 있지만,

- 비글과 저먼 셰퍼드 같은 후각이 발달한 견종은 2억 2천5백만 개의 후각 수용체를 보유한다.
- 블러드하운드는 3억 개의 후각 수용체를 보유하여 모든 견종 중 후각 능력이 가장 뛰어나다.

이는 인간의 약 40배 이상의 후각 능력을 의미하며, 아주 미세한 농도의 냄새까지 정확하게 감지하고 구분할 수 있다. 이러한 탁월한 후각 능력 덕분에 개들은 **후각을 통해 복잡한 정보를 효과적으로 전달하고 의사소통한다.**

가) 개의 코와 후각 능력

개의 후각 능력은 매우 뛰어나며, 신생아 시절부터 사용된다. 태어난 직후에도 어미의 젖꼭지를 찾기 위해 후각을 사용하며, 며칠만 지나도 어미 개를 냄새로 식별할 수 있다. 사람들과의 사회적 상호작용에서도 후각은 중요한 역할을 한다. 예를 들어, 개는 구조견으로서 실종자나 재난 현장에서 사람을 수색하거나, 탐지견으로서 마약, 폭발물, 질병(예: 암, 당뇨)의 냄새를 감지하는 등 인간이 할 수 없는 일을 후각 능력을 통해 수행한다. 하지만 모든 개가 동일한 후각 능력을 가진 것은 아니다.

- **성별 차이**: 수컷은 번식기에 암컷의 페로몬에 매우 민감해지며, 평소에도 암컷보다 냄새에 예민할 수 있다.
- **견종 차이**: 견종에 따라 후각 능력이 다르며, 특히 코의 모양과 구조에 영향을 받는다.
  - 긴 주둥이를 가진 후각 추적견(예: 블러드하운드, 비글)은 후각이 매우 발달하여 뛰어난 추적 능력을 보인다.
  - 반면, 코가 납작한 품종(예: 퍼그, 불독, 시추)은 두개골 구조상 호흡기 문제가 생기기 쉽고, 후각 능력이 상대적으로 덜 발달한다. 이는 두개골이 짧아 후각 수용체의 수가 적기 때문이다.

개의 후각 능력은 견종, 성별, 건강 상태 등에 따라 차이가 있지만, 개는 인간보다 후각 능력이 훨씬 뛰어나기 때문에 다양한 역할을 수행할 수 있다.

그림 2.24 블러드하운드

역사적으로 가장 후각 능력이 뛰어난 견종은 벨기에 원산지의 블러드하운드이다. 블러드하운드는 하운드 견종 중에서도 후각을 사용해 사냥감의 흔적을 추적하는 역할을 하였으며, 오랜 기간 후각에 집중해온 결과 다른 견종보다 뛰어난 후각 감각을 갖게 되었다. 현재도 법 집행기관의 추적견으로 활약하고 있다. 블러드하운드와 같이 후각을 주로 사용하는 견종은 견종 분류상 '후각 하운드Scent Hound'에 속하며, 대표적으로 비글, 바셋하운드, 닥스훈트 등이 있다. 이들 견종은 사냥감을 추적하기 위해 발달된 후각을 가지고 있으며, 땅 냄새를 맡아 냄새의 흐름을 감지할 수 있다. 길고 늘어진 귀는 땅바닥의 냄새를 모아주는 역할을 하여 후각 감지 능력을 높인다. 이는 냄새 입자가 귀에 붙거나, 귀가 바람을 막아 냄새가 흩어지지 않도록 도와주는 효과가 있다. 후각 하운드들은 사냥감의 흔적을 따라 이동하면서 냄새를 추적하는 본능과 능력이 뛰어나며, 그 뛰어난 후각 능력을 바탕으로 수색견, 탐지견 등으로 다양하게 활용되고 있다.

나) 배변

반려견은 산책 중 특정 장소에서 후각을 사용한 후 배변하는 모습을 보인다. 예를 들어, 울타리의 나무나 모퉁이처럼 눈에 잘 띄는 위치에서 배변하며, 특히 수컷은 지면에서 높이 배뇨하기 위해 한쪽 다리를 높이 들어 냄새를 멀리 퍼뜨리려 한다. 이러한 배변 행동은 단순한 생리현상이 아니라 **자신의 영역을 알리고 구분하기 위한 마킹행동**이다.

- 자신감이 강한 수컷일수록 최대한 높이 배뇨하여 자신의 존재감을 과시하고 영역을 확고히 하려 한다.
- 암컷도 배변을 통해 영역을 표시하거나 세력권을 주장하며, 수컷과 마찬가지로 영역 의식을 나타낸다.
- 소변뿐만 아니라 대변 또한 자신의 존재와 세력권을 알리는 중요한 수단으로 사용된다.

배변 행동은 후각적 의사소통의 일환으로, 다양한 정보를 전달한다. 반려견은 다른 개가 남긴 냄새를 맡으며 성별, 나이, 건강 상태, 감정 상태 등을 파악할 수 있으며, 산책 중 후각 신호를 통해 이전에 다녀간 개의 성향을 감지하고 자신의 존재를 알리며 영역을 표시한다. 특히, 수컷은 영역을 지키기 위해 더 강한 냄새를 남기려는 본능이 있으며, 경쟁자에게 자신의 강함을 알리려 한다. 또한, 배변 행동은 대상이 없더라도 자신의 냄새를 남겨 "이곳은 내 산책로이자 내 영역이다"라는 메시지를 전달하는 의사소통 수단이다. 이는 직접적인 접촉 없이 후각 신호를 통한 사회적 교류로 나타나며, 개들 사이에서 중요한 의사소통 방법이다. 따라서 반려견의 배변 행동은 단순히 생리적 욕구 해소가 아닌 **영역 표시와 의사소통의 복합적인 목적을 가진 행동**이다. 산책 중 배변 장소와 행동 방식을 관찰하면 반려견의 성향과 사회적 관계를 이해하는 데 도움이 된다.

다) 마킹(Marking)

마킹은 자신의 영역과 존재를 알리기 위한 행동으로, 개들 사이에서 중요한 의사소통 수단이다. 반려견은 자신의 구역이라고 생각하는 장소에서 다른 개의 흔적을 발견하면, 그 위에 소변이나 대변으로 마킹하여 자신의 냄새를 덧씌운다. 이는 **영역을 지키고 자신감을 표현하며, 다른 개들에게 자신의 존재를 확인시키려는 의도**이다. 마킹행동 후에는 뒷다리로 땅을 파듯 발차기를 하는 독특한 행동이 나타난다.

- 땅을 긁어 흙을 흩날리며 자신의 냄새를 멀리 퍼뜨리려는 의도가 있다.
- 자신감이 강한 개일수록 대변을 흩뿌리려 하며, 더 넓은 영역에 자신의 존재감을 과시한다.
- 또한, 발바닥에 있는 냄새샘을 이용해 땅에 냄새를 남기려는 행동도 나타나며, 이는 다른 개들이 냄새를 맡고 그의 존재를 인식하게 하여 사회적 서열이나 영역을 구분하는 데 중요한 역할을 한다.

마킹행동 중에는 특유의 시각적 표현도 함께 나타난다.

- 몸에 힘을 주고 꼬리를 곧게 세우며 자신감 넘치는 자세를 취한다.
- 대상이나 특정 방향을 응시하며 "여긴 내 구역이다"라는 자신감과 지배력을 표현한다.
- 귀를 앞으로 기울이고 주위를 경계하며 자신의 냄새를 멀리 퍼뜨리려는 의도가 드러난다.

따라서 마킹행동은 단순한 배설 행위가 아니라 **자신의 존재를 알리고 영역을 확고히 하려는 의사소통 수단**이다. 이를 통해 반려견은 자신의 서열을 주장하고, 다른 개들과의 사회적 관계를 형성하며 자신의 영역을 보호한다.

그림 2.25 마킹하는 반려견

a) 도전적 마킹행동

도전적 마킹행동은 상대에게 서열을 과시하거나 도전할 때 나타나는 공격적 의사소통 수단이다. 예를 들어, 반려견 두 마리가 산책 중 서로 마주칠 때 이러한 행동이 관찰된다. 한쪽 반려견은 서열에 관심이 없고 대립을 피하고자 시선을 회피하거나 무관심한 태도를 보이는 반면, 자신감이 높고 서열을 확립하고자 하는 반려견은 상대를 반복적으로 응시하며 도전적인 행동을 나타낸다. 배뇨를 하면서 자신의 냄새를 남기고, 땅을 긁어 흙을 흩뿌리는 행동을 통해 자신의 존재감을 과시한다. 이는 "여긴 내 구역이다" 또는 "내가 더 강하다"라는 도전적 메시지를 상대에게 전달하는 것이다. 상황에 따라 짖거나 으르렁거리며 위협적인 행동을 보이기도 한다. 도전적 마킹행동은 공격성이나 자신감의 표현일 수 있으나, 다른 원인에 의해서도 나타날 수 있다. 반려견 두 마리가 모두 같은 행동을 보일 경우, 서열 다툼이 일어날 가능성이 있다. 또한, 위협이나 자신감의 표현이 아닌 발정기의 번식 행동일 수도 있다. 발정기에는 자기 과시를 통해 이성을 유혹하거나 경쟁자를 견제하기 위해 과도한 배뇨와 마킹이 발생한다. 따라서 도전적 마킹행동은 여러 복합적인 요소에 의해 나타나며, 시각, 후각, 청각 활동을 종합적으로 관찰하여 정확한 의도를 유추해야 한다.

- **시각적 신호**: 시선 고정, 꼬리 세우기, 땅 긁기 등으로 자신감과 도전을 표현한다.
- **후각적 신호**: 강한 냄새를 남기기 위한 배뇨로 존재감을 과시한다.
- **청각적 신호**: 짖음과 으르렁거림을 통해 위협과 경고의 의도를 전달한다.

반려견의 도전적 마킹행동을 정확히 이해하고 상황에 맞게 대처하면 불필요한 충돌을 예방하고 원활한 사회적 관계를 형성할 수 있다.

개의 후각 의사소통 특징

- **종, 성별, 가족 관계, 무리 서열 및 개체의 정체성에 관한 정확한 정보 전달**이 가능하다.
- 동물이 자리를 떠난 후에도 냄새가 오랜 시간 남아 정보를 유지하며, 다른 개체가 이를 감지할 수 있다.
- 시각이나 청각 신호와는 달리, **실시간으로 변화하는 심리 상태는 즉각적으로 전달하기 어렵다**.
- 멀리서 시각이나 청각으로 개체를 식별하더라도, 개체별 특유의 체취를 통해 최종 확인은 후각에 의해 이루어진다.

2) 카밍 시그널(Calming Signals)

카밍 시그널Calming Signals은 노르웨이의 투리드 루가스Turid Rugaas가 반려견과의 소통 경험을 바탕으로 창시한 행동 언어이다. 이 신호는 반려견 자신이 진정하거나 상대방을 진정시키기 위해 사용하는 평화적인 의사소통 방법을 의미한다. 긴장된 상황이나 갈등을 예방하고 완화하기 위해 긍정적인 방향으로 의도를 전달하며, 다른 개체와의 상호작용에서 갈등을 피하고 조화로운 관계를 유지하기 위해 사용된다(Turid Rugaas, 2018).

(1) 얼굴 시그널

가) 머리 돌리기(Turning Head)

의미	"인사하고 싶지 않아", "놀고 싶지 않아", "싸우고 싶지 않아" "부담스러워", "나는 관심 없어"

머리 돌리기는 반려견이 옆이나 뒤로 고개를 돌리거나 돌린 상태에서 잠시 가만히 있는 행동이다. 이 행동은 자신에게 다가오는 상대에게 "진정해"라는 메시지를 전달하거나, 부담스러운 상황을 피하고자 하는 의도를 담고 있다. 예를 들어,

- 부담스러운 동료 개가 다가올 때
- 낯선 사람이나 무서운 사람이 몸을 숙여 스킨십을 시도할 때
- 반갑지 않은 신호를 보내는 상황에서 불편함과 두려움을 느낄 때

반려견은 머리를 돌리며 시선을 회피한다. 이와 함께 나타나는 시각적 신호는 **상대의 행동이 부담스럽거나 위협적으로 느껴져 상대를 진정시키고 자신을 보호하려는 의도**를 전달하며, "내가 잘못했어요" 또는 "그만 해주세요"라는 달래는 의미를 포함한다. 머리 돌리기는 **회피나 두려움을 나타내며, 상대에게 복종하고 갈등을 피하고자 하는 평화적인 카밍 시그널**로, 눈을 똑바로 마주치는 것이 자신감이나 위협의 의미를 가진다면, 반대로 시선을 피하고 고개를 돌리는 행동은 갈등 상황에서 긴장을 완화하고 평화를 유지하기 위한 의도를 나타낸다.

나) 부드럽게 쳐다보기(Soft Eye Contact)

의미	"나는 위협하려는 게 아니야", "편안하게 있어도 돼", "너에게 우호적인 마음이야", "우리 사이에 갈등은 없어", "나는 침착하고 차분해", "친근하게 다가가고 싶어"

부드럽게 쳐다보기는 반려견이 눈꺼풀을 살짝 내리고, 눈을 게슴츠레하게 뜨며 부드러운 눈길을 보내는 행동이다. 이 시그널은 **상대방이 자신의 눈빛에서 위협을 느끼지 않도록 최대한 친근하고 착한 눈빛을 전달하는 평화적인 의사소통 방법**이다. 반려견은 눈을 똑바로 응시하는 행동을 도전이나 위협으로 해석하는 경향이 있으므로, 직접적인 눈맞춤 대신 부드럽게 응시함으로써 "나는 악의가 없다"라는 메시지를 전달한다. 이는 다른 반려견이나 사람에게 "위협 의도가 없으며, 공격하지 않을 것"이라는 평화적인 신호를 보내어 갈등을 피하고 신뢰감을 형성하는 데 중요한 역할을 한다.

다) 코 핥기(Licking Nose)

의미	"그만해 주세요", "부담스러워"

코 핥기는 반려견이 불편하거나 스트레스를 받는 상황에서 자신을 진정시키기 위해 사용하는 카밍 시그널이다. 이 행동은 반려견이 불안하거나 긴장되는 상황에서, 스스로 마음을 진정하고 긴장을 완화하려는 자연스러운 방식이다. 예를 들어,

- 다른 반려견과의 인사나 놀이에서 부담감을 느낄 때
- 사람들의 과도한 스킨십이나 강압적인 애정 표현을 받을 때
- 참여하고 싶지 않은 훈련 프로그램에 있을 때
- 낯선 공간이나 환경이 불안하고 낯설게 느껴질 때

그림 2.26 코 핥는 반려견

이처럼 다양한 상황에서 코를 핥는 행동은 "나는 지금 불편해", "이 상황이 부담스러워"라는 메시지를 전달하는 의도로 나타난다. 코 핥기는 긴장감이나 불안감을 완화하기 위해 사용하는 자연스러운 행동 언어로, 갈등을 피하고 평화로운 상호작용을 유지하기 위한 중요한 카밍 시그널 중 하나이다. 따라서 반려견이 코를 핥는 모습을 보이면, 현재 상황이 부담스럽거나 불편할 수 있음을 이해하고, 상황을 부드럽게 조정하거나 반려견에게 휴식을 제공하는 것이 도움이 된다.

라) 하품(Yawning)

의미	"긴장된다", "침착하기가 힘들다", "피곤하다"

하품은 반려견과 사람이 뇌에 산소를 많이 공급받아 잠을 깨우는 생리학적 반응이다. 피곤할 때 자연스럽게 하품을 하지만, 반려견의 하품은 그 외에도 다양한 의미를 담고 있다. 반려견은 다음과 같은 상황에서 하품을 통해 스스로 진정하거나 상대방에게 평화의 신호를 보낸다.

- **혼이 났거나 스트레스를 받았을 때:** 긴장된 상황에서 상대방의 기분을 진정시키고 갈등을 완화하기 위해 하품을 하여, "나는 공격할 의도가 없다"라는 평화적인 메시지를 전달한다.
- **무관심의 신호:** 관심을 받고 싶지 않거나 참여하기 싫은 상황에서 "나는 관심 없다"는 메시지를 하품으로 표현한다.
- **화해의 신호:** 하품 후 친밀한 행동을 동반하여, "싸울 생각 없다"라는 화해의 제스처로 사용된다.
- **교육 중 스트레스 신호:** 훈련이나 교육 중 압박감이나 스트레스를 느낄 때 긴장감을 풀기 위해 하품을 한다.
- **과한 집중이나 스킨십이 부담스러울 때:** 사람들이 과도한 관심을 보일 때 부담감을 완화하고 긴장을 풀기 위해 하품을 한다.
- **공포를 느끼거나 흥분을 가라앉히고 싶을 때:** 무서운 상황이나 흥분된 상태에서 침착해지기 위해 하품을 하여 긴장감을 완화한다.
- **동물병원에서 대기 중 불안할 때:** 낯선 환경이나 불안한 상황에서 코를 핥거나 낼름거리며 하품하는 행동으로 불안감을 완화한다.

그림 2.27 하품하는 반려견

이처럼 반려견의 하품은 **자신과 상대방에게 진정의 의미를 전달하며, 갈등을 피하고 평화로운 상호작용을 유지하기 위한 카밍 시그널**이다. 따라서 반려견이 하품을 할 때에는 단순히 피곤해서일 수도 있지만, 긴장감, 불안, 스트레스를 느끼고 스스로 진정하려는 의도가 있을 수 있으므로, 현재 상황을 파악하고 반려견의 감정 상태를 이해하며 부드럽게 대응하는 것이 필요하다.

마) 핥기(Licking)

의미	"당신에게 의존하고 있어요", "예뻐해 주세요"

핥기는 반려견이 상대방에게 애정을 표현하거나 의존감을 나타내기 위해 사용하는 카밍 시그널 중 하나이다. 기본적으로 적의가 없으며, 기쁨과 안정감을 애정 표현으로 보여준다. 반려견은 다양한 상황에서 핥기 행동을 통해 자신의 감정 상태를 표현한다.

- **애정 표현과 의존감**: 사람을 핥는 행동은 "내가 너를 좋아해", "너에게 의존하고 있어"라는 친근감과 애정의 메시지를 전달한다. 보호자에게 호감을 표시하며 안정감을 느끼고 신뢰를 표현할 때 자주 나타난다.
- **공격 회피와 복종의 신호**: 약하고 겁먹은 개는 공격을 피하기 위해 어린 강아지처럼 낮은 자세를 취하며 핥는 행동을 보인다. 이는 "난 싸울 생각 없어", "너에게 복종할게"라는 평화적인 메시지를 전달하는 복종과 항복의 신호이다.
- **스트레스 신호**: 대상 없이 코를 핥거나 혀를 날름거리며 입술을 핥는 행동은 긴장감이나 불안감을 해소하기 위한 자기 진정 행동으로 나타난다. 이는 스트레스를 받았을 때 자기 진정을 위한 카밍 시그널로 작용한다.
- **상대방을 진정시키는 신호**: 반려견은 상대방의 기분을 진정시키기 위해 핥는 행동을 하여 갈등을 완화하고 평화로운 분위기를 조성한다. 이는 하품과 유사하게 "나는 위협 의도가 없다"라는 메시지를 전달한다.

따라서 반려견의 핥기 행동은 기본적으로 적의가 없으며, **기쁨, 안정감, 애정 표현, 의존감을 자연스럽게 나타내는 행동 언어**이다. 또한 복종과 스트레스 해소, 그리고 상대방을 진정시키기 위한 카밍 시그널로 다양한 상황에서 사용되므로, 반려견이 핥는 행동을 보일 때에는 단순한 애정 표현일 수도 있지만, 긴장감이나 불안감을 느끼며 스스로 진정하려는 의도일 수 있으므로, 상황을 파악하고 반려견의 감정 상태를 이해하며 부드럽게 반응해 주는 것이 좋다.

(2) 자세와 동작 시그널

가) 앞발 들기(Lifting Front Paw)

의미	"불안해", "침착하기가 힘들다", "좀 도와주세요"

앞발 들기는 반려견이 불안하거나 스트레스를 느낄 때 보이는 카밍 시그널이다. 이 행동은 긴장감이나 공포심이 섞인 상태에서 나타나며, **자신의 불안감을 표현하고 도움을 요청하는 신호**이다. 반려견은 다음과 같은 상황에서 앞발을 들어 불안한 감정을 표현한다.

- **스트레스 상황에서 불안감을 느낄 때**: 훈련대회나 스포츠 대회처럼 강도 높은 교육 상황에서 압박감과 긴장감을 느낄 때 앞발을 든다. 이는 "이 상황이 부담스러워요", "긴장돼요"라는 스트레스 신호로 해석된다.
- **혼이 나거나 두려움을 느낄 때**: 훈육 중에 혼이 나거나 두려움을 느끼면 앞발을 들고 헐떡거리며 불안감을 표현한다. 이는 "화내지 말아 주세요", "제가 잘못했어요"라는 복종의 신호로 볼 수 있다.
- **기다림과 긴장감을 동시에 느낄 때**: 보호자와 떨어져 대회의 시작 신호를 기다리거나 '기다려' 명령을 유지하는 상황에서 불안과 긴장감이 섞여 앞발을 든다. 이는 "언제 움직여도 될까요?", "긴장되지만 기다리고 있어요"라는 신호를 전달한다.
- **다른 카밍 시그널과 함께 나타나는 경우**: 앞발 들기는 코를 핥거나 공기를 핥는 행동과 함께 불안감을 진정시키기 위해 복합적으로 나타난다. 이는 자신의 긴장감을 완화하고 상황을 부드럽게 넘기려는 의도를 포함한다.

따라서, 앞발 들기는 불안감, 긴장감, 두려움을 표현하는 카밍 시그널로, 도움을 요청하거나 스스로 진정하려는 행동이다. 반려견이 앞발을 드는 모습을 보이면, 이는 현재 불안감을 느끼고 있다는 신호이므로, 보호자는 상황을 파악하고 반려견이 긴장을 완화할 수 있도록 부드럽고 안정감 있게 대응하는 것이 중요하다.

나) 동작 멈추기(Freezing or Stopping Movement)

의미	"부담스러워요", "다가오지 말아 주세요", "이 상황이 빨리 끝났으면 좋겠어요"

동작 멈추기는 반려견이 불안하거나 부담스러운 상황에서 움직임을 멈추고 꼼짝하지 않는 행동이다. 이 행동은 **자신을 보호하고 상황을 피하기 위한 방어 기제**로, 카밍 시그널 중 하나이다.

반려견은 다음과 같은 상황에서 동작을 멈추며 불안감을 표현한다.

- **부담스러운 상대가 가까이 다가올 때**: 낯선 개가 다가와 자신의 냄새를 맡으려 할 때, 반려견은 긴장감과 불안감을 느끼며 동작을 멈추고 가만히 있는 경우가 있다. 이는 "다가오지 마", "나는 싸우고 싶지 않아"라는 평화적인 신호로, 갈등을 피하려는 의도를 나타낸다. 고개를 돌리거나 시선을 피하며 상황이 빨리 지나가기를 기다리는 심리 상태를 보여준다.
- **반복적인 훈련에 스트레스를 받을 때**: 예절 교육이나 훈련 중 반복되는 명령에 스트레스를 느끼고 지쳤을 때 동작을 멈추는 행동을 보인다. 이는 "더 이상 하고 싶지 않아", "휴식이 필요해요"라는 스트레스 신호로 해석할 수 있다. 훈련 중 고집을 부리는 것으로 오해하여 강하게 훈육하면 반려견의 불안감이 더욱 커질 수 있으므로, 반려견이 보내는 신호를 파악하고 적절한 휴식을 주는 것이 중요하다.
- **원하지 않는 상대가 가까이 올 때**: 자신보다 강한 개나 원하지 않는 상대가 가까이 다가오면 그 자리에서 눌러앉아 움직이지 않는 행동을 보일 수 있다. 이는 도망가지 않고 자리를 지키면서도, 최소한의 자존심을 유지하며 복종하는 신호로, "나는 너와 싸울 생각 없어", "냄새를 맡게 할 테니 나를 해치지 마"라는 평화적인 의도를 전달한다. 드러눕거나 시선을 피하며 상대에게 인사를 허락하는 행동으로 해석할 수 있다.

따라서 동작 멈추기는 불안감, 긴장감, 스트레스를 표현하며, 공격하거나 도망가지 않고 갈등을 피하기 위한 평화적인 의사소통 방법이다. 반려견이 동작을 멈추고 가만히 있는 행동을 보이면, 이는 현재 상황이 부담스럽거나 불안하다는 신호이므로, 강압적인 훈육보다는 상황을 부드럽게 조정하고 반려견의 감정 상태를 배려하는 것이 필요하다.

다) 앞가슴 내리기(Play Bow)

의미	"나랑 놀자!", "난 악의가 없어"

놀이 요청 자세Play Bow는 반려견이 앞발을 쭉 뻗고 앞가슴을 낮추며 엉덩이를 높이 올려 상대를 바라보는 자세이다. 이 자세는 **"놀자!"라는 초대의 메시지**를 전달하는 카밍 시그널로, 놀이를 시작하기 전이나 놀이 중

에 상대방에게 긍정적인 의도를 전달한다. 반려견은 다음과 같은 상황에서 놀이 요청 자세를 사용하여 긍정적인 의도를 표현한다.

- **놀이 초대**: 앞가슴을 낮추고 엉덩이를 높이 올린 상태에서 꼬리를 흔들며 상대방을 바라보는 자세는 "나랑 놀자!"라는 놀이 초대 신호이다. 이는 공격 의도 없이 즐겁게 놀고 싶다는 평화적 메시지로, 긍정적이고 평화로운 상호작용을 유도한다. 특히 시선을 맞추고 가슴을 내린 상태에서 이리저리 뛰어다니는 행동은 흥분한 감정과 놀이에 대한 기대감을 나타낸다.
- **악의 없음과 친근감 표현**: 놀이 요청 자세는 "난 공격할 의도가 없다", "난 너에게 해를 끼치지 않을 거야"라는 평화적 메시지를 전달하여 상대방이 안심하고 놀이에 참여할 수 있도록 한다.
- **사회화와 놀이 의도 전달**: 놀이에 서투른 반려견이나 낯선 상황에서 불안해하는 반려견에게 놀이 요청 자세를 통해 "난 너랑 친해지고 싶어"라는 긍정적인 신호를 보내며 사회적 관계 형성을 돕는다. 상대방이 안심할 때까지 엎드려 기다리는 행동도 보이며, 이는 상대방을 배려하고 평화로운 상호작용을 유지하기 위한 의도이다.
- **놀이 중 진정시키기**: 놀이가 격해져 흥분도가 높아질 때, 놀이 요청 자세를 통해 상대를 진정시키고 서로의 감정 상태를 조율하며 긍정적인 놀이 분위기를 유지한다.

따라서 놀이 요청 자세는 **놀이 초대, 악의 없음, 사회화 촉진, 놀이 중 진정** 등 다양한 상황에서 긍정적이고 평화로운 의도를 전달하는 중요한 카밍 시그널이다. 반려견이 앞가슴을 내리고 엉덩이를 높이 올리는 행동을 보일 때에는, **공격 의도가 아닌 친근한 놀이 초대임을 이해하고 긍정적인 상호작용을 촉진**하며 반려견의 사회적 관계 형성에 도움을 줄 수 있다.

그림 2.28 놀고 싶어하는 반려견

라) 끼어들기(Intervening or Splitting)

의미	"그만해", "좀 진정해"

끼어들기는 반려견이 다른 반려견이나 사람들 사이에 몸을 밀어 넣거나 중간에 서서 상황을 중재하려는 행동이다. 이 행동은 **분위기가 과열되거나 갈등이 발생할 조짐이 있을 때 분쟁을 예방하고 상황을 진정시키기 위한 평화적인 카밍 시그널**이다. 반려견은 다음과 같은 상황에서 끼어들어 중재와 진정의 의도를 표현한다.

- **분위기가 고조되거나 갈등이 발생할 때**: 반려견 두 마리 사이에 분위기가 과열되거나 장난이 너무 심해지면, 반려견은 중간에 끼어들어 분쟁을 막고 분위기를 진정시킨다. 이는 "너희들 너무 과열됐어, 진정해" 또는 "싸우지 마"라는 평화의 신호를 전달한다. 몸을 밀어 넣거나 고개를 돌리며 시선을 피하는 행동으로 상대방의 흥분을 가라앉히고 갈등을 중재한다.
- **반려견 두 마리가 너무 가까이 있을 때**: 지나치게 가까운 거리에서 긴장감이나 과도한 접촉이 발생하면, 끼어들어 거리를 두도록 하여 불필요한 갈등이나 충돌을 예방한다. 이는 "너무 가까이 있으면 다툼이 생길 수 있어, 떨어져"라는 경고와 중재의 신호이다.
- **보호자에게 지나치게 가까이 다가오는 경우**: 다른 반려견이 보호자에게 너무 가까이 다가가거나 지나친 관심을 보이면, 보호자와 반려견 사이에 끼어들어 적당한 거리를 유지하도록 중재한다. 이는 "너무 가까이 오지 마, 여기까지만 허용할게"라는 영역 보호와 경계의 신호로 해석된다.
- **자신이 불편함을 느낄 때**: 상황이 불편하거나 자신에게 위협이 될 수 있다고 느낄 때, 반려견은 끼어들어 분위기를 바꾸고 불편한 상황에서 벗어나려는 의도를 나타낸다. 이는 "이 상황이 불편해, 그만해" 또는 "난 이 분위기가 싫어"라는 자신의 감정 상태를 표현하는 카밍 시그널이다.

따라서 끼어들기는 **갈등을 중재하고 긴장감을 완화하며 불필요한 충돌을 예방하는 중요한 카밍 시그널**이다. 반려견이 두 마리 사이에 끼어들거나 중간에 서 있는 행동을 보일 때에는, 단순한 호기심이 아니라 **중재와 진정의 의도**일 수 있으므로, 상황을 부드럽게 조정하고 반려견의 감정 상태를 이해하며 긍정적인 상호작용을 촉진하는 것이 필요하다.

마) 코로 가볍게 찌르기(Nudging with Nose)

의미	"나를 해치지 않을 것을 알아요", "쓰다듬어 주세요"

코로 가볍게 찌르기는 반려견이 애정과 신뢰를 표현하는 평화로운 의사소통 수단이다. 반려견은 코를 사용해 상대방을 가볍게 누르거나 툭툭 치며, "난 너에게 해를 끼치지 않아", "나는 너에게 의지하고 있어"라는 긍정적인 메시지를 전달한다. 주요 특징은 다음과 같다:

- **애정 표현과 신뢰**: 반려견이 사람이나 다른 개에게 코로 누르거나 가볍게 찌르는 행동은 친근감과 애정을 나타내며, 상대방에게 편안함을 주기 위한 신호이다. 이는 특히, 어린 강아지가 어미의 젖꼭지를 자극하며 안정감을 찾는 행동에서 진화한 것으로, 성견이 되어도 신뢰하는 대상에게 동일한 애정 표현으로 나타난다.
- **공격 의도 없음의 표현**: 코로 가볍게 찌르는 행동은 상대에게 공격 의도가 없음을 분명히 하여, 평화로운 상호작용을 유도한다. 이를 통해 반려견은 "난 너에게 해를 끼치지 않을 거야"라는 메시지를 전달하며, 갈등 상황을 예방한다.
- **요구와 기대의 전달**: 간식이나 산책을 원할 때, 반려견은 보호자의 다리나 손을 코로 툭툭 치며 "산책 가고 싶어" 또는 "간식 주세요"라는 요구의 신호를 보인다. 이 행동은 직접적으로 짖거나 소리를 내지 않고도 부드럽게 자신의 의도를 전달하는 긍정적인 의사소통 방법이다.

전체적으로, 코로 가볍게 찌르기는 **진정과 화해, 신뢰와 의존, 애정 표현, 그리고 요구와 기대를 부드럽게 전달하는 행동**이다. 반려견이 이러한 행동을 보인다면, 이는 단순한 호기심이 아니라 **신뢰와 애정, 그리고 긍정적인 상호작용을 원하는 의도**일 수 있으므로, 보호자는 이를 긍정적으로 받아들이고 부드럽게 반응하며 깊은 신뢰 관계와 유대감을 형성하는 데 도움을 주는 것이 중요하다.

바) 꼬리 흔들기(Tail Wagging)

의미	"나는 위협하려는 게 아니야", "긴장되지만 나쁜 의도는 없어", "조심스럽지만 다가가고 있어", "갈등을 피하고 싶어", "나는 지금 약간 불편해", (혹은) "흥분했거나 감정이 고조된 상태야"

반려견은 꼬리의 움직임으로 다양한 의사소통을 한다. "반려견은 꼬리로 말한다"라는 말처럼, 꼬리의 움직

임은 즐거움뿐만 아니라 진정, 항복, 화해, 긍정적 의사소통 등의 여러 의미를 담고 있다. 꼬리 흔들기는 방향, 속도, 위치와 함께 얼굴 표정, 자세, 시선 등 다양한 신호가 조합되어 반려견이 처한 상황과 감정 상태를 정확하게 전달한다. 예를 들어, 살랑살랑 부드럽게 흔드는 꼬리는 상대를 진정시키고 위협 의도가 없음을 나타내며 평화로운 상호작용을 유도한다. 반려견이 꼬리를 위로 힘주어 올리거나 다리 사이로 말아 넣지 않고 부드럽게 좌우로 흔들 때, 이는 공격 의도가 없고 편안한 분위기를 조성하며 "난 너에게 해를 끼치지 않을 거야"라는 평화로운 메시지를 전달한다. 낑낑거리며 콧소리를 내면서 살랑살랑 흔드는 꼬리는 항복과 복종의 의미를 담아 "난 너를 존중해"라는 메시지를 전달하며 갈등을 피하려는 의도를 나타낸다. 또한, 반려견이 처음 만난 반려견이나 낯선 사람에게 꼬리를 살랑살랑 흔들며 다가가는 행동은 "난 너에게 위협이 없어"라는 신호로, 편안하고 부드러운 상호작용을 원한다는 의도를 표현한다.

따라서, 꼬리 흔들기는 단순히 기쁨이나 즐거움의 표현을 넘어서 **진정, 항복, 화해, 긍정적 의사소통 등 다양한 의미를 가진 행동**이다. 상황에 따라 꼬리의 위치와 움직임 속도, 얼굴 표정과 자세를 종합적으로 관찰하면 반려견의 감정 상태와 의도를 정확하게 이해할 수 있다. **꼬리를 살랑살랑 흔드는 행동은 평화롭고 긍정적인 상호작용을 원하는 카밍 시그널**로, 이를 긍정적으로 받아들이고 부드럽게 교감하면 더 깊은 신뢰 관계를 형성할 수 있다.

표 2.5 카밍 시그널의 필요성과 기능

구분	내용
필요성	• 반려견의 현재 상태를 확인하고 파악할 수 있다. • 반려견과의 비언어적인 소통이 보다 원활해진다. • 잊었던 카밍 시그널을 회복하고 긍정적인 상호작용을 유도할 수 있다.
기능 및 역할	• 긴장 완화: 자신의 긴장을 스스로 완화하며 불안감을 낮춘다. • 진정 신호: 적의가 없음을 알리고 상대를 진정시킨다. • 공격 차단: 불안하거나 불쾌할 때 심리 상태를 표현하여 공격을 예방한다. • 갈등 중재: 다른 개체들 간의 싸움을 멈추게 하거나 갈등을 완화한다. • 분쟁 회피: 공격이나 위협, 침략 의도가 없음을 표현하여 갈등을 피한다. • 평화 유지: 무리 내에서 물리적 마찰을 방지하고, 평화를 유지한다. • 의사 전달: 다양한 개체들과 비언어적 의사소통을 통해 서로의 의도를 파악한다.

5. 문제행동과 행동 교정

반려견은 인간의 사회와 환경 속에서 함께 살아가기 때문에, 문제행동은 일반적으로 인간의 일상생활 기준에 따라 정의된다. 미국의 동물행동 전문가들은 문제행동을 '**이상행동, 사회나 보호자에게 불편을 주는 행동, 인간의 자산이나 반려견 자신에게 해를 끼치는 행동, 보호자의 생활에 지장을 주는 행동**' 등으로 정의한다. 즉, 문제행동은 반려견의 이상행동 또는 사회나 보호자에게 불편을 주는 행동으로 간략하게 정리할 수 있다. 문제행동은 다음 세 가지 기준으로 분류할 수 있다.

- **정상행동이 아닌 이상행동**: 일반적인 행동 범주에서 벗어난 비정상적인 행동이다.
- **정상행동이지만 빈도와 강도가 비정상적인 경우**: 본래 정상적인 행동이지만 빈도나 강도가 지나쳐 문제가 되는 경우이다.
- **정상행동이지만 사회와 보호자에게 불편을 주는 경우**: 행동 자체는 정상적이지만, 사회적 규범이나 보호자의 생활에 불편을 주어 문제로 인식되는 경우이다.

특히, 반려견이 인간과 밀접하게 생활하는 현대 사회에서는 세 번째 기준, 즉 정상적인 행동이라 하더라도 사회적 규범이나 보호자에게 불편을 주는 행동이 문제행동으로 분류되는 경우가 많다. 이에 따라 반려견의 문제행동 유형을 정확히 파악하고, 효과적인 행동 교정법을 적용하는 것이 중요하다. 효과적인 행동 교정법은 다음과 같은 요소를 포함한다.

- **원인 분석**: 문제행동의 원인이 무엇인지 파악하고, 환경적 요인, 스트레스, 불안 등 근본 원인을 해결하는 것이 우선이다.
- **긍정적 강화**: 원하는 행동이 나타날 때 칭찬이나 보상을 통해 그 행동을 강화한다. 이를 통해 반려견은 긍정적인 행동을 반복하게 된다.
- **일관된 훈육**: 보호자와의 일관된 규칙과 훈련이 문제행동을 줄이고 올바른 행동 습관을 형성하는 데 도움을 준다.
- **전문가 상담**: 문제행동이 심각하거나 보호자 스스로 해결하기 어려운 경우, 동물 행동 전문가나 수의사와 상담하여 전문적인 교정 방법을 모색한다.

이와 같이 문제행동은 단순히 반려견의 이상행동이 아니라, 사회적 규범이나 보호자의 생활에 영향을 미치는 행동으로 인식될 수 있으며, 이를 효과적으로 교정하기 위해서는 원인을 정확히 파악하고, 긍정적 강화와 일관된 훈육, 필요시 전문가의 도움을 받는 것이 중요하다.

1) 반려견 문제행동과 행동 교정 방법

(1) 공격 행동

가) 우위성 공격 행동

우위성 공격 행동은 반려견이 **자신의 사회적 순위가 위협받는다고 느낄 때, 그 순위를 유지하거나 과시하기 위해 보이는 공격 행동**을 말한다. 개는 무리 동물로서 사회적 서열을 중요시하며, 각자 자신의 위치를 인식하고 있다. 이 때문에 같은 무리에 속한 다른 개체나 외부의 다른 개체에게 공격적인 행동을 나타낼 수 있으며, 심지어 가족 내에서도 자신의 순위를 주장하려고 할 때 공격 행동을 보이기도 한다. 이러한 행동은 주로 사회적 성숙기를 맞이하는 1~2년 차에 더욱 심해지는 경향이 있다. 우위성 공격 행동은 대부분 선천적인 성향에 기인하므로 완벽하게 교정하기는 어렵지만, 상황에 따라 적절한 대처와 꾸준한 관리, 교육이 필요하다.

a) 영향 요인

- **견종에 따른 유전적 성향**: 특정 견종은 본능적으로 우위성을 강하게 느낄 수 있다.
- **성별에 따른 호르몬 영향**: 일반적으로 수컷은 수컷 호르몬의 영향을 받아 공격성을 보일 가능성이 높다.
- **보호자의 리더십 부족**: 보호자가 명확한 리더십을 보여주지 않을 경우, 반려견은 자신이 우위에 있다고 판단하고 공격적인 행동을 할 수 있다.

이러한 요인들을 고려하여 반려견의 우위성 공격 행동에 적절히 대처하고, **꾸준한 관리와 교육을 통해 행동을 개선**해 나가는 것이 중요하다.

나) 영역성 공격 행동

영역성 공격 행동은 개가 인간과 함께 생활하면서 자신의 생활 터전을 영역으로 인식하고 이를 지키기 위해 보이는 행동이다. 개는 집, 차 등 자신의 세력권으로 인식하는 장소나 보호해야 한다고 생각하는 대상에게 접근하는 사람이나 동물에게 공격적인 행동과 짖음으로 경고하며 보호자에게 도움을 주는 역할을 해왔다. 특히 낯선 사람이 집을 방문할 때, 예를 들어 택배 기사나 배달원이 방문하면 반려견은 짖거나 공격적인 행동을 보인다. 이러한 행동은 연관학습을 통해 강화되어, 반려견이 “내가 짖으면 낯선 사람이 사라진다”라고 인식하게 되어 영역성 공격 행동이 고착될 수 있다.

a) 영향 요인

- **견종에 따른 유전적 성향**: 특정 견종은 본능적으로 영역 방어 성향이 강하다.

- **과도한 방위 본능**: 자신과 가족을 보호하려는 본능이 강할수록 영역성 공격 행동이 나타난다.
- **연관학습의 강화**: 짖음이나 공격 후 대상이 사라지는 상황이 반복되면, 이러한 행동이 강화될 수 있다.

행동 교정법 적용하기

낯선 사람의 방문을 경계하는 반려견

낯선 사람의 방문을 경계하는 반려견의 영역성 공격 행동을 교정하기 위해서는 반려견이 낯선 사람을 위협이 아닌 긍정적인 대상으로 인식하도록 도와야 한다.

1. 벨소리에 대한 긍정적 인식 형성

반려견은 벨소리를 들으면 낯선 사람이 올 것을 예상하며 경계심을 갖는다. 이를 해결하기 위해, 벨소리와 긍정적인 경험(먹이 보상)을 연관 짓는 조건형성을 적용한다. 벨소리가 울릴 때마다 맛있는 간식을 보상하여 벨소리에 대한 긍정적 인식을 강화한다.

2. 낯선 사람과의 긍정적 연관 만들기

낯선 사람이 집에 들어왔을 때, 그 사람이 직접 간식을 주며 반려견에게 긍정적인 경험을 만들어준다. 이때, 낯선 사람은 시각적으로 부담을 주지 않도록 자연스러운 행동을 하고, 보호자는 편안한 대화를 통해 반려견이 불안감을 느끼지 않도록 한다. 반려견이 짖거나 공격적인 행동을 보일 때는 보상을 주지 않으며, 행동이 잦아들 때까지 차분하게 기다린다.

3. 반복 학습과 다양한 상황 연출

반려견이 다양한 상황에 익숙해지도록 다양한 옷차림과 목소리를 가진 여러 사람이 방문하는 상황을 연출하는 것이 이상적이지만, 현실적으로는 일상생활 속에서 꾸준한 반복 학습이 필요하다. 보호자는 일관된 태도로 교육하며, 반려견이 올바른 행동을 할 때 즉시 보상해 주는 것이 중요하다.

이와 같은 조건형성과 반복 학습을 통해 반려견은 점차 낯선 사람을 긍정적으로 인식하게 되고, 영역성 공격 행동이 개선될 수 있다.

다) 공포성 공격 행동

공포성 공격 행동은 반려견이 느낀 공포나 불안이 원인이 되어 발생하는 공격 행동으로, 행동학적 및 생리학적 징후가 함께 나타난다. 대부분의 동물은 본능적으로 공포나 불안으로부터 회피하려고 하는데, 반려견도 위협을 회피할 방법이 없다고 느낄 때 다음 세 가지 반응을 보인다.

- **도망**: 위협으로부터 멀어지기 위해 빠르게 도망가는 행동이다.
- **복종과 순응**: 위협을 최소화하기 위해 몸을 낮추거나 꼬리를 말아 복종의 태도를 보인다.
- **방어적 공격 행동**: 더 이상 회피할 수 없다고 판단되면 마지막 저항 수단으로 공격적인 행동을 보인다.

a) 영향 요인

- **과도한 공포나 불안**: 불안이 극도로 높아지면 공격적인 반응이 나타날 수 있다.
- **선천적인 기질**: 유전적으로 겁이 많은 개는 공포성 공격 행동을 보일 가능성이 높다.
- **과거의 공포 경험**: 이전에 겁에 질리거나 트라우마를 겪은 경험이 있으면, 비슷한 상황에서 공격적인 반응을 유발할 수 있다.
- **사회화 부족**: 낯선 사람이나 새로운 환경에 대한 경험이 부족할수록 공포심이 커져 이에 따른 방어적 공격 행동이 나타날 수 있다.

이러한 요인들을 종합적으로 고려하여, 반려견이 공포성 공격 행동을 보일 경우에는 **환경 개선, 점진적인 사회화, 그리고 전문적인 행동 교정**을 통해 불안과 공포를 줄이는 것이 필요하다.

행동 교정법 적용하기

공포성 공격 행동 교정 방법

공포성 공격 행동을 교정하기 위해서는 **공포의 원인을 제거하거나 줄이는 것과 동시에 긍정적인 경험을 통해 불안을 완화**시키는 것이 중요하다. 이를 위해 다음과 같은 교정 방법을 적용한다.

1. 공포 자극의 단계적 노출(탈감각 훈련)

공포를 유발하는 자극에 서서히 노출시켜 반려견이 점진적으로 두려움을 극복할 수 있도록 돕는다. 예를 들어, 낯선 사람에 대한 공포가 있는 경우, 멀리서부터 천천히 접근하면서 거리를 점차 줄이는 방식으로 훈련한다. 반려견이 불안해하지 않는 편안한 거리에서 시작해 점진적으로 가까워지도록 한다.

2. 긍정적 강화와 반대 조건형성

공포 자극이 나타날 때마다 간식이나 칭찬 등 긍정적인 보상을 제공하여, 공포 자극에 대한 긍정적 연관을 형성한다. 예를 들어, 큰 소리에 대한 공포가 있다면 소리가 들릴 때마다 간식을 주어 "큰 소리 = 좋은 일"로 인식하게 한다. 반려견이 공포 자극에 대해 긍정적인 반응을 보이면 즉시 보상하여 올바른 행동을 강화한다.

3. 공포 자극 회피 및 스트레스 최소화

공포성 공격 행동을 유발하는 상황이나 자극을 피하는 것도 중요한 방법이다. 반려견이 공포를 느끼는 상황에 반복적으로 노출되면 공포가 더 심해질 수 있으므로, 적절한 거리를 유지하는 것이 필요하다.

4. 안정감과 신뢰 형성

보호자가 평정심을 유지하고 안정적인 리더십을 보여줌으로써 반려견에게 안전감을 제공한다. 부드러운 목소리와 안정적인 행동으로 반려견의 불안을 완화하고 신뢰감을 쌓는 것이 중요하다.

5. 전문가 상담 및 훈련

공포성 공격 행동이 심각한 경우에는 전문 행동 교정사나 수의사의 도움을 받아 전문적인 행동 치료와 약물 치료를 병행하는 것도 고려할 수 있다.

이와 같이, 공포성 공격 행동은 반려견이 극도의 불안과 두려움을 느낄 때 나타나므로, **강압적인 훈련 방법은 오히려 문제를 악화**시킬 수 있다. **긍정적 강화와 점진적 접근**을 통해 안정감을 제공하며 천천히 교정해 나가는 것이 효과적이다.

라) 포식성 공격 행동

포식성 공격 행동은 반려견의 **본능적인 사냥 행동**에서 비롯된 공격성이다. 개는 본능적으로 사냥감을 추적하고 포식하는 습성을 지니며, 주시, 침 흘림, 살금살금 걷기, 낮은 자세 등과 같은 포식 행동 후에 포식성 공격 행동이 나타날 수 있다. 견종마다 기질에 차이가 있으나, 일부 견종은 새나 작은 동물에게 몰래 다가간 후 낮은 자세로 멈추다가 갑작스럽게 공격하는 경우가 있다. 특히 포식 본능이 강한 개는 유아나 작은 동물에게도 공격성을 보일 수 있어 큰 위험을 초래할 수 있다. 이 행동은 **정서적 교감 없이 순전히 본능에 따른 행동**이기 때문에 상황에 따라 매우 위협적일 수 있다.

a) 영향 요인

- **예민한 동체 반응에 따른 과도한 포식 본능**: 빠르게 움직이는 대상에 과민 반응하여 공격하는 경향이 있다.
- **유아나 작은 동물에 대한 사회화 부족**: 유아나 소동물과의 긍정적인 경험이 부족할 경우, 포식 본능에 의해 공격 행동이 나타날 수 있다.
- **선천적 기질**: 포메라니안, 테리어, 보더콜리 등 특정 견종은 사냥 본능이 강하게 발현되어 포식성 공격 행동으로 이어질 수 있다.

행동 교정법 적용하기

포식성 공격 행동 교정 방법

포식성 공격 행동은 반려견의 **본능적인 사냥 행동**에서 비롯되므로 이를 완전히 제거하기는 어렵지만, 적절한 관리와 교육을 통해 위험성을 줄이고 행동을 조절할 수 있다.

1. 포식 자극의 제어와 관리

빠르게 움직이는 물체(예: 공, 작은 동물)나 유아의 갑작스러운 움직임이 포식 본능을 자극할 수 있으므로, 이러한 자극에 대한 노출을 철저히 관리해야 한다. 특히 산책 중에는 짧은 리드줄을 사용하여 갑작스러운 돌진 행동을 통제하는 것이 중요하다.

2. 대체 행동 교육과 긍정적 강화

포식 행동이 나타날 때 대체 행동(예: '앉아', '기다려')을 할 수 있도록 훈련하며, 이를 수행했을 때 즉시 보상한다. 포식 행동이 시작되기 전 주의를 돌리기 위해 장난감이나 간식을 활용하여 긍정적인 대체 행동을 유도한다.

3. 사회화 교육

유아, 소동물과의 안전하고 긍정적인 상호작용 경험을 늘려 포식 본능이 발현되지 않도록 사회화 교육을 강화한다. 처음에는 거리와 장벽을 두고, 점차 안정감을 느끼도록 거리와 노출 강도를 조절하면서 천천히 접근한다.

4. 자극 둔화 훈련(탈감각)

반려견이 포식 자극에 점차 익숙해지도록 자극의 강도를 천천히 높여가는 탈감각 훈련을 적용한다. 예를 들어, 빠르게 움직이는 물체에 대한 포식 행동이 나타날 경우, 천천히 움직이는 물체부터 시작하여 점진적으로 속도를 올리는 방식으로 훈련한다.

5. 전문가 상담 및 훈련

포식성 공격 행동이 심한 경우, 전문 행동 교정사나 수의사의 도움을 받아 전문적인 행동 치료와 약물 치료를 병행할 수 있다. 특히, 다른 동물이나 유아에 대한 공격 성향이 있을 경우, 위험성을 최소화하기 위해 전문가의 지도가 필수적이다.

이처럼 포식성 공격 행동은 반려견의 **본능적 성향**에 기인하므로 억지로 억누르는 방식은 비효과적일 수 있다. **긍정적인 강화와 대체 행동 교육**을 통해 포식 본능을 안전하게 발산할 수 있는 방법을 제공하는 것이 효과적이다.

마) 특발성 공격 행동

특발성 공격 행동은 예측할 수 없고 원인을 명확히 알 수 없는 **갑작스러운 공격 행동**을 말한다. 전조 증상

없이 발생하기 때문에 주변 사람들이 미리 알아차리기 어려워 위험할 수 있다. 이러한 행동은 매우 드물게 나타나며, **뇌 기능 이상이나 신경계 질환**이 원인이 될 가능성이 있다. 정확한 원인을 파악하기 위해서는 **세심한 관찰과 전문적인 진료**가 필요하며, 만약 질환이 확인된다면 이는 특발성 공격 행동이 아닌 의학적 원인에 의한 행동으로 분류된다.

a) 영향 요인

- **견종에 따른 유전적 성향**: 일부 견종은 유전적으로 신경계가 예민하거나 공격성 발현이 높을 수 있다.
- **뇌의 기질적 질환**: 뇌종양, 간질, 신경계 손상 등 뇌의 기질적 이상이 있는 경우, 특발성 공격 행동이 나타날 수 있다.

행동 교정법 적용하기

특발성 공격 행동 교정 방법

특발성 공격 행동은 원인이 불분명하고 예측할 수 없기 때문에, 기본적인 행동 교정법보다는 **안전 관리와 전문적인 치료**가 필요하다.

1. 전문가 진단 및 치료

특발성 공격 행동이 의심될 경우, 수의사나 수의 신경과 전문의에게 정밀 진단을 받아야 한다. 뇌 스캔(MRI, CT)이나 신경학적 검사를 통해 뇌의 기질적 질환이나 신경계 이상이 있는지 확인한다. 질환이 확인되면 약물 치료나 수술 등 의학적 치료를 병행한다.

2. 안전 관리

예측할 수 없는 공격성으로 인한 안전사고 예방이 최우선이다. 외출 시 짧은 리드줄과 입마개를 사용하여 돌발 행동으로 인한 사고를 방지한다. 낯선 사람이나 다른 동물과의 접촉을 최소화하고, 갑작스러운 자극에 노출되지 않도록 주의한다.

3. 환경 조절 및 스트레스 완화

반려견이 스트레스를 받거나 놀라지 않도록 안정된 환경을 유지한다. 예측할 수 없는 소리나 자극을 줄여 반려견이 불안감을 느끼지 않도록 한다.

4. 보호자의 태도와 행동

공격 행동이 나타났을 때 보호자가 놀라거나 화를 내지 않도록 주의하며, 차분하고 일관된 태도를 유지한다. 공격 행동에 과도하게 반응하지 않아야 한다.

5. 행동 전문가 상담 및 행동 교정

행동 전문가와 상담하여 특발성 공격 행동에 적절한 관리법을 배우고 적용한다. 행동 교정 훈련보다는 위험 상황 회피와 안전한 행동 습관 형성에 중점을 둔다.

특발성 공격 행동은 예측할 수 없고 원인을 규명하기 어려운 경우가 많으므로, 보호자의 **철저한 관리와 전문적인 진료**가 필수적이다. 또한 반려견과 주변인의 안전을 최우선으로 고려해야 한다.

(2) 짖음

반려견의 짖음은 **영역 보호, 경계, 요구 표현** 등 본능적인 행동이지만, 불필요하게 반복되거나 과도한 짖음은 문제행동으로 인식될 수 있다. 특히 현대 사회에서 대부분의 반려견이 실내에서 사람들과 함께 생활하기 때문에 과도한 짖음은 이웃과의 갈등이나 생활 불편을 초래할 수 있다. 따라서 짖음의 원인을 분석하고 행동 교정을 통해 **적절한 짖음만 유지하고 과도한 짖음을 줄이는 것**이 필요하다.

a) 영향 요인

- **견종에 따른 유전적 성향**: 소형견(예: 포메라니안, 치와와 등)은 본능적으로 짖음이 많은 경향이 있다.
- **부적절한 학습강화**: 보호자가 짖을 때 관심이나 간식 등으로 반응하면, 짖음이 강화될 수 있다.
- **환경 자극**: 낯선 사람, 소음, 다른 동물 등 외부 자극이 짖음을 유발할 수 있다.
- **공포**: 두려움이나 불안으로 인해 방어적 짖음이 나타날 수 있다.
- **사회적 신호 및 모방**: 다른 개나 사람의 행동을 모방하거나 주의를 끌기 위해 짖을 수 있다.

행동 교정법 적용하기

낯선 사람에 대한 짖음

개는 **영역 보호와 무리 보호**를 위해 낯선 사람에게 짖는 본능적인 행동을 보인다. 다만, 짖음 자체는 본능이므로 완전히 없애는 것이 아니라, **과도한 짖음을 통제하고 적절하게 관리하는 것**이 목표이다. 이를 위해 다음과 같은 방법들을 적용할 수 있다.

1. 환경 조절 및 시야 차단

낯선 사람이 보일 때 짖음이 심하다면 창문에 블라인드를 설치하거나 보호자가 배치한 보금자리처럼 외부 자극을 시각적으로 차단할 수 있는 환경을 조성한다. 문 앞이나 창문 근처에서 짖는 경우, 보호자는 짖음 대상의 존재를 인정하고 차분하게 대응하며, 짖음을 멈췄을 때 보상을 주어 긍정적 행동을 강화한다.

2. 긍정적 강화와 조건형성

낯선 사람이 다가올 때 짖지 않도록 벨 소리나 노크 소리가 들릴 때마다 간식 보상으로 긍정적 연관을 형성한다. 짖지 않을 때만 보상을 주어, 짖음과 보상이 연결되지 않도록 주의한다.

3. 기본 명령어 훈련

"앉아", "엎드려", "기다려" 등의 기본 명령어를 통해 낯선 사람이 다가오기 전 반려견이 보호자에게 집중하도록 훈련한다. 보호자는 반려견이 낯선 사람에게 짖지 않고 올바른 행동을 보일 때, 즉시 최고의 보상을 제공하여 긍정적 경험을 강화한다.

4. 점진적 노출과 탈감각 훈련

낯선 사람에 대한 짖음을 줄이기 위해 처음에는 충분한 거리를 두어 노출시키고, 반려견이 편안함을 느끼는 거리를 기준으로 점진적으로 접근 거리를 좁혀간다. 짖지 않고 차분한 상태를 유지할 때마다 보상을 주며, 탈감각 훈련을 반복한다.

5. 일관된 반응과 관리

보호자는 일관된 태도로 차분하고 낮은 목소리로 반응해야 하며, 짖을 때마다 혼내거나 큰 소리로 꾸짖으면 반려견의 흥분을 더욱 자극할 수 있다. 짖음이 과도할 때는 무시하거나 관심을 주지 않아, 짖음이 강화되지 않도록 한다.

6. 전문가 상담 및 행동 교정

과도한 짖음이 지속되거나 문제가 심각한 경우, 행동 전문가나 수의사와 상담하여 정확한 원인 분석과 전문적인 행동 교정법을 적용한다. 특히, 공포나 불안에 의한 짖음은 약물 치료와 행동 교정을 병행할 수 있다.

이와 같이, 짖음은 반려견의 **본능적 행동**이므로 이를 억제하기보다는 **적절하게 통제하고 관리하는 것**이 중요하다. 긍정적 강화와 점진적 훈련을 통해 과도한 짖음을 줄이고 필요한 경우에만 짖도록 교정하면, 반려견과 주변인의 **안전과 평화로운 생활**을 유지할 수 있다.

(3) 분리불안

개는 **사회적 동물**로서 무리와의 유대감을 중요시하며, 보호자와의 애착 또한 매우 깊다. 이러한 특성 때문에 보호자가 자리를 비울 때 **불안감**을 느끼며 분리불안 증상을 보일 수 있다.

분리불안의 주요 증상은 다음과 같다:

① 행동학적 증상: 지속적인 짖음, 파괴 행동, 부적절한 배설

② 생리학적 증상: 헐떡임, 떨림, 구토, 설사, 피부염

③ 주의할 점: 보호자가 함께 있을 때도 비슷한 증상이 나타난다면, 이는 분리불안이 아닐 가능성이 있으며, 다른 행동 문제나 질환일 수 있으므로 정확한 관찰이 필요하다.

a) 영향 요인

- **보호자의 외출에 대한 적응 부족**: 어린 시절부터 독립적인 시간에 익숙하지 않으면, 혼자 있는 상황에서 불안을 느낄 수 있다.
- **가족 구성원의 갑작스러운 생활 변화**: 이사, 장기 여행, 가족 구성원의 부재 등 환경 변화에 민감하게 반응한다.
- **보호자의 애정 과다**: 지나친 의존 관계가 형성되면 보호자의 부재에 극도의 불안감을 느끼게 된다.
- **유전적 성향**: 특정 견종은 분리불안 성향이 강하게 유전되기도 한다.

이러한 요인들을 고려하여, 보호자는 반려견의 분리불안 증상을 면밀히 관찰하고, 상황에 맞는 대응과 교육, 환경 조절을 통해 반려견이 안정감을 찾을 수 있도록 도와야 한다.

행동 교정법 적용하기

분리불안 교정 방법

분리불안은 보호자의 부재가 반려견에게 불안과 부정적인 경험으로 연결되는 것을 **긍정적인 경험**으로 전환하는 것이 핵심이다. 이를 위해 다음과 같은 방법들을 적용할 수 있다.

1. 긍정적 연관 형성 및 탈감각 훈련

보호자의 외출을 긍정적으로 인식하도록 장난감이나 간식을 사용하여 외출 전 긍정적 연관을 만든다. 장시간 즐길 수 있는 장난감이나 뼈 간식을 제공하여 혼자 있는 시간이 즐거운 시간임을 경험하게 한다. 보호자가 나가기 직전에 반복적으로 간식이나 장난감을 주어, 외출에 대한 긍정적 인식을 강화한다.

2. 외출 시간 단계적 증가

혼자 있는 시간을 1~2분처럼 짧게 시작해 점진적으로 늘려나간다. 짧은 시간 동안 혼자 있을 때 성공하면, 점차 시간을 늘려 반려견이 독립적인 시간에 익숙해지도록 한다. 외출과 귀가를 자연스럽게 만들어, 보호자가 나가거나 들어오는 것을 특별한 사건으로 인식하지 않도록 한다.

3. 무시하기 기법(부정적 벌 적용)

보호자가 돌아왔을 때 반려견이 흥분하거나 짖으면 모든 반응을 무시한다. 흥분 상태가 완전히 가라앉은 후에만 칭찬이나 보상을 주어, 흥분하면 보상을 받지 못하고 차분해야 보상을 받는다는 것을 학습시킨다. 귀가 시에도 과도한 관심을 주지 않고 자연스럽게 행동하도록 유도한다.

4. 일상적 루틴 확립

일관된 스케줄(식사, 산책, 놀이 시간)을 유지하여 반려견이 예측 가능한 생활을 하도록 한다. 특히 보호자의 외출 시간과 귀가 시간을 일정하게 유지하면 불안감을 줄이는 데 도움이 된다.

5. 점진적 노출 훈련(탈감각 훈련)

외출 준비 동작(예: 신발 신기, 옷 입기, 열쇠 잡기 등)을 자주 반복하여, 외출 행동이 불안과 연결되지 않도록 한다. 처음에는 외출 준비만 하고 나가지 않거나 잠깐 문 밖에 나갔다가 들어오는 방식으로 반복 훈련한다.

6. 외부 자극과 환경 변화 제공

라디오나 TV를 켜 두어 외부 소음을 유지하면 보호자가 있는 것처럼 느끼게 할 수 있다. 창문을 통해 외부를 관찰하거나 장난감이나 놀이형 급식기 등으로 심리적 자극을 제공한다.

7. 전문가 상담 및 약물 치료

심한 분리불안 증상이 나타나면 행동 전문가나 수의사의 상담을 받는다. 필요시 수의사의 처방에 따라 항불안제나 항우울제를 사용하여, 약물 치료와 행동 교정을 병행할 수 있다.

이처럼, 분리불안은 보호자에 대한 과도한 의존과 불안감에서 기인하므로, 독립적인 시간에 긍정적인 경험을 쌓게 하여 혼자 있는 것을 편안하게 느끼도록 도와야 한다. **긍정적 강화와 반복 학습**을 통해 점진적으로 불안감을 해소할 수 있다.

(4) 공포증

공포증은 **천둥, 폭죽, 큰 소리, 진동을 동반한 소음** 또는 큰 물체나 특정 대상에 대해 반려견이 **극심한 도피 행동, 불안 행동, 생리학적 공포반응**을 보이는 상태이다. 일상생활에서 청소기, 오토바이, 불꽃놀이 등 다양한 자극에 반려견이 불안 증상을 보이며, 이러한 공포가 적응되지 않고 패닉 상태나 **헐떡임, 떨림, 침 흘림, 설사** 등 심각한 생리학적 반응으로 이어질 경우 일상생활에 큰 지장을 줄 수 있다.

a) 영향 요인

- **사회화 및 습관화 부족**: 어린 시절 다양한 소리나 대상에 대해 긍정적인 경험이 부족하면 공포반응이 나타날 수 있다.
- **과거의 혐오 경험**: 폭죽 소리 등 트라우마가 되는 사건으로 인해 공포가 학습될 수 있다.
- **보호자에 의한 부적절한 강화**: 보호자가 공포반응에 과도한 관심이나 위로를 주면, 공포반응이 강화될 수 있다.

행동 교정법 적용하기

공포증 교정 방법

공포증 교정의 핵심은 **공포 자극에 대한 부정적인 연관을 긍정적 경험으로 전환하고, 점진적 노출을 통해 적응**하도록 돕는 것이다. 이를 위해 다음과 같은 방법을 적용한다.

1. 공포 원인 파악 및 자극 제거

반려견이 두려워하는 대상(예: 천둥, 폭죽 소리, 청소기 등)을 정확히 파악하고 불필요한 노출을 최소화한다. 예를 들어, 천둥소리에 공포반응을 보인다면 소리가 덜 들리는 방으로 이동시키거나 백색 소음기를 사용해 소리를 차단한다.

2. 탈감각 훈련(점진적 노출 훈련)

공포 자극에 대한 민감도를 낮추기 위해, 소리나 자극의 강도를 아주 낮은 수준에서 시작하여 점진적으로 노출한다. 예를 들어, 폭죽 소리에 대한 공포증이 있다면 소리의 강도를 아주 낮게 시작하고, 반려견이 불안해하지 않을 정도에서 긍정적 보상(간식, 칭찬)을 제공한다. 점차 소리의 강도를 조금씩 높여가며 반려견이 편안함을 유지할 수 있는 범위 내에서 반복 훈련한다.

3. 반대 조건형성 (긍정적 강화)

공포 자극이 나타날 때마다 긍정적인 경험을 제공하여 공포 자극에 대한 인식을 긍정적으로 전환한다. 예를 들어, 청소기 소리가 날 때마다 반려견이 좋아하는 간식을 보상하여 "청소기 소리 = 좋은 일"로 인식하게 한다. 간식은 소리와 함께 주고, 소리가 멈추면 보상을 중단하여 긍정적 연관을 확립한다.

4. 안전한 공간 및 안정감 제공

공포 자극이 있을 때 반려견이 숨거나 편안하게 쉴 수 있는 공간(예: 이동장, 하우스)을 제공한다. 이동장을 안정된 피난처로 인식시켜, 반려견이 공포를 느낄 때 스스로 안정감을 찾도록 돕는다. 처음에는 짧은 시간 동안 이동장에 머물도록 훈련하고, 편안함을 느낄 때 보상을 제공한다.

5. 보호자의 일관된 반응 및 무시하기 기법(부정적 벌 적용)

보호자는 공포반응에 과도한 관심이나 위로를 주지 않도록 주의한다. 예를 들어, 천둥소리에 놀라 짖거나 떨 때 차분한 태도를 유지하며 과도한 쓰다듬기나 위로는 피한다. 공포반응이 멈추고 차분해지면 칭찬이나 보상을 제공하여 차분한 상태를 긍정적으로 강화한다.

6. 환경 자극과 긍정적 연관 만들기

공포 자극과 긍정적 자극(예: 장난감, 놀이)을 연결하여 두려움을 완화한다. 예를 들어, 폭죽 소리가 날 때 즐거운 놀이를 하여 주의를 돌리고 긍정적인 경험으로 전환한다. 보호자가 편안하고 즐거운 표정을 유지하며 공포 자극을 무시하면, 반려견도 점차 안정감을 느낀다.

7. 전문가 상담 및 약물 치료

공포증이 심각하여 일상생활에 지장을 줄 경우, 수의사나 행동 전문가의 상담을 통해 전문적인 치료가 필요하다. 수의사의 처방에 따라 항불안제나 항우울제를 사용하여 공포 반응을 완화할 수 있으며, 약물 치료와 행동 교정 훈련을 병행하면 보다 효과적인 결과를 얻을 수 있다.

이처럼 공포증은 본능적 방어 반응에서 비롯되므로, **억압하거나 강제로 노출하는 방식은 역효과를 낼 수 있다. 긍정적 강화와 점진적 노출 훈련**을 통해 천천히 두려움을 극복하도록 돕는 것이 가장 효과적인 방법이다.

(5) 파괴 행동

파괴 행동은 반려견이 이갈이, 놀이, 분리불안 등과 무관하게 성견이 되어서도 지속된다면 심각한 문제가 될 수 있다. 씹는 행동 자체는 자연스러운 본능이지만, 집 안의 물건을 장난감으로 인식하고 반복적으로 물어뜯으면 **안전상의 위험과 생활에 불편**을 초래할 수 있다. 특히, 잘못된 교육 방식으로 억제하면 반려견에게 스트레스를 주거나 **공격 행동**으로 이어질 수 있으므로 신중한 대처가 필요하다.

a) 영향 요인

- **견종에 따른 유전적 성향**: 활동량이 많은 견종(예: 래브라도 리트리버, 보더콜리 등)은 에너지 발산이 부족할 경우 파괴 행동이 나타날 수 있다.
- **욕구불만 및 보호자와의 상호 관계 부족**: 지루함, 외로움 또는 보호자와의 상호작용 부족이 파괴 행동으로 발현될 수 있다.
- **잘못된 습관화**: 어린 시절에 부적절한 물건을 장난감으로 제공받았거나 파괴 행동에 대해 일관되지 않은 대응을 받은 경우, 이러한 행동이 습관화될 수 있다.
- **부적절한 환경과 스트레스**: 자극이 부족하거나, 반대로 과도한 자극이 스트레스로 작용하여 파괴 행동이 나타날 수 있다.

행동 교정법 적용하기

파괴 행동 교정 방법

파괴 행동은 반려견의 **씹기 본능과 욕구불만**에서 기인하기 때문에, 이를 억제하기보다는 적절한 대체 물건을 제공하고 긍정적 습관을 형성하는 것이 핵심이다. 이를 통해 반려견이 안전하고 올바른 방식으로 본능을 발산할 수 있도록 도와야 한다.

1. 대체 물건 제공 및 긍정적 강화

파괴 행동을 대체할 수 있는 적절한 물건(예: 장난감, 씹는 간식)을 제공하여 씹기 욕구를 해소한다. 반려견이 대체 물건에 집중할 때 즉시 칭찬과 간식 등 보상을 주어 긍정적 강화를 한다.

2. 문제행동 전환 및 조건형성

파괴 행동이 시작되면 즉시 대체 물건으로 주의를 돌리고 "앉아" 등의 기본 명령어를 사용해 상황을 통제한다. 파괴 행동 중에는 보상을 주지 않고, 문제행동이 멈춘 후 보호자와의 상호작용을 통해 보상을 주어 긍정적 습관을 형성한다.

3. 환경 통제 및 물리적 차단

파괴 대상이 되는 물건을 반려견의 접근이 어려운 위치로 이동시키거나, 방해물이나 펜스로 물리적으로 차단한다. 특히 위험하거나 소중한 물건은 완전히 치우는 것이 안전하다.

4. 충분한 신체 및 정신 자극 제공

산책, 놀이, 훈련 등 신체 활동을 충분히 제공하여 에너지를 발산하도록 돕는다. 퍼즐 장난감, 냄새 찾기 놀이 등으로 정신적 자극을 제공해 지루함을 예방한다. 규칙적인 산책과 훈련 시간을 마련하여 신체적·정신적 만족을 채워준다.

5. 일관된 교육 및 긍정적 습관화

모든 가족 구성원이 일관된 규칙을 설정하고 동일한 방식으로 대응하여 혼란을 방지한다. 금지된 행동(예: 물어뜯기)에는 확실히 "안 돼"라는 신호를 주고, 대체 행동을 했을 때만 보상하여 긍정적 습관을 형성한다.

6. 무시하기 기법(부정적 벌 적용)

파괴 행동이 관심 끌기를 위한 것이라면, 보호자는 완전히 무시하고 행동이 멈췄을 때만 보상하여 행동과 보상이 연결되지 않도록 한다.

7. 전문가 상담 및 행동 교정

파괴 행동이 심각하거나 반복된다면, 행동 전문가나 수의사의 상담을 통해 정확한 원인 분석과 전문적인 행동 교정을 받는다. 특히 불안이나 스트레스가 원인인 경우, 약물 치료와 행동 교정을 병행하여 문제행동을 효과적으로 완화할 수 있다.

이처럼 파괴 행동은 반려견의 **본능적 씹기 욕구와 욕구불만**에서 비롯되므로, 억제하기보다는 **적절한 대체 물건 제공과 긍정적 강화, 일관된 교육**을 통해 문제행동을 교정하는 것이 효과적이다.

(6) 부적적한 배설

부적절한 배설은 배변 장소가 아닌 다른 곳이나 물건에 대소변을 보는 행동으로, 보호자에게 큰 고민을 안겨준다. 개는 보금자리에서는 배변하지 않으려는 본능이 있으므로 **적절한 화장실 습관 교육**이 필수적이다. 특히 실내에서 발생하는 부적절한 배설은 생활에 불편을 초래하므로 문제의 원인을 정확히 파악하고 대응하는 것이 중요하다.

a) 영향 요인

- **화장실 교육 부족**: 일관되지 않은 배변 교육이나 정해진 배변 장소의 부재가 부적절한 배설의 원인이 될 수 있다.
- **마킹(영역 표시)**: 자신의 영역을 표시하기 위해 소변으로 마킹하는 행동이 나타날 수 있다.
- **의학적 질환**: 요로감염, 방광염, 소화기 문제 등 질병에 의해 배변 · 배뇨 문제가 발생할 수 있으므로, 건강 검진을 통해 의학적 원인을 배제하는 것이 필요하다.

행동 교정법 적용하기

배변 훈련

부적절한 배설은 반려견이 정해진 화장실 장소가 아닌 다른 곳이나 물건에 대소변을 보는 행동으로, 보호자에게 큰 고민을 안겨준다. 개는 보금자리에서는 배변하지 않으려는 본능이 있으므로, **어릴 때부터 올바른 배변 습관을 일관되게 교육**하는 것이 매우 중요하다. 이를 위해 다음과 같은 방법을 적용할 수 있다.

1. 긍정적 강화와 일관된 보상

정해진 화장실 장소에 배변했을 때 즉시 간식이나 칭찬(예: "잘했어!", "굿!")을 주어 긍정적 습관화를 유도한다. 보상은 배변 행동과의 연관성을 강화하기 위해 1~2초 내에 즉시 제공되어야 한다.

2. 부적절한 배설 시 대처법

부적절한 장소에 배설한 경우, 혼내거나 소리 지르지 않고 차분히 무시한 뒤 즉시 깨끗하게 처리한다. 잔소리나 훈육은 반려견이 불안감을 느끼거나 배변 자체를 두려워하게 만들 수 있으므로 금지한다. 배변 순간이나 직후에 혼내는 것은 효과가 없으며, 오히려 숨어서 배변하거나 배변물을 먹어버리는 역효과를 초래할 수 있다.

3. 일정한 식사 및 배변 시간 관리

식사 시간을 일정하게 유지하면 식후 20분 이내에 배변할 가능성이 높아져, 배변 시간을 예측하기 쉬워진다. 매일 같은 시간에 급여하고 식후 20분 이내에 화장실로 유도하는 것이 효과적이다. 하루 2~3번의 규칙적인 식사 시간을 통해 배변 습관이 일정해지도록 한다.

4. 일관된 장소와 규칙적인 교육

정해진 장소에 배변하면 보상을 받는 습관을 형성하도록 일관되게 교육한다. 가족 구성원 모두가 동일한 규칙을 적용하여 혼란 없이 학습할 수 있도록 하고, 화장실 위치와 칭찬 단어를 고정시켜 연관성을 강화한다.

5. 켄넬(이동장) 활용과 울타리 훈련

켄넬을 안전한 보금자리로 인식시키고, 켄넬 내에서는 배변하지 않도록 유도한다. 켄넬 근처에 마련한 화장실에서 배변하도록 하고, 성공 시 보상하며 규칙적인 습관을 들인다. 강아지 시기에는 켄넬 주변에 울타리를 설치하여 일정한 배변 공간을 확보하고, 그 안에서 배변할 때 보상을 주어 긍정적 연관을 만든다.

6. 야외 배변 습관화

식사 후나 기상 직후에 산책을 나가 야외에서 배변하도록 유도한다. 야외 배변에 성공했을 때 즉시 보상과 칭찬을 통해 긍정적 경험을 강화하고, 집 안에서 배변하지 않도록 습관화한다.

7. 화장실 청결 및 향기 관리

정해진 화장실의 청결을 유지하여 반려견이 배변하기 쾌적한 환경을 만든다. 부적절한 장소에 배설했을 경우, 냄새 제거제(예: 식초, 베이킹소다)를 사용하여 같은 장소에 반복 배변하지 않도록 한다.

8. 의학적 원인 배제 및 전문가 상담

지속적인 부적절한 배설이 나타난다면, 수의사에게 의학적 원인(요로감염, 방광염, 소화기 문제 등)을 진단받아 배제한다. 건강상 문제가 없다면, 행동 전문가와 상담하여 맞춤형 배변 교육과 관리 방법을 적용한다. 마킹과 같은 영역 표시 행동은 중성화 수술을 통해 완화될 수도 있다.

이처럼, 부적절한 배설은 습관화되기 전에 빠르게 교정하는 것이 가장 효과적이다. 긍정적 강화와 일관된 교육, 규칙적인 습관화를 통해 반려견이 스트레스 없이 올바른 배변 습관을 형성할 수 있도록 도와야 한다.

(7) 상동장애

상동장애는 반려견이 꼬리 쫓기, 꼬리 물기, 그림자 쫓기, 공기 물기, 과도한 핥기 등 환각적이거나 반복적인 행동을 보이는 상태이다. 이러한 행동이 빈도와 강도가 비정상적으로 높거나 무의미하게 반복될 때 이상행동으로 분류된다. 상동장애는 행동의 동기를 파악하기 어려워, 특히 반려견의 경우 보호자의 관심을 끌기 위해 나타나는 경우가 많으므로, 정확한 행동 관찰과 분석이 필요하다.

a) 영향 요인

- **스트레스, 갈등, 불안 등의 질환**: 정서적 불안정이 강박적인 행동으로 나타날 수 있다.
- **지루함 및 습관성**: 자극 부족이나 지루함을 해소하기 위해 반복적인 행동을 할 수 있다.
- **우발적 상동행동의 학습 강화**: 우연히 시작된 행동이 보호자의 반응이나 관심을 통해 강화되어 상동장애로 이어질 수 있다.

행동 교정법 적용하기

상동장애 교정 방법

상동장애는 반려견이 정서적 불안과 자극 부족에서 기인하여 강박적이고 반복적인 행동을 보이는 상태이다. 이를 교정하기 위해서는 안정감을 제공하고, 자극을 강화하며, 올바른 행동 습관을 형성하는 것이 핵심이다.

1. 원인 파악 및 스트레스 제거

상동행동의 원인을 파악하고, 새로운 환경, 가족 구성원의 변화 등 불안 요인을 제거하거나 최소화한다. 일관된 생활 루틴과 안정감을 주는 환경을 만들어 정서적 지지를 제공한다.

2. 주의 전환 및 대체 행동 제공

상동행동이 시작되면 즉시 대체 행동(예: 장난감 제공, "앉아" 등 명령어)을 통해 주의를 전환시킨다. 대체 행동을 잘 수행하면 즉시 보상하여 긍정적 습관화를 유도한다.

3. 긍정적 강화와 조건형성

올바른 행동을 했을 때 칭찬과 보상을 즉시 제공하여 긍정적 강화를 한다. 반복적인 상동행동 중에는 절대 보상하지 않고, 행동이 멈추고 차분해졌을 때만 보상하여 "멈춤 = 보상"의 연관성을 형성한다.

4. 충분한 신체 및 정신 자극 제공

규칙적인 산책, 놀이, 훈련 등 신체 활동과 퍼즐 장난감, 냄새 찾기 놀이 등으로 정신적 자극을 제공하여 지루함을 예방한다.

5. 무시하기 기법(부정적 벌 적용)

상동행동이 주인의 관심을 끌기 위한 경우, 철저히 무시하여 행동이 강화되지 않도록 한다. 단, 상동행동이 자해(예: 과도한 핥기, 꼬리 물기)로 이어지면 즉시 개입하여 다치지 않도록 주의한다.

6. 안정감 제공 및 정서적 안정화

편안한 음악, 아로마 테라피, 안락한 보금자리 등을 조성하여 반려견이 스트레스를 완화하고 정서적 안정을 느낄 수 있도록 돕는다. 보호자는 차분하고 일관된 태도를 유지하여 안정감을 전달해야 한다.

7. 전문가 상담 및 약물 치료

상동장애가 심각하거나 일상생활에 지장을 줄 경우, 수의사나 행동 전문가의 상담을 통해 정확한 원인 분석과 전문적인 행동 교정법을 적용한다. 강박장애나 불안장애가 원인일 경우, 항불안제나 항우울제 등의 약물 치료와 행동 교정 훈련을 병행할 수 있다.

이와 같이, 상동장애는 억지로 억누르기보다 긍정적 강화, 주의 전환, 충분한 자극 제공을 통해 점진적으로 교정하는 것이 효과적이며, 안정된 환경과 정서적 지지를 제공하는 것이 불안감 해소와 긍정적 습관화에 큰 도움이 된다.

2) 반려견의 문제행동 예방

반려견은 사회적 동물로서 산책이나 외부 활동 중 다양한 환경(사람, 다른 동물, 장소, 물체, 소리 등)과 접촉하게 된다. 문제행동의 원인을 예방하기 위해서는 **적절한 사회화 경험과 기본 교육이 필수적**이다. 올바른 사회화를 통해 반려견과 사람이 함께 행복한 환경을 만들어 갈 수 있다.

미국수의행동학회에 따르면, 강아지가 태어난 후 처음 3개월 동안 새로운 동물, 사람, 환경에 적응할 기회를 충분히 제공해야 한다. 이 시기는 사회화의 결정적 시기로, 부적절한 사회화 경험은 두려움, 불안, 회피, 공격성과 같은 문제행동으로 이어질 수 있다. 따라서 반려견의 문제행동을 예방하기 위해서는 어릴 때부터 **충분한 사회화 경험과 일관된 기본 예절 교육**을 제공하는 것이 중요하며, 이를 통해 반려견이 성격을 바로잡고 긍정적인 행동 습관을 형성할 수 있다. 이러한 사회화와 기본 교육은 현대 사회에서 반려견과 조화롭게 살아가는 데 필수적이다.

(1) CGC 프로그램

CGCCanine Good Citizen는 인간 사회에서 공생할 수 있는 친절하고 예의 바른 반려견을 의미한다. 이 프로그램은 1989년 미국반려견협회AKC에서 반려견으로 인한 문제행동을 예방하고 해결하기 위해 개발되었으며, 사회화 교육에 중점을 두고 있다. 일반 가정견뿐만 아니라 서비스견, 치유 보조견 등 다양한 분야에서 봉사활동에 활용되고 있으며, 반려인과 반려견의 교감을 강화하여 신체적 · 정신적으로 행복한 삶을 누리도록 돕는 것을 목표로 한다. CGC 프로그램 시행 이후 매년 10만 마리 이상의 반려견이 자격을 취득해, 미국반려견협회 역사상 가장 성공적인 반려견 교육 프로그램으로 자리잡았다.

출처 : https://www.akc.org/products-services/training-programs/canine-good-citizen/

그림 2.29 AKC CGC

가) 서약

CGC 프로그램에서는 시험을 보기 전에 보호자가 서명해야 하는 '책임감 있는 반려인 서약'이 있다. 이 서약은 보호자가 반려견의 건강과 안전을 최우선으로 생각하고, 사회적 책임을 다하며 반려견에게 양질의 삶을 제공하겠다는 기본 원칙을 담고 있다. 이를 통해 보호자는 반려견의 올바른 교육과 사회화에 기여하고, 인간과 반려견이 함께 행복하게 공존할 수 있도록 노력할 것을 다짐한다.

책임감 있는 반려인 서약

첫째, 반려견의 건강을 책임진다.

- 정기적인 건강 관리
  - 수의사의 정기 건강 검진과 예방 접종을 정기적으로 실시하여 건강을 관리한다.
  - 질병 예방과 조기 발견을 통해 반려견의 건강한 삶을 유지한다.
- 영양 관리와 위생
  - 영양가 있는 식사와 깨끗한 물을 항상 제공하여 균형 잡힌 영양 상태를 유지한다.
  - 반려견의 체중과 건강 상태에 맞는 적절한 식단을 제공한다.
- 운동과 피모 관리
  - 일일 운동량을 충족하여 에너지 발산과 스트레스 해소를 돕는다.
  - 규칙적인 피모 관리와 목욕, 손톱 관리를 통해 청결과 위생을 유지한다.

둘째, 반려견의 안전을 책임진다.

- 안전한 생활 환경 제공
  - 반려견이 안전하게 지낼 수 있는 울타리를 설치하고, 올바른 방법으로 통제한다.
  - 공공장소에서는 반드시 줄(리드줄)을 사용하여 돌발 행동을 방지한다.
- 이름표와 인식표 착용
  - 이름표와 연락처가 포함된 인식표를 착용시켜 반려견이 길을 잃었을 때 신속히 찾을 수 있도록 한다.
  - 마이크로칩 삽입 등 추가적인 안전 장치를 고려한다.

셋째, 타인과 다른 동물의 권리를 존중한다.

- 공공장소 예절 준수
  - 반려견이 줄 없이 이웃집이나 공공장소를 돌아다니지 않도록 관리한다.
  - 타인에게 위협이나 불쾌감을 주지 않도록 예절 교육을 실시한다.
- 소음 및 배설물 관리
  - 과도하게 짖지 않도록 훈련하여 이웃에게 소음 피해를 주지 않도록 한다.
  - 공공장소에서 반려견의 배설물을 즉시 치워 청결한 환경을 유지하고 타인에게 불쾌감을 주지 않도록 한다.

넷째, 반려견에게 양질의 삶을 제공할 것을 약속한다.

- 따뜻한 관심과 유대감
  - 반려견과 항상 함께하며 따뜻한 관심을 기울이고, 충분한 놀이시간을 제공한다.
  - 긍정적 상호작용을 통해 반려견과 보호자 간의 신뢰와 유대감을 강화한다.

- 행복한 삶을 위한 헌신
  - 반려견에게 시간과 관심을 헌신하는 것이 서로가 행복한 삶을 만드는 핵심임을 이해하고 실천한다.
  - 반려견의 정서적 안정과 행복을 위해 일관된 사랑과 보살핌을 제공한다.

CGC 프로그램의 **책임감 있는 반려인 서약**은 단순한 서약을 넘어, 반려견과 보호자가 **행복하게 공존하기 위한 기본 원칙**을 제시한다. 이 서약에는 다음과 같은 핵심 가치가 포함되어 있다.

- **반려견의 건강과 안전 관리**: 보호자는 반려견의 건강과 안전을 책임감 있게 관리하고, 타인과 사회에 대한 예절을 지키며 반려견을 돌봐야 한다.
- **양질의 삶 제공**: 반려견에게 양질의 삶을 제공함으로써, 보호자와 반려견이 서로 신뢰하고 행복한 관계를 유지할 수 있다.

이 서약은 반려견을 가족의 일원으로서 책임감 있게 돌보고, 사회 구성원으로서 역할을 다할 것을 약속함으로써 문제행동 예방과 건강한 반려 생활을 위한 **기본 가치관 확립**에 중요한 역할을 한다. 또한, CGCCanine Good Citizen 프로그램의 실기 시험 항목은 반려견의 사회화와 예절 교육 수준을 평가하기 위해 **10가지 실기 시험 항목으로** 구성되어 있으며, 반려견과 보호자의 상호작용, 사회적 상황에서의 반려견 행동, 환경 자극에 대한 적응력 등을 종합적으로 평가한다.

표 2.6 CGC 프로그램 실기 시험 항목 및 평가 기준

구분	테스트 항목 및 평가 기준
시험 1	**낯선 사람 접근에 대한 긍정적 수용** - 낯선 사람이 다가와 보호자와 대화할 때 얌전히 기다려야 한다. - 반려견은 앉은 상태에서 경계심이나 수줍음을 보이지 않아야 한다.
시험 2	**낯선 사람 접촉에 대한 긍정적 수용** - 낯선 사람이 다가와 만져주는 것을 수용해야 한다. - 평가자가 반려견의 머리와 몸을 만졌을 때도 편안한 태도를 유지해야 한다.
시험 3	**낯선 사람에 의한 그루밍 수용** - 미용사나 수의사의 손질과 진찰을 자연스럽게 받아들여야 한다. - 평가자는 반려견의 청결, 체중, 건강 상태를 점검하며, 빗질, 귀 점검, 앞다리 만지기 등의 상황에서도 경계심을 보이지 않아야 한다.

시험 4	**보호자와 동행** - 반려견은 보호자의 움직임과 방향 전환(좌회전, 우회전, 유턴, 정지)에 순응해야 한다. - 보호자가 반려견을 안정적으로 이끌 수 있어야 한다.
시험 5	**사람 많은 곳에서의 이동** - 반려견은 인도와 공공장소에서 얌전히 이동할 수 있어야 한다. - 보호자와 반려견이 3명 이상의 사람들 옆을 지나갈 때도 차분한 행동을 유지해야 한다.
시험 6	**'앉아', '엎드려', '기다려' 명령 수행** - 반려견은 보호자의 명령어에 바로 반응할 수 있어야 한다. - 보호자는 강제로 동작을 유도할 수 없으며, 명령어를 반복하거나 격려할 수 있다.
시험 7	**'이리 와' 명령 수행** - 반려견은 보호자가 부르면 즉시 와야 한다. - 보호자가 3m 거리에서 반려견을 불렀을 때 즉각적으로 반응해야 한다.
시험 8	**다른 반려견에 대한 긍정적 수용** - 낯선 반려견과의 적절한 상호작용을 보여야 한다. - 약 1m 거리에서 다른 반려견과 인사 후 5m 이동 시, 과도한 관심을 보이지 않아야 한다.
시험 9	**환경 자극에 대한 적응력 평가** - 일상에서 흔히 접하는 시각 및 청각 자극에 안정적으로 대응해야 한다. - 평가자는 아래 상황 중 2가지를 선택하여 반려견의 적응력을 평가한다: 1) 목발이나 휠체어를 이용해 걸어오는 사람 2) 달려오는 사람 3) 장난치거나 흥분한 목소리로 말하며 지나가는 사람들 4) 카트를 밀고 접근하는 사람 5) 자전거를 타고 오는 사람 6) 갑자기 문을 열거나 닫는 상황 7) 큰 책을 떨어뜨리는 소리 8) 의자를 넘어뜨리는 상황 - 반려견은 자연스러운 관심, 호기심을 보일 수 있지만, 당황, 짖음, 공격, 도주 행동은 보이지 않아야 한다.
시험 10	**낯선 사람과의 대기** - 반려견은 보호자가 없는 상황에서도 차분히 대기할 수 있어야 한다. - 보호자가 1.8m 줄을 사용해 평가자에게 반려견을 맡기고, 보이지 않는 곳으로 나갔을 때, 반려견은 짖거나 불안해하지 않아야 한다.

마지막 시험 항목은 반려견의 교육 수준과 행동 능력뿐만 아니라, **사회적 적응력과 안정된 성격**을 종합적으로 평가하는 데 중점을 둔다. 평가자는 다음과 같은 주요 질문을 통해 반려견과 보호자의 조화로운 관계와 사회적 신뢰도를 확인한다:

- 이 반려견을 내가 갖고 싶을 만큼 행동이 좋은가?
- 어린이들 주위에서도 안전할 수 있는가?
- 이웃과의 조화로운 생활이 가능한가?
- 반려견과 보호자가 함께 행복하며, 타인에게 피해를 주지 않는 생활이 가능한가?

CGC 실기 시험은 반려견이 가정과 사회에서 신뢰받는 구성원으로서 **안정적인 행동과 긍정적인 태도**를 유지할 수 있는지를 검증하는 것을 목표로 한다. 평가 항목은 반려견의 **사회성, 예절 교육 수준, 환경 적응 능력**을 종합적으로 다루며, 이를 통해 반려견과 보호자 간의 조화로운 관계를 강화하고 문제행동을 예방하는 데 중요한 역할을 한다. CGC 자격을 취득한 반려견은 **사회적 신뢰**를 얻게 되어, 공공장소 출입, 서비스견 활동, 대중교통 이용 등 다양한 사회적 혜택을 누릴 수 있다.

(2) AKC 퍼피 트레이닝

AKC 퍼피 트레이닝은 반려견의 **사회화와 기본 예절 교육**을 위한 초기 교육 프로그램으로, CGCCanine Good Citizen 시험 준비의 기초가 된다. 강아지 때부터 시작하는 퍼피 트레이닝은 반려견의 성장 단계에 맞춘 사회화 교육과 기본 명령어 훈련을 포함하며, **긍정적 강화**를 통해 올바른 행동 습관을 형성한다. 이를 통해 안정된 성격을 기르고 문제행동을 예방하는 데 큰 도움을 주어, CGC 자격 취득에 필수적인 기반을 마련한다.

가) S.T.A.R.

출처 : https://www.akc.org/products-services/training-programs/canine-good-citizen/akc-star-puppy/

그림 2.30 AKC S.T.A.R. 퍼피 트레이닝 프로그램

S.T.A.R. 퍼피 트레이닝 프로그램은 강아지의 사회화와 기본 교육을 통해 **안정된 성격과 문제행동 예방**을

목표로 하며, 4가지 핵심 요소를 중심으로 교육한다.

❶ 사회화(Socialization)

- 강아지는 다양한 환경과 새로운 경험에 자주 노출되어야 사회화가 잘 이루어진다.
- 사람, 동물, 장소, 소리 등 다양한 자극에 긍정적인 경험을 제공하여 어릴 때부터 점진적으로 적응시킨다.
- 사회화 교육은 강아지 시기에 집중적으로 이루어져야 하며, 평생 동안 지속되어야 한다.
- 긍정적 강화(간식, 칭찬)를 통해 사회화 경험을 즐겁고 긍정적인 기억으로 남긴다.

❷ 훈련(Training)

- 강아지 시기부터 시작하는 기본 명령어 훈련(예: "앉아", "엎드려", "기다려", "이리 와")을 통해 긍정적인 행동 습관을 형성한다.
- 초기 교육을 통해 나쁜 습관이나 두려움을 교정하며, 강압적 방식이 아닌 긍정적 강화를 사용해 훈련에 대한 긍정적 인식을 심어준다.
- 일관된 교육 방식과 가족 구성원의 통일된 반응을 유지하여 혼란을 방지한다.

❸ 활동(Activity)

- 강아지는 매일 충분한 신체적 운동과 정신적 자극이 필요하다.
- 산책, 놀이, 문제 해결 놀이(지능형 공급기 등)를 통해 신체 에너지를 발산하고 정신적 자극을 제공한다.
- 신체 활동이 부족하면 지루함, 스트레스, 파괴 행동 등 문제행동이 나타날 수 있으므로, 강아지의 나이, 견종, 체력에 맞는 운동량을 제공한다.
- 다양한 환경에서의 경험을 통해 자신감을 키우고 스트레스를 완화하는 것도 중요한 활동 요소이다.

❹ 책임감(Responsibility)

- 책임감 있는 보호자는 강아지의 건강과 행복한 삶을 최우선으로 생각해야 한다.
- 정기적인 건강 검진과 예방 접종, 영양가 있는 식사와 깨끗한 물 제공 등 기본적인 건강 관리를 철저히 한다.
- 강아지에게 적합한 훈련과 운동을 제공하여 신체적, 정신적 건강을 유지하도록 돕는다.
- 긍정적 강화와 따뜻한 관심으로 강아지와의 유대감을 강화하며, 올바른 예절 교육을 통해 반려견이 사회 구성원으로서 바람직한 행동을 할 수 있도록 지원한다.

이러한 4가지 핵심 요소를 통해 S.T.A.R. 퍼피 트레이닝 프로그램은 반려견의 CGC 자격 취득을 위한 기초를 마련하며, 보호자와 반려견이 함께 행복하고 조화로운 삶을 영위할 수 있도록 돕는다.

S.T.A.R. 퍼피 트레이닝은 강아지의 **사회성 발달과 긍정적 행동 습관 형성**을 돕는 체계적인 교육 프로그램이다.

- 강아지 시기에 올바른 사회화와 기본 훈련을 통해 성견이 되어서도 안정된 성격과 긍정적인 행동 습관을 유지할 수 있다.
- 보호자는 S.T.A.R. 퍼피 트레이닝을 통해 강아지의 신체적 · 정신적 건강을 책임지고, 긍정적 유대감과 신뢰를 형성할 수 있다.
- 교육의 방향성과 원칙을 제시하여 강아지와 보호자가 함께 행복하고 조화로운 삶을 영위하며, 문제행동 예방에 큰 도움을 준다.

또한, CGCCanine Good Citizen 시험을 준비하기 위해서는 강아지 시기부터 기본 예절과 사회화 교육을 체계적으로 진행해야 한다. 퍼피 트레이닝의 실기 항목은 CGC 자격 취득을 위해 필수적인 **기본 예절과 사회화 훈련**을 포함하고 있으며, 총 **9가지 실기 항목**으로 구성되어 있다.

표 2.7 CGC를 준비하기 위한 퍼피 트레이닝 실기 항목 및 내용

구분	내용 및 교육 목표
1	**다른 사람이 만질 수 있게 하기** - 낯선 사람에게 만져지는 상황에 차분하고 긍정적인 반응을 보일 수 있어야 한다. - 머리, 등, 발 등 신체 부위를 만질 때도 불안해하지 않고 편안하게 수용해야 한다.
2	**보호자의 손질 허락하기 (귀, 발, 입 등)** - 손질(빗질, 발톱 손질, 귀 청소, 입 검진 등)을 편안하게 받아들일 수 있어야 한다. - 긍정적 강화를 통해 손질이 긍정적인 경험으로 인식되도록 한다.
3	**목줄 착용 후 보호자와 일직선으로 걷기** - 목줄을 착용한 상태에서 보호자와 나란히 15걸음 걷기를 연습한다. - 줄을 당기거나 앞서지 않고 보호자의 보폭과 속도에 맞춰 걷는 예절을 습득한다.
4	**목줄 착용 후 다른 사람들을 지나 걷기** - 목줄을 착용한 상태에서 2~3m 거리에 있는 사람들 옆을 차분하게 지나갈 수 있어야 한다. - 사람들에게 과도한 관심을 보이거나 흥분하지 않고 얌전히 이동해야 한다.
5	**간식을 이용한 '앉아' 명령어 훈련** - 간식을 사용하여 '앉아' 명령어에 즉시 반응할 수 있도록 훈련한다. - 보호자의 명령어에 집중하고 순종하는 기본 예절을 습득한다.

6	**간식을 이용한 '엎드려' 명령어 훈련** - 간식을 사용하여 '엎드려' 명령어에 자연스럽게 반응하도록 훈련한다. - 반려견이 편안하고 안정된 자세를 취하며 기다리는 습관을 형성한다.
7	**2~3m 떨어진 곳에서 이름을 부르면 오게 하기** - 2~3m 거리에서 반려견의 이름을 부르면 즉시 보호자에게 오는 훈련을 한다. - '이리 와' 명령어와 이름 부르기를 통해 보호자의 호출에 집중하고 즉시 반응하도록 한다.
8	**5m 밖의 방해물에 대한 반응 확인** - 약 5m 거리의 방해물(소리, 움직이는 물체 등)에 지나치게 흥분하거나 과도한 반응을 보이지 않도록 훈련한다. - 방해물에도 차분함을 유지하며 보호자에게 집중할 수 있어야 한다.
9	**목줄을 하고 낯선 사람과 대기 (보호자는 잠시 자리 비움)** - 보호자가 10걸음 정도 떨어진 후 다시 돌아오는 동안, 낯선 사람과 차분하게 대기할 수 있어야 한다. - 보호자가 잠시 자리를 비웠을 때도 불안해하지 않고 얌전히 기다리는 연습을 한다.

퍼피 트레이닝 실기 항목은 강아지 시기부터 **기본 예절 교육과 사회성 발달을 위한 기초 교육 과정**이다. 이 과정은 CGCCanine Good Citizen 시험을 대비하여 반려견이 사회의 구성원으로서 **바람직한 행동 습관을 형성**하도록 돕는다. 주요 내용은 다음과 같다:

- **일관된 교육과 긍정적 강화**: 강아지 시기부터 일관된 교육을 통해 긍정적 행동 습관을 자연스럽게 습득하고, 문제행동을 예방한다. 퍼피 트레이닝에서는 긍정적 강화Positive Reinforcement 방식을 사용하여 강아지가 즐겁고 긍정적인 기억을 통해 훈련에 대한 흥미와 집중력을 유지할 수 있도록 한다.
- **보호자와의 유대감 강화**: 긍정적 상호작용을 통해 보호자와 강아지 사이의 신뢰와 애착 관계를 형성하며, 이는 반려견이 사회의 구성원으로서 신뢰받는 행동을 하도록 돕는다.
- **사회화 경험과 기본 예절 교육의 중요성**: 강아지 시기의 사회화 경험과 예절 교육은 성견이 되어도 안정된 성격과 긍정적인 행동 습관을 유지하는 기초가 된다. 이 교육은 CGC 프로그램뿐만 아니라 일상생활에서도 유용하며, 반려견이 공공장소에서도 예의 바르고 차분한 행동을 유지하도록 한다.

결과적으로, 퍼피 트레이닝은 문제행동 예방뿐만 아니라 **행복하고 조화로운 반려 생활**을 위한 필수적인 교육 과정으로, 반려견이 사회의 구성원으로 신뢰받는 존재로 성장하도록 돕는다.

나) AKC 퍼피 트레이닝 과정을 위한 사회화 아이디어 50가지

AKC 퍼피 트레이닝은 강아지가 **다양한 환경과 사람들에게 긍정적으로 적응**할 수 있도록 사회화 경험을 매우 중요시한다. 사회화는 강아지의 성격 형성과 문제행동 예방에 큰 도움을 주어, 강아지가 안정되고 자신감 있는 성견으로 성장할 수 있도록 돕는다. 이를 위해 사회화 과정은 강아지가 보호자, 가족, 방문자, 그리고 외부 사람들과 **자연스럽게 어울리며 긍정적인 경험**을 할 수 있도록 체계적으로 구성되어 있다.

❶ 첫 번째: 보호자와 친해지기

사회화의 첫걸음은 강아지가 보호자와 편안하고 신뢰감 있는 관계를 형성하는 것이다. 강아지는 보호자와 있을 때 편안해 보여야 하며, 보호자에게 신뢰와 애착을 느끼도록 해야 한다.

- 강아지 만져주기
- 여러 가지 자세로 안아 주기
- 무릎에 올려놓기
- 강아지 살펴보기 (입안, 귀 살펴보기 등)
- 강아지와 놀아주기
- 강아지 발 만지기
- 강아지에게 목줄이나 하네스 채우기
- 강아지와 목줄하고 15걸음 걷기
- 강아지에게 "이리 와" 부르기
- 강아지에게 "앉아", "엎드려" 가르치기
- 크레이트(켄넬) 훈련하기

❷ 두 번째: 가족들과 친해지기

가족들과의 사회화는 강아지가 여러 사람과 자연스럽게 어울리며 가족 구성원에게 신뢰감을 느끼도록 한다.

- 가족이 강아지를 만져주기
- 여러 가지 자세로 안아주기
- 가족이 강아지 살펴보기 (입안, 귀 살펴보기 등)
- 가족과 놀아주기
- 가족이 강아지 발 만지기
- 가족 중 한 사람이 목줄이나 하네스 채우기
- 가족과 목줄하고 15걸음 걷기

- 가족이 “이리 와" 부르기
- 가족이 “앉아”, “엎드려” 가르치기 (어린 강아지는 간식을 이용)
- 가족과 크레이트(켄넬) 훈련하기

❸ 세 번째: 집에 온 방문자들과 친해지기

방문자와의 사회화는 낯선 사람과의 상호작용에서 두려움이나 공격성 없이 차분함을 유지하도록 돕는다.

- 방문자와 앞마당이나 밖에서 만나기
  - 강아지가 머뭇거리면 보호자가 가까이 있어 준다.
- 집 안에서 보호자가 있는 상태에서 방문자 만나기
- 방문자가 강아지를 만져주기
  - 방문자는 어른, 아이, 남자, 여자, 할머니, 할아버지 포함
- 방문자가 올 때 칭찬해 주기
- 방문자가 간식 주기
- 방문자와 놀기 (공 던지기, 장난감 가지고 놀기 등)
- 방문자를 따라 가기 (조금씩 거리를 유지하며)
- 여러 명의 방문자와 인사하기
- 여러 사람이 있는 장소에서 적응하기
- 방문자가 강아지를 만지도록 허락하기

❹ 네 번째: 외부에서 다양한 사람들과 만나기

강아지는 외부 환경에서 다양한 사람들을 만나면서 사회성을 기르고 두려움 없이 차분함을 유지하도록 훈련해야 한다.

- 남자아이 만나기
- 여자아이 만나기
- 아이들과 인사하기
- 아이들이 만지도록 허락하기
- 시끄러운 아이들이 있는 놀이터 걷기
- 남학생 만나기

- 여학생 만나기
- 남학생이 만질 수 있도록 허락하기
- 여학생이 만질 수 있도록 허락하기
- 성인 남자 만나기 (다양한 외모, 체격, 목소리)
- 성인 여자 만나기 (다양한 외모, 체격, 목소리)
- 할아버지/할머니 만나기
- 수의사가 만지고 다루도록 허락하기
- 간호사가 만지고 다루도록 허락하기
- 모자를 쓴 사람 만나기
- 큰 코트를 입은 사람 만나기
- 선글라스를 착용한 사람 만나기
- 목발이나 지팡이를 사용하는 사람 만나기
- 휠체어에 있는 사람 만나기

AKC 퍼피 트레이닝에서 제시하는 **사회화 아이디어 50가지는** 강아지가 다양한 사람과 환경에 자연스럽게 익숙해지도록 돕는다. 이 아이디어들은 긍정적 강화Positive Reinforcement 방식을 사용하여 강아지가 즐겁고 긍정적인 기억을 쌓을 수 있도록 하며, 이를 통해 두려움 없이 자신감 있고 안정된 성견으로 성장하도록 지원한다. 사회화 아이디어 50가지를 체계적으로 적용하면, 강아지는 사회의 구성원으로서 **바람직한 행동 습관**을 형성하게 되어 보호자와 함께 행복하고 조화로운 생활을 영위할 수 있다.

3

반려견 놀이 교육

3장 반려견 놀이 교육

1. 반려견 놀이 교육의 요소와 필요성

놀이 교육은 반려견에게 **정신적 자극을 주는 모든 활동**을 포함하며, **어린 강아지 시기뿐만 아니라 성견이 되어서도 매우 중요한 교육 방법**이다. 강아지는 나이가 들어도 놀이를 즐기며, 놀이를 통해 여러 가지를 배우고 발달시킨다. 놀이는 일상의 모든 순간에 존재하며, 반려견의 기분을 좋게 만들어주는 긍정적인 활동이다. 다른 반려견과 어울리며 사회성을 기르고, 보호자와 놀면서 신뢰 관계를 쌓아 사람과의 교제 방법도 자연스럽게 익힌다.

1) 반려견 놀이 교육 요소

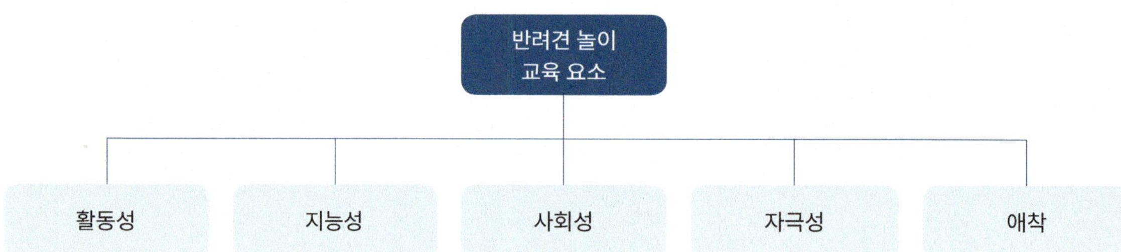

그림 3.1 반려견 놀이 교육 요소

(1) 활동성

활동적인 놀이는 반려견의 에너지를 발산시키고 신체적으로 건강하고 활발한 상태를 유지하도록 돕는다. 공 잡기, 산책하기, 달리기 등 다양한 신체 활동은 반려견의 근육을 발달시키고 건강한 체력을 유지하는 데 효과적이다.

- **공 잡기 놀이**: 순간적인 스피드와 민첩성을 키우며 신체 반응 능력을 향상시킨다.
- **산책하기**: 지속적인 유산소 운동을 통해 심폐 기능을 강화하고 스트레스 해소에 도움을 준다.
- **달리기와 점프**: 다리 근육과 관절의 유연성을 기르며 균형 감각을 발달시킨다.

활동적인 놀이는 신체 발달뿐만 아니라 정신적 자극을 통해 반려견의 스트레스를 완화하고 행복감을 증진시키는 중요한 교육 요소다.

그림 3.2 활동적 놀이

(2) 지능 발달 놀이

지능 발달 놀이는 반려견의 지적 능력을 높이고 문제 해결 능력을 자연스럽게 발달시키는 데 효과적이다. 퍼즐 장난감이나 간식 디스펜서Treat Dispenser와 같은 지능형 장난감을 사용하여 문제를 해결하는 경험을 제공하며 스트레스를 해소하고 두뇌 자극을 돕는다.

- **퍼즐 장난감**: 간식을 찾기 위해 문제를 해결하며 논리적 사고와 집중력 발달을 돕는다.
- **간식 디스펜서**: 간식을 얻기 위해 장난감을 조작하면서 문제 해결 능력과 손발 협응 능력을 기른다.

지능형 장난감은 반려견의 호기심을 자극하고 지적 능력을 발달시키는 중요한 놀이 교육 요소다.

(3) 사회성 발달 놀이

사회성 발달 놀이는 반려견이 다른 개나 사람과 상호작용하는 방법을 배우는 데 중요한 역할을 한다. 다른 강아지들과 함께 놀이를 하거나, 반려견 공원, 반려동물 카페와 같은 사회적 환경에서 자연스럽게 만남을 즐기며 사회성을 기른다.

- **강아지들과의 놀이**: 다양한 반려견과 상호작용하며 사회적 규칙과 예절을 익힌다.
- **반려견 공원, 반려동물 카페 방문**: 다양한 환경과 사람을 접하며 사회적 경험을 넓힌다.

사회성 발달 놀이는 낯선 상황에서도 안정된 행동을 유지하고 공격성 예방에 도움을 주는 중요한 놀이 교육 요소다.

(4) 자극 놀이

자극 놀이는 반려견에게 새로운 자극과 경험을 제공하여 호기심을 자극하고 적응력을 키우는 놀이다. 새로운 장난감이나 다양한 환경을 통해 새로운 기술을 학습하고 예상치 못한 상황에도 차분히 대처하도록 돕는다.

- **새로운 장난감 제공**: 다양한 모양과 소리의 장난감을 경험하면서 감각 발달을 자극한다.
- **새로운 환경 탐색**: 다양한 장소와 상황에 노출되어 적응력과 자신감을 키운다.

자극 놀이는 호기심을 유지하고 환경에 대한 두려움 없이 긍정적인 경험을 쌓도록 도와주는 중요한 놀이 교육 요소다.

(5) 애착 놀이

애착 놀이는 보호자와 반려견 간의 유대감을 강화하고 신뢰와 애착 관계를 형성하는 중요한 놀이다. 보호자와의 긍정적인 상호작용을 통해 강아지가 안정감을 느끼고 보호자에게 의지할 수 있도록 한다.

- **공놀이, 줄다리기**: 보호자와의 놀이를 통해 긍정적인 상호작용을 경험한다.
- **훈련형 놀이**: "앉아", "엎드려", "이리 와" 등의 기본 명령어를 놀이처럼 가르치며 의사소통 능력을 키운다.

애착 놀이는 보호자와 강아지 간의 신뢰를 강화하고, 긍정적인 관계를 형성하여 행복한 반려 생활을 가능하게 하는 중요한 교육 요소다.

강아지의 놀이 교육은 **건강한 발달과 행복한 삶을 위해 매우 중요한 역할**을 한다. 강아지가 신체적으로 건강하고 정신적으로 행복하게 성장할 수 있도록 적절한 놀이 교육을 제공해야 한다. **놀이는 단순한 오락이 아닌 사회적 활동일 때 가장 큰 효과를 발휘**한다. 강아지는 혼자 장난감을 가지고 노는 것만으로는 건강하고 행복하게 성장할 수 없으며, 보호자가 강아지와 함께 적극적으로 놀아주며 상호작용하는 것이 더욱 중요하다. 강아지는 지능이 매우 뛰어나고 에너지가 넘친다. 또한 사람과 의사소통하고 함께 작업하거나 활동하는 것을 좋아하는 사회적 동물이다. 강아지는 넘치는 에너지를 이용해 매일 새로운 것을 배우고 탐구하는 활동을 좋아하며, 끊임없이 학습하면서 성장한다. 이러한 학습 과정에서 강아지는 새로운 자극과 재미있는 경험을 통해 행복감을 느끼며, 보호자와의 놀이를 통해 강한 유대감을 형성하고 긍정적인 신뢰 관계를 쌓을 수 있다. 강아지는 끊임없는 학습과 자극이 필요하며, 이를 통해 신체적 발달뿐만 아니라 정신적 건강도 유지할 수 있다. 강아지와 보호자가 함께 할 수 있는 놀이는 무궁무진하며, 이를 제한하는 유일한 요소는 보호자의 상상력이다. 그러나 하루 종일 집 안에만 있는 대부분의 강아지에게는 일상적인 자극만으로는 충분하지 않다. 지루한 생활은 강아지에게 무료함과 불만족을 초래하며, 행복한 삶을 방해한다. 에너지를 제대로 소모하지 못한 강아지는 과도한 흥분 상태가 되기 쉽고, 훈련에도 어려움이 따르며, 다루기 힘들거나 공격적인 행동을 보일 수 있다. 특히 훈련을 받지 않았거나 불만에 찬 강아지는 위험할 수 있으므로 지속적인 놀이 교육이 필요하다. 강아지가 지루한 생활에서 벗어날 수 있도록 새로운 놀이와 자극을 제공해야 하며, 이를 통해 행동 문제를 예방하고 긍정적인 행동 습관을 형성할 수 있다. 충분한 자극과 만족감을 얻은 강아지는 행동 문제를 일으킬 가능성이 적어 보호자의 삶도 훨씬 편안해진다. **재미있게 훈련하고 놀이 시간을 보내면 보호자와 강아지 사이에 강한 유대감이 형성**된다. 함께 즐겁게 놀면서 우정과 신뢰가 자라나며 강한 유대감이 형성된다. 보호자와 강아지 사이의 유대감은 절대적인 신뢰 관계를 쌓게 하며, 특별한 가치를 갖는다. 어린 강아지에게는 놀이를 통해 사회성을 발달시키고 다른 강아지나 사람과 어울리는 방법을 배울 수 있는 기회가 필요하다. 놀이 과정에서 좌절감을 경험하며 인내심과 회복력을 기르고, 지능 발달 놀이를 통해 문제 해결 능력과 사고력을 높일 수 있다. 또한 신체 활동 놀이로 근육 발달과 체력 강화를 도울 수 있으며, 애착 놀이를 통해 보호자와 강한 유대감을 형성하고 긍정적인 관계를 쌓을 수 있다.

놀이 교육은 강아지의 신체적, 정신적 발달에 매우 중요하며, 행복하고 건강한 삶을 위해 꼭 필요하다. 보호자는 강아지에게 새로운 놀이와 자극을 제공함으로써 지루한 생활에서 벗어나 행복하고 만족스러운 삶을 누리게 할 수 있다. 놀이 시간을 통해 강아지와의 강한 유대감을 형성하고 행복한 반려 생활을 만들어 나갈 수 있다. 강아지의 행복과 건강한 성장을 위해 놀이 교육을 적극적으로 실천해보자.

2) 반려견 놀이 교육의 필요성

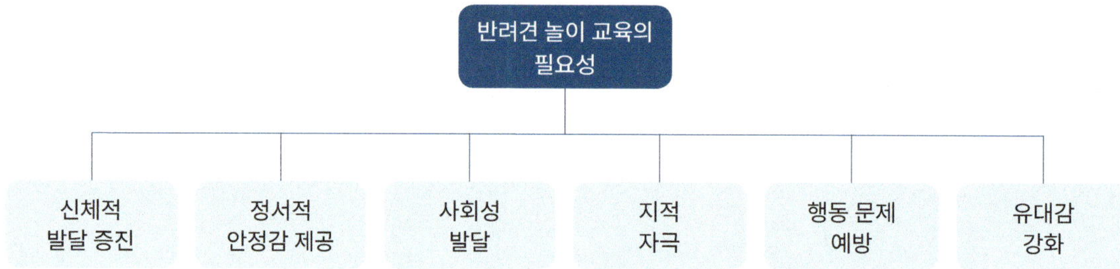

그림 3.3 반려견 놀이 교육의 필요성

(1) 신체적 발달 증진

놀이는 어린 강아지의 신체 발달에 중요한 역할을 한다.

어린 강아지는 활동적이고 에너지가 넘치며, 충분한 운동을 통해 근육을 발달시키고 건강한 체력을 기를 수 있다. 또한 유연성과 균형감각을 높여주며, 비만을 예방하고 건강한 체중을 유지하도록 돕는다.

- 공 던지기, 달리기, 점프 등의 활동적인 놀이는 근육 발달과 신체 유연성을 증진한다.
- 산책이나 달리기는 심폐 기능 강화와 체력 증진에 효과적이다.
- 규칙적인 놀이와 운동은 비만 예방과 건강한 신체 상태를 유지하도록 돕는다.

(2) 정서적 안정감 제공

놀이는 어린 강아지에게 정서적 안정감을 제공한다. 놀이를 통해 에너지를 발산하여 일상생활에서 받은 스트레스를 해소하고, 몸과 정신에 쌓인 긴장이 풀리며 정서적으로 안정된 상태를 유지할 수 있다.

- 에너지를 충분히 발산함으로써 과도한 흥분이나 불안이 줄어든다.
- 즐겁고 긍정적인 놀이 경험을 통해 스트레스를 해소하고 행복감을 느낀다.
- 정서적으로 안정된 상태는 문제행동 예방에도 도움이 된다.

(3) 사회성 발달

놀이는 어린 강아지가 사회성을 발달시키고 사회적 기술을 배우는 데 중요한 역할을 한다. 다른 반려견이나 사람들과의 놀이를 통해 사회적 상호작용을 경험하고 사회적 규칙과 예절을 배운다.

- 다른 강아지와의 놀이는 서열을 이해하고 상대방의 신호를 해석하는 법을 배운다.

- 다양한 사람과의 상호작용을 통해 사람에게 친숙해지고 신뢰감을 쌓는다.
- 반려견 공원, 반려동물 카페 방문은 새로운 친구를 사귀는 기회를 제공한다.
- 사회성 발달은 공격성 예방과 낯선 상황에서 안정된 행동을 유지하도록 돕는다.

(4) 지적 자극 제공

놀이는 강아지에게 지적 자극을 제공하며 문제 해결 능력과 인지 능력을 자연스럽게 발달시킨다. 퍼즐 장난감이나 숨겨진 간식 찾기 게임 등 두뇌 자극 놀이는 새로운 문제를 해결하는 능력을 기르고 창의적 사고를 발달시킨다.

- **퍼즐 장난감**: 논리적 사고와 집중력을 발달시키며 문제 해결 능력을 키운다.
- **숨겨진 간식 찾기**: 후각 능력을 활용하며 탐색 능력과 기억력을 향상시킨다.

지적 자극 놀이는 뇌를 자극하여 지루함을 예방하고, 인지 능력을 향상시키는 중요한 교육 요소다.

(5) 행동 문제 예방

충분한 놀이 활동은 강아지의 에너지를 발산시켜 지루함과 불만족으로 인한 행동 문제를 예방한다. 놀이를 통해 쌓인 에너지를 건강하게 소모하면 불안이나 공격성이 줄어들고, 긍정적인 행동 습관을 형성할 수 있다.

- 에너지를 충분히 소모하면 과도한 짖음이나 가구 훼손 같은 문제행동을 예방할 수 있다.
- 스트레스를 해소하고 정서적 안정을 유지하면 다른 동물에 대한 공격성이 줄어든다.
- 긍정적 강화 놀이는 좋은 행동을 칭찬하고 강화하여 바람직한 행동 습관을 형성한다.

(6) 반려견과 보호자 간의 유대감 강화

놀이는 반려견과 보호자 간의 유대감을 강화하고 신뢰 관계를 쌓는 데 중요한 역할을 한다. 함께 놀이를 즐기면서 긍정적인 상호작용을 경험하고, 상호 신뢰와 애착이 강화된다.

- 공 던지기, 줄다리기 등 상호작용이 필요한 놀이는 보호자와의 교감을 강화한다.
- 훈련형 놀이를 통해 명령어를 자연스럽게 학습하고 의사소통 능력을 키운다.
- 보호자와의 긍정적인 경험은 신뢰감을 높이고 안정감을 제공한다.
- 강한 유대감은 반려견의 정서적 안정과 행복감에 긍정적인 영향을 미친다.

놀이 교육은 반려견의 신체적, 정서적, 사회적, 지적 발달에 매우 중요한 역할을 한다. 즐거운 놀이 경험을 통해 문제행동을 예방하고, 긍정적인 행동 습관을 형성할 수 있다. 보호자와의 놀이 시간을 통해 유대감을 강화하고, 행복한 반려 생활을 만들어 나갈 수 있다. 반려견 놀이 교육은 즐거움을 주는 동시에 다양한 능력과 사회성을 발달시키며, 강아지가 자신감 있고 안정된 성견으로 성장할 수 있도록 도움을 주는 중요한 교육 방법이다.

반려견 놀이 교육은 **신체적, 정서적, 지적 발달에 매우 중요한 역할을 하며, 행복하고 건강한 성장을 위해 반드시 필요**하다. 강아지들은 놀이를 통해 즐거움을 느끼고, 본능적으로 내재된 **포식성 운동 형태**Predatory Motor Pattern를 자연스럽게 충족시킬 수 있다. 포식성 운동 형태는 야생에서의 사냥 본능이 반영된 행동으로, 강아지의 유전적 특성에 따라 다양한 형태로 발현된다. 예를 들어, 테리어Terrier는 작은 굴을 파고들어 사냥하는 특성을 보이며, 세터Setter는 사냥감을 예리하게 주시하고 몰래 접근하는 행동을 좋아한다. 이러한 본능적 행동은 강아지에게 기분 좋은 자극을 주며, 놀이와 학습을 통해 자연스럽게 발현된다. 포식성 운동 형태는 야생에서 먹이를 사냥하고 획득하기 위해 **추적, 살펴보기/몰래 접근하기, 쫓기, 잡기/물기, 흔들기/물어 죽이기, 절단하기, 먹기의 단계**로 이루어진다. 야생에서의 개는 이 운동 형태를 충분히 연습하고 잘할 때까지 반복해야 사냥에 성공할 수 있었고, 이러한 본능적 특성은 오늘날 반려견에게도 남아 있어 공놀이, 원반 던지기 같은 사냥 본능을 자극하는 놀이를 특히 좋아하는 이유가 된다. 포식성 운동 형태는 본능적으로 기분 좋은 자극을 주기 때문에 강아지는 이 행동을 반복하면서 점점 더 잘하게 되고, 놀이를 통해 자연스럽게 학습하게 된다. 예를 들어, 공놀이는 추적, 쫓기, 물기의 본능을 충족시키며, 원반 던지기는 몰래 접근하기, 쫓기, 잡기 등의 운동 패턴을 연습할 수 있다. 이를 통해 강아지는 본능적 욕구를 해소하며 행복하고 만족스러운 경험을 하게 된다. 강아지마다 유전적 특성과 성격이 다르기 때문에 포식성 운동 형태도 개체별로 차이가 있다. 품종이나 개체에 따라 특화된 행동이 있을 수 있지만, 모든 개가 그 행동을 잘하는 것은 아니다. 예를 들어, 테리어는 땅을 파고 쫓는 행동을 좋아하지만, 모든 테리어가 이 행동을 즐기는 것은 아니다. 세터는 사냥감을 주시하고 몰래 접근하는 행동에 특화되어 있지만, 개체에 따라 다를 수 있다. 따라서 강아지가 좋아하고 즐길 수 있는 놀이 방식을 찾아주는 것이 중요하며, 강아지가 좋아하고 즐거워하는 놀이를 적극적으로 시도해야 한다. 이를 통해 자연스럽게 본능을 충족시키는 것은 건강하고 행복한 반려 생활을 위한 중요한 방법이다.

반려견 놀이 교육은 포식성 역할놀이 외에도 다양한 이점을 제공한다. 보호자와의 놀이를 통해 신뢰 관계를 형성하고 강한 유대감을 쌓으며, 즐거운 놀이 경험은 반려견의 행복감을 높이고 정서적 안정을 가져온다. 또한 활발한 신체 활동으로 에너지를 발산하고 스트레스를 해소하며, 두뇌 자극 놀이를 통해 지적 능력을 발달시키고 지루함을 예방할 수 있다. 놀이를 통한 상호작용은 긍정적인 관계를 형성하고 애착을 강화하며, 놀이하는 환경에 긍정적인 기억을 쌓아 안정감을 느끼도록 돕는다. 또한 놀이를 통해 스트레스 없이 긍정적인 상호작용을 경험하며, 신체적 에너지와 정신적 에너지를 동시에 발산할 수 있다. 놀이 교육을 할 때는 강아지에게 맞는 놀이를 선택하고, 놀이하는 동안 강아지의 눈높이에 맞추는 것이 중요하다. 강아지의 나이, 체력, 성격에 맞는 놀이 방식을 선택하며, 같은 나이의 형제 반려견 정도의 힘, 속도, 활동량에 맞춰 놀이를 진행해야 한다. 강아지가 가장 즐길 수 있는 놀이 방식을 찾아 긍정적인 경험을 쌓도록 하고, 강아지가 좋아하고 즐거워하는 놀이를 적극적으로 시도해야 한다. 강아지가 가장 좋아하는 놀이 방식을 통해 본능적 욕구를 충족시키며 행복하고 만족스러운 경험을 하게 되며, 이를 통해 강아지는 안정된 성격과 긍정적인 행동 습관을 형성할 수 있다.

반려견 놀이 교육은 **강아지의 본능적 욕구를 충족시키며, 유대감 형성, 신체 발달, 지적 자극, 사회성 발달 등 다양한 이점을 제공**한다. 놀이 교육은 반려견의 행복과 건강한 삶을 위한 중요한 방법이며, 놀이를 통해 강아지는 자신감 있고 안정된 성견으로 성장할 수 있다. 강아지가 가장 좋아하고 즐거워하는 놀이를 통해 행복하고 건강한 반려 생활을 만들어 나가며, 보호자와 강아지 간의 강한 유대감을 형성하고 긍정적인 관계를 쌓을 수 있다. 반려견 놀이 교육을 통해 강아지가 행복하고 만족스러운 삶을 누릴 수 있도록 적극적으로 실천해 보자.

2. 반려견 놀이 활동

반려견과의 놀이는 단순한 즐거움을 넘어 신체적 활동, 정신적 자극, 사회적 상호작용을 통해 전반적인 건강과 행복을 증진시키고, 보호자와의 유대감을 강화하는 데 중요한 역할을 한다. 다양한 놀이 방식을 통해 반려견이 신체적으로 건강하고 정신적으로 행복할 수 있도록 도와주며, 긍정적인 행동 습관을 형성할 수 있다.

1) 신체 활동을 통한 놀이

(1) 공 가져오기(Fetch)

공 가져오기는 반려견이 좋아하는 공이나 장난감을 던지고, 반려견이 그것을 쫓아가서 다시 가져오는 놀이로, 신체 활동과 집중력 향상에 효과적이다.

- **운동량 증가**: 달리기와 점프를 통해 근육 발달과 체력 강화를 돕는다.
- **집중력 향상**: 공에 집중하여 쫓고 달리는 과정에서 집중력과 민첩성이 발달한다.
- **유대감 강화**: 보호자와의 상호작용을 통해 신뢰 관계와 유대감이 깊어진다.
- **스트레스 해소**: 활발한 신체 활동을 통해 스트레스를 발산하고 정서적 안정감을 느낀다.

(2) 줄다리기(Tug-of-War)

줄다리기는 튼튼한 줄이나 장난감을 보호자와 반려견이 각각 잡고 당기는 놀이로, 신체적 활동과 정신적 자극을 동시에 제공한다.

- **근력 강화**: 줄을 당기면서 근육에 힘을 주는 과정에서 근력 발달이 이루어진다.
- **스트레스 해소**: 에너지를 발산하며 흥분 상태를 긍정적인 방식으로 해소한다.
- **신뢰 관계 형성**: 놀이 규칙을 배우며 보호자와의 신뢰를 쌓고 긍정적인 상호작용을 경험한다.
- **자기 통제력**: 흥분 상태에서도 차분하게 놀이를 이어가는 법을 배우며 자기 통제력을 기른다.

2) 보호자와의 유대 강화를 위한 놀이

(1) 클리커 훈련(Clicker Training)

클리커 훈련은 클릭 소리와 보상을 결합하여 반려견이 원하는 행동을 하도록 유도하는 교육 방식이다. 긍정적 강화를 통해 반려견의 학습 능력과 보호자와의 유대감을 동시에 향상시킨다.

- **훈련 효과 증대**: 클릭 소리와 보상을 연결하여 명확한 행동 피드백을 제공한다.
- **이해력 향상**: 명확한 신호를 통해 반려견이 빠르게 행동을 이해하고 명령어를 학습한다.
- **긍정적 강화**: 보상을 통해 긍정적인 경험을 쌓으며 행동을 강화하고 훈련에 대한 흥미를 유지한다.
- **유대감 강화**: 보호자와의 상호작용을 통해 신뢰와 유대감을 강화하며 긍정적인 관계를 형성한다.

3) 정신적 자극을 위한 놀이

(1) 퍼즐 장난감(Puzzle Toys)

퍼즐 장난감은 간식을 숨길 수 있는 구조로, 반려견이 퍼즐을 풀면서 간식을 찾도록 유도하는 놀이 방식이다. 문제 해결 능력과 인지 자극을 제공하며 지루함을 해소할 수 있다.

- **문제 해결 능력 향상**: 간식을 찾기 위해 퍼즐을 해결하는 과정에서 논리적 사고와 창의력이 발달한다.
- **인지 자극 제공**: 다양한 퍼즐 패턴을 경험하며 두뇌 자극과 인지 능력이 향상된다.
- **지루함 해소**: 스스로 문제를 해결하며 보상을 얻는 과정에서 지루함이 사라지고 성취감을 느낀다.
- **집중력 향상**: 퍼즐에 집중하며 문제를 해결하는 동안 집중력이 발달한다.

(2) 냄새 찾기 게임(Scent Work)

냄새 찾기 게임은 간식이나 장난감을 집 안이나 정원에 숨겨두고, 반려견이 후각을 사용해 찾아내도록 유도하는 놀이 방식이다. 후각 발달과 문제 해결 능력을 동시에 강화할 수 있다.

- **후각 발달**: 후각을 사용해 숨겨진 간식을 찾는 과정에서 후각 능력이 발달한다.
- **문제 해결 능력 강화**: 냄새를 추적하며 문제를 해결하는 경험을 통해 논리적 사고와 탐색 능력이 향상된다.
- **집중력 향상**: 냄새에 집중하여 목표물을 찾는 과정에서 집중력과 인내심이 발달한다.
- **자신감 형성**: 자신의 능력으로 간식을 찾아내는 성취감을 통해 자신감을 기른다.

3. 반려견 놀이 교육의 활동 방법

반려견과의 놀이는 즐거움뿐만 아니라 신체 발달, 정신적 자극, 유대감 강화 등 다양한 긍정적 효과를 가져온다. 특히 공Ball을 활용한 놀이는 활동적이고 즐거운 시간을 보내면서 반려견의 체력 증진과 정서적 만족감을 동시에 얻을 수 있는 좋은 방법이다. 공놀이는 반려견과의 유대감을 강화하고 건강한 생활 습관을 형성할 수 있으며, 강아지 시기부터 놀이 교육을 통해 긍정적인 행동 습관을 길러주는 것이 좋다. 어릴수록 학습 능력이 뛰어나 금방 받아들이기 때문에 강아지 때부터 공놀이 교육을 시작하는 것이 효과적이다.

1) 공(Ball)을 활용한 놀이 교육

공놀이는 활동적인 신체 놀이로 에너지 발산과 운동량 증가에 도움이 되며, 공을 던지고 가져오는 놀이를 통해 반려견의 체력을 증진하고 스트레스를 해소하여 정서적 안정감을 준다. 공놀이는 반려견과 보호자가 함께 활동하며 상호작용을 통해 신뢰감과 유대감을 강화한다. 또한, 어린 강아지에게 공놀이는 사회화 경험과 기본 명령어 학습을 자연스럽게 할 수 있는 좋은 기회다. 강아지 시기에는 심각한 부상을 입힐 정도의 힘이나 신체적 무기가 형성되지 않았기 때문에, 공놀이를 통해 물기 조절과 적절한 행동 습관을 안전하게 가르칠 수 있다. 공놀이는 기본적인 습관 교육을 포함하면서도 응용 범위가 매우 넓어 누구나 쉽게 시작할 수 있는 놀이 방법이다.

(1) 환경과 공 선택

가) 안전한 장소 선정

공놀이를 시작할 때는 집 안의 조용한 공간에서 짧은 거리 던지기로 시작하고, 경험이 쌓이면 실외로 옮겨 넓고 안전한 장소에서 진행하는 것이 좋다. 울타리가 있는 넓은 공간을 선택하여 반려견이 자유롭게 뛰어다닐 수 있도록 해야 한다. 주변에 위험 요소가 없는지 사전에 확인하여 안전한 환경을 만들어준다.

나) 적합한 공 고르기

공놀이에서 가장 중요한 요소는 공의 안전성이다. 공을 선택할 때는 크기와 재질을 고려해야 하는데, 이는 반려견의 크기와 턱의 힘에 맞게 골라야 한다. 공이 너무 작으면 삼킬 위험이 있고, 너무 크면 물기 어려워 놀이에 흥미가 떨어질 수 있다. 반려견이 쉽게 물 수 있지만 삼킬 수 없는 크기가 적당하며, 강아지가 성장 중일 경우 정기적으로 장난감을 점검하여 사이즈가 적절한지 확인해야 한다. 고무공, 테니스 공 등이 안전하고 적합하며, 강아지가 좋아하는 장난감으로 시작한다.

(2) 주의사항

공놀이는 모든 강아지가 자연스럽게 할 수 있는 놀이가 아니기 때문에, 강아지가 공에 관심을 보이지 않거나 회수하지 않는다면, 강아지의 기분과 공의 종류를 고려해야 한다. 처음 시작할 때는 놀이를 복잡하지 않고 재미있게 만드는 데 중점을 둔다. 강아지가 공을 가져오는 행동에 긍정적인 피드백과 칭찬을 주어 놀이의 즐거움을 경험하게 한다. 놀이 과정에서 강요하지 않고 자발적인 참여를 유도하여 긍정적인 놀이 습관을 길러준다.

(3) 기본 명령어

공놀이를 할 때는 기본 명령어 학습이 필요하다. “기다려”, “가져와”, “놔”, “이리 와” 같은 기본 명령어를 사용하여 훈련과 놀이를 병행한다. 짧은 거리에서 시작하여 공을 잡고 돌아오는 훈련을 반복하면서 명령어와 행동을 연결시킨다. 긍정적인 강화 방법으로 명령어를 성공적으로 수행할 때마다 칭찬과 보상을 제공한다.

(4) 놀이 시간 조절

공놀이는 체력 소모가 높기 때문에 놀이 시간을 적절하게 조절해야 한다. 어린 강아지는 체력이 충분히 발달하지 않았기 때문에 5~10분 정도의 짧은 놀이 후 휴식을 주는 것이 좋다. 성견은 15~20분 정도 공놀이를 할 수 있지만, 관절에 무리가 가지 않도록 하루 한두 번 적당한 시간 동안만 놀이를 진행한다. 공놀이 중 강아지가 과도하게 흥분하거나 피로해 보이면 잠깐 쉬어 가야 한다. 놀이가 끝난 후에는 가벼운 스트레칭이나 산책을 통해 흥분을 가라앉히고 차분하게 마무리한다.

(5) 칭찬과 보상

공을 잘 가져오거나 명령어를 잘 따랐을 때는 즉각적으로 칭찬을 해준다. “잘했어!”, “좋아!” 같은 칭찬과 쓰다듬기를 통해 긍정적인 피드백을 준다. 처음에는 간식 보상을 사용하고, 점차 칭찬과 쓰다듬기만으로도 보상이 될 수 있도록 한다. 칭찬과 보상은 행동 직후에 주어야 행동과 보상의 연결이 빠르게 이루어진다.

(6) 공놀이 방법 1

가) 흥미 유도하기

바닥에 무릎을 꿇고 앉아 강아지의 눈높이에 맞춰 편안한 자세를 취한다. 장난감을 살짝 흔들어 강아지의 흥미를 유도하고 놀이에 대한 기대감을 높인다. 밝고 신나는 목소리로 강아지의 주의를 끌며 긍정적인 분위기를 만든다.

나) 공 던지기

너무 멀리 던지지 않고 가까운 거리에 공을 굴리거나 던져 강아지가 쉽게 접근할 수 있도록 한다. 강아지는 쉽게 산만해지는 경향이 있으므로, 처음에는 짧은 거리에서 놀이의 재미를 느끼게 한다. 공의 움직임에 강아지가 자연스럽게 집중하도록 부드럽게 던지거나 굴린다.

다) 공 물고 돌아오기 유도하기

강아지가 공에 다가가서 입으로 물면 즉시 "옳지!"라고 칭찬하며 격려한다. 강아지가 공을 물고 돌아오는 동안 위협적으로 느끼지 않도록 부드러운 시선과 편안한 자세를 유지한다. 강아지가 겁을 먹지 않도록 눈을 똑바로 쳐다보지 말고, 다가왔을 때는 고개를 살짝 돌리고 손을 앞으로 뻗지 않는다. 강아지가 가까이 다가올 때까지 긍정적인 칭찬과 부드러운 목소리로 유도한다.

라) 공 가져왔을 때 칭찬하기

강아지가 공을 물고 가까이 다가오면 즉시 칭찬하고 부드럽게 쓰다듬어준다. 밝은 목소리와 환한 표정으로 기다리며, 장난감을 낚아채지 않고 자연스럽게 내려놓을 때까지 기다린다. 장난감을 가져오는 것이 즐거운 경험이라는 긍정적인 인식을 심어주어 공놀이에 대한 흥미를 유지한다.

마) 장난감 내려놓기

강아지가 공을 물고 있는 동안 강제로 빼앗지 않고 자연스럽게 내려놓을 때까지 기다린다. 한 손으로 공을 받으면서 다른 손으로 간식을 주어 장난감을 내려놓는 행동과 보상을 연결시킨다. 공을 가져왔을 때만 보상을 주면 강아지는 보상을 기대하며 더 빨리 가져다주려 할 것이다. 공을 내려놓으면 "놔둬, 잘했어" 같은 긍정적인 음성신호를 사용하여 행동을 강화한다.

바) 교환하기와 안정감 제공

어떤 강아지는 다른 장난감과 교환하기를 더 좋아할 수 있다. 공을 내려놓는 것을 주저하거나 망설일 때는 다른 장난감이나 간식으로 교환한다. 강아지가 마지못해 내려놓는다면 짜증을 내거나 화를 내지 않고 부드럽게 안정을 시킨다. 긍정적인 경험을 통해 다음에도 즐겁게 공놀이에 참여할 수 있도록 심리적 안정감을 준다.

사) 반복 훈련과 거리 늘리기

처음에는 짧은 거리에서 자주 반복하며 훈련하여 놀이의 즐거움을 느끼게 한다. 한 번에 너무 오래 훈련하지 않고, 짧은 시간 동안 자주 반복하여 강아지가 지치지 않도록 한다. 강아지가 공을 잘 가져오는 행동이 습관화되면, 점점 거리를 늘려가며 연습한다. 거리가 늘어날수록 특별한 보상을 주어 강아지가 멀리서도 공을 가져오도록 동기 부여한다.

아) 놀이 마무리와 보상

공을 회수해 오면 즉시 특별한 보상과 칭찬을 아끼지 않는다. 공놀이가 끝날 때는 장난감을 치우기 전 마지막 간식을 주며 "놀이 끝" 같은 지시어를 사용하여 놀이의 끝을 명확히 알려준다. 놀이가 끝난 후 가벼운 스트레칭이나 산책을 통해 흥분을 가라앉히고 차분하게 마무리한다.

※ 팁: 도망치기 방지와 장난감 던지기

강아지가 장난감을 물고 도망치는 경우, 장난감에 가느다란 줄을 달거나 목줄을 활용할 수 있다. 줄을 이용해 강아지가 달아나는 것을 막으며, 통제력을 유지할 수 있다. 이 방법은 나이 든 반려견이나 이미 습관화된 행동을 고치기 위한 훈련에도 유용하다. 강아지의 기술이 향상됨에 따라 점점 더 멀리 장난감을 던져주며 흥미와 도전감을 유지한다.

유혹하기

장난감 던지기

장난감을 물면 칭찬하기

부르기

"놔둬"

보상

"놀이 끝" 마무리

그림 3.4 공놀이 방법 1

(7) 공놀이 방법 2

반려견의 움직임을 비교적 쉽게 통제할 수 있는 **모서리 공간을 활용**하여, 공을 물고 도망가는 행동을 방지하고 보다 효과적으로 공놀이를 훈련할 수 있는 방법이다. 모서리에서 공놀이를 진행하면 공을 멀리 던지지 않아도 되며, 반려견이 자연스럽게 보호자에게 돌아오는 행동을 학습할 수 있다.

가) 위치 설정과 준비하기

모서리 공간을 바라보며 바닥이나 의자 위에 앉아 편안한 자세를 취한 상태에서, 반려견과 눈높이를 맞추고 자연스러운 분위기를 형성한다. 공놀이에 대한 기대감을 높이기 위해 부드러운 목소리로 흥미를 유도한다.

나) 모서리 가리키기

손으로 모서리 방향을 가리키며 강아지가 주의를 집중하도록 한다. 눈으로 공의 방향을 예측하도록 하여 집중력을 높인다. 모서리를 가리키며 자연스럽게 손의 움직임으로 강아지의 시선을 유도한다.

다) 공 장난감 유도하기

오른손으로 공 장난감을 바닥에 대고 살짝 움직여 강아지의 흥미를 끈다. 공을 바닥에서 굴리거나 살짝 튕기면서 강아지가 장난감을 따라가도록 유혹한다. 흥미를 느끼는 순간 밝고 신나는 목소리로 "가져와!"라고 말하여 흥미를 극대화한다.

라) 공 던지기

강아지가 장난감을 주시하고 따라 움직이기 시작하면, 모서리 쪽으로 공을 가볍게 던진다. 너무 멀리 던지지 않고 모서리에 부딪혀 튕길 정도의 거리로 가볍게 던져 강아지가 쉽게 물 수 있도록 한다. 모서리 방향으로 던짐으로써 강아지가 도망가지 않고 자연스럽게 방향 전환하여 보호자에게 돌아오게 된다.

마) 물고 돌아오기 유도

공을 물자마자 신나는 목소리로 "잘했어!", "옳지!"라고 즉각적으로 칭찬한다. 모서리 덕분에 도망갈 곳이 없기 때문에, 반려견은 자연스럽게 몸을 돌려 보호자에게 다가온다. 반려견이 보호자에게 다가오는 동안 계속 칭찬과 격려를 아끼지 않으며 즐거운 분위기를 유지한다.

바) 공 물고 가져오기

반려견이 공을 물고 보호자에게 가까이 다가오면, 밝은 목소리와 환한 표정으로 충분히 칭찬하고 쓰다듬어준다. 장난감을 가져오는 행동이 즐겁고 보람된 경험이라는 긍정적인 인식을 심어준다. 공을 낚아채지 않고, 반려견이 자발적으로 내려놓을 때까지 기다린다.

사) 교환하기와 보상

강아지가 장난감을 물고 놓지 않을 때는 무리하게 빼앗지 말고, 간식과 교환하거나 다른 장난감으로 주의를 분산시킨다. 공을 놓는 순간 즉각적으로 "놔둬, 잘했어"라고 칭찬하며 긍정적인 음성신호를 주어 행동을 강화한다. 교환 후에는 충분한 칭찬과 보상을 제공하여 공놀이에 대한 흥미를 유지한다.

아) 반복 훈련과 거리 조절

위의 과정을 여러 번 반복하며, 짧은 시간 동안 자주 훈련하는 것이 효과적이다. 한 번에 너무 오랫동안 훈련하지 않고, 강아지가 즐거움을 느낄 정도의 시간 동안 반복한다. 반복 훈련을 통해 공 가져오는 행동이 자연스럽게 습관화되도록 한다. 시간이 지나면서 공 던지기 거리를 점점 늘려가며 강아지의 집중력과 운동량을 조절한다.

자) 놀이 마무리와 정리하기

공을 회수해오면 특별한 보상과 칭찬을 충분히 해준다. 마지막 공놀이가 끝날 때는 장난감을 치우기 전 마지막 간식을 주면서, "놀이 끝" 같은 지시어를 사용하여 놀이의 끝을 명확히 알려준다. 장난감을 정리할 때 마지막으로 간식을 주며 놀이의 끝을 긍정적인 경험으로 마무리한다.

(8) 공놀이 방법 3

반려견이 공을 물고 놓는 행동을 자연스럽게 학습하도록 하며, "기다려", "놔둬", "가져와" 같은 기본 명령어를 놀이와 함께 훈련할 수 있는 방법이다. 공을 물고 기다리기부터 멀리 던진 공을 가져오는 훈련까지 단계별로 진행하며, 반려견의 집중력과 자제력, 문제 해결 능력을 함께 길러주는 놀이이다.

가) 공 물리기

반려견이 입을 벌렸을 때 재빨리 공을 입에 물린다. 강제로 물리지 말고, 흥미를 느끼도록 장난감을 유도하며 자연스럽게 물게 한다. 공을 물었을 때 밝은 목소리로 "옳지!"라고 칭찬하여 행동을 강화한다.

나) "기다려!" 음성신호 주기

공을 물자마자 "기다려!"라고 음성신호를 주며 공을 물고 기다리도록 유도한다. 처음에는 2~3초 정도 짧게 기다리게 하여 성공 경험을 쌓게 한다. 공을 물고 있는 동안 밝고 긍정적인 목소리로 칭찬하며 기다리는 동안의 집중력을 높인다.

다) "놔둬!" 음성신호 주기

반려견이 공을 물고 있다가 곧바로 놓으면, "놔둬!"라고 음성신호를 주며 공을 놓는 행동과 명령어를 연결시킨다. 공을 놓는 순간 즉각적으로 칭찬하고 간식을 주어 긍정적인 보상을 제공한다. 반려견이 공을 놓는 행동을 자연스럽게 받아들이도록 긍정적인 경험을 만든다.

라) 공 물고 기다리기 훈련

공을 물고 있다가 놓는 동작을 2~3초 정도 짧게 반복하며 성공 경험을 쌓게 한다. 공을 물고 있는 동안 "기다려"를 반복하여 음성신호와 행동을 연결시킨다. 공을 놓는 순간 "놔둬!"라고 말하고 즉각적으로 간식을 주며 보상한다. 처음에는 짧게 시작하여, 성공 횟수가 늘어나면 조금씩 시간을 늘려간다.

마) 반복 연습과 시간 늘리기

같은 동작을 여러 번 반복하며, 짧은 시간 동안 자주 훈련한다. 한 번에 너무 오래 훈련하지 않고, 강아지가 즐거움을 느낄 정도의 시간 동안 반복한다. 공을 물고 기다리는 시간을 점차 늘리면서, "놔둬!"라고 명령하기 전까지 공을 물고 있도록 유도한다. 공을 물고 있는 동안 "잘했어!"라고 충분히 칭찬하며 기다리는 행동을 강화한다.

바) 먹이 없이도 행동 유도하기

훈련을 반복하면 먹이를 주지 않아도 "놔둬!"라는 음성신호만으로 공을 물고 있다가 놓는 행동을 할 수 있게 된다. "공을 문다 → 보호자가 기뻐한다 → 포상을 받는다 → 공이 흥미롭다"라는 긍정적인 연상작용을 심어주어 반려견이 즐겁게 행동하도록 훈련한다. 칭찬과 간식을 균형 있게 조절하며 행동 강화를 지속한다.

사) 공 던지고 가져오기

반려견이 공에 관심을 보이면 조금 멀리 공을 던진다. 공을 물고 오면 "놔둬!"라고 음성신호를 주며 공을 돌려받고 간식을 준다. 공을 물고 오는 행동을 긍정적으로 강화하며 다음에도 공을 가져오는 행동을 유도한다. 조금씩 거리를 늘려가며 공을 멀리 던져도 가져오도록 훈련한다.

아) "가져와!" 음성신호 주기

공을 물자마자 "가져와!"라고 음성신호를 주어 보호자에게 가져오는 행동을 유도한다. 공을 발견한 장소에서 물었다 놓는 놀이를 혼자 할 수도 있으며, 공을 물고 도망가는 행동도 나타날 수 있다. 공을 물고 도망가지 않도록 밝은 목소리로 불러 다시 보호자에게 돌아오도록 유도한다. 반복 훈련을 통해 공을 발견한 자리에서 가져오는 습관을 형성한다.

자) 충분한 칭찬과 보상

반려견이 공을 가져오면 "잘했어!", "옳지!"라고 충분히 칭찬하고 쓰다듬어준다. "놔둬!"를 성공하면 즉각적으로 간식을 주어 긍정적인 보상을 제공한다. 처음에는 간식을 통한 보상으로 행동을 강화하고, 점차 칭찬과 쓰다듬기로 전환한다. 칭찬과 보상은 행동 직후에 주어야 행동과 보상의 연결이 빠르게 이루어진다.

차) 실외 훈련과 놀이 마무리

공을 주고받는 행동이 자연스럽게 이루어지면, 넓은 실외 공간으로 나가 공놀이를 진행하며 더 넓은 공간에서의 집중력과 순응력을 길러준다. 반려견이 "더 놀아줘"라는 요구성 행동을 보일 때는 놀이를 그만두어 요구 행동이 습관화되지 않도록 한다. 놀이를 마칠 때는 장난감을 정리하면서 마지막 간식을 주며, "놀이 끝" 같은 지시어를 사용한다.

(9) 공놀이 방법 4

테니스공에 간식을 숨겨 반려견의 호기심과 집중력을 자극하며, 공을 가져오는 행동과 보호자에게 돌아오는 습관을 자연스럽게 학습할 수 있는 놀이 방법이다. 간식을 이용한 공놀이는 놀이의 흥미를 높이고, 문제 해결 능력과 후각 발달에도 도움이 된다.

가) 간식 넣을 구멍 만들기

테니스공에 약 2.5cm의 칼집을 내어 간식을 넣을 구멍을 만든다. 칼을 사용할 때는 주의하여 손을 다치지 않도록 조심하고, 구멍은 너무 크지 않게 만든다. 노즈워크 장난감을 사용해도 좋으며, 공 안에 간식을 넣을 수 있는 장난감이면 어떤 것이든 활용할 수 있다. 공의 크기와 구멍 크기는 반려견이 간식을 쉽게 꺼낼 수 없도록 적절하게 조절한다.

나) 간식 넣기와 유혹하기

반려견이 보는 앞에서 테니스공 안에 간식을 넣는다. 간식이 공 안에서 흔들릴 때 소리가 나도록 공을 흔들어 강아지의 흥미를 유도한다. 강아지가 공에 관심을 보이면 밝고 신나는 목소리로 "가져와!"라고 말하며 흥미를 극대화한다. 공 안에 간식이 있다는 것을 확인한 강아지는 자연스럽게 공에 집중하게 된다.

다) 공 던지기와 유도하기

공을 가까운 거리에 던져 강아지가 쉽게 쫓아갈 수 있도록 한다. 너무 멀리 던지지 않고, 강아지가 공을 물고 쉽게 돌아올 수 있는 거리를 선택한다. 공을 던진 후 강아지가 공을 물고 오도록 유도하기 위해 다리를 손으로 가볍게 치거나 강아지의 반대편 방향으로 뛰어가며 자연스럽게 보호자에게 돌아오도록 한다. 밝고 신나는 목소리로 "이리 와!", "가져와!"라고 말하며 강아지가 놀이에 몰입할 수 있도록 분위기를 만든다.

라) 간식 꺼내기와 보상

강아지가 공을 물고 보호자에게 돌아오면, 즉시 "잘했어!", "옳지!"라고 칭찬하며 쓰다듬어준다. 강아지가 공을 내려놓으면 공 안의 간식을 꺼내어 보상하며 성공적인 경험을 만들어준다. 공 안에 간식이 있다는 것을 알지만, 스스로 간식을 꺼낼 수 없다는 것을 깨달은 강아지는, 간식을 먹기 위해 공을 가져다주어야 한다는 사실을 자연스럽게 학습하게 된다.

마) 행동 학습과 반복 훈련

강아지가 공을 물고 보호자에게 가져오는 행동을 자연스럽게 반복할 수 있도록 여러 번 연습한다. 반려견은 공을 물고 보호자에게 다가오면 간식을 받을 수 있다는 긍정적인 기억을 형성하게 된다. 반복 훈련을 통해 공을 가져다주는 행동이 즐거운 경험으로 인식되며 습관화된다. 칭찬과 보상의 타이밍은 행동 직후여야 행동과 보상의 연결이 빠르게 이루어진다.

바) 점진적인 거리 늘리기

처음에는 공을 가깝게 던지다가 훈련이 진행될수록 점점 거리를 늘려간다. 점진적으로 거리를 늘리면서 공을 물고 돌아오는 행동을 더욱 확실하게 학습하게 한다. 거리가 멀어질수록 특별한 보상을 주어 강아지가 멀리서도 공을 가져오도록 동기 부여한다. 훈련 과정에서 항상 긍정적인 경험을 제공하여 공놀이에 대한 흥미와 집중력을 유지한다.

사) 놀이 마무리와 칭찬

놀이가 끝나면 장난감을 치우기 전 마지막 간식을 주며, "놀이 끝" 같은 지시어를 사용하여 놀이의 끝을 명확히 알려준다. 강아지가 공을 물고 보호자에게 가져오는 행동이 즐거운 경험이라는 긍정적인 인식을 심어준다. 장난감을 정리할 때 밝은 목소리로 칭찬하며 긍정적인 경험으로 놀이를 마무리한다.

※ 팁: 공과 간식의 연결 학습

강아지가 공을 물고 도망가는 행동을 방지하기 위해, 공 안의 간식을 꺼내주는 행동을 통해 공을 보호자에게 가져오는 경험을 긍정적으로 연결한다. 강아지는 공 안의 간식을 혼자 꺼낼 수 없다는 것을 깨닫고, 보호자에게 가져다주어야 간식을 얻을 수 있다는 학습을 한다. 공놀이와 간식 보상을 자연스럽게 연결하여 공을 가져오는 행동이 즐거운 놀이 경험으로 자리잡게 한다.

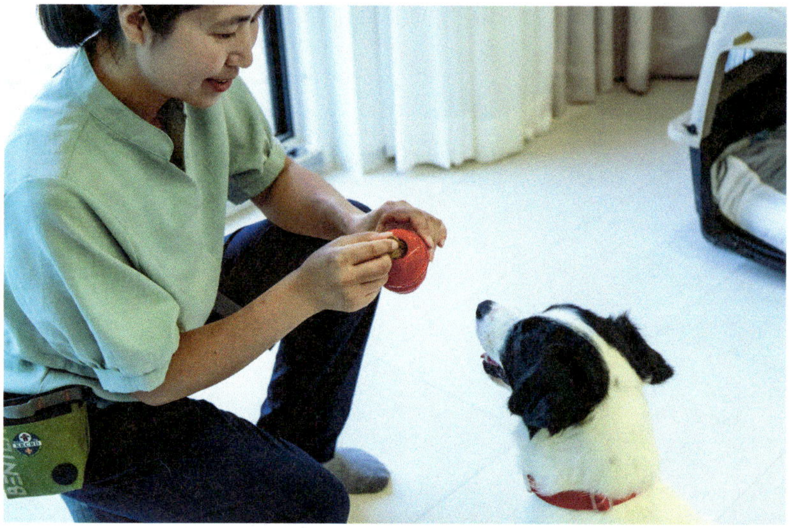

그림 3.5 장난감에 간식 넣기

(10) 물건 찾기(응용)

물건 찾기 놀이는 반려견의 냄새 감지 능력과 지능을 자연스럽게 발달시키며, 문제 해결 능력, 집중력, 탐색 능력을 동시에 향상시키는 놀이 방법이다. 후각 발달과 인지 자극을 제공하며 반려견의 본능적 능력을 활용할 수 있어 즐거움과 학습이 동시에 이루어진다. 특히 공을 활용한 물건 찾기 놀이는 후각을 사용하여 숨겨진 물건을 찾아내는 과정에서 반려견의 탐색 본능을 자연스럽게 자극하며, 냄새 감지 능력을 효과적으로 발달시킨다.

가) 목줄로 통제하기

반려견의 목줄을 잡고 공을 던질 때 바로 달려가지 않도록 꼭 잡고 통제한다. 공으로 유혹하거나 던질 때 흥분하여 바로 달려들지 않도록 차분히 기다리게 한다. 유혹 중에 공을 물려고 달려들 수 있으므로, 목줄을 가볍게 당기며 통제하고 기다리는 행동을 학습시킨다. "기다려!"라는 음성신호를 사용하여 참을성을 기르고 자제력을 강화한다.

나) 공에 집중시키기

공에 집중하도록 장난감을 흔들거나 던졌다 받으며 흥미를 유도한다. 강아지가 공에 집중하지만, 명령이 없으면 물지 않고 기다리도록 자제력을 훈련한다. 반려견이 공에 집중하면서도 기다릴 수 있도록 "기다려!"라는 음성신호를 사용한다. 참을성을 발휘하며 집중하는 동안 밝고 긍정적인 목소리로 칭찬하여 집중력을 강화한다.

다) 공 숨기기

공을 던질 때 풀이나 장애물 뒤로 던져 공이 눈에 보이지 않도록 숨긴다. 공이 시야에서 사라지면 강아지는 자연스럽게 코를 사용하여 후각으로 찾기 시작한다. 공을 눈으로 찾는 것이 아니라, 후각을 사용하여 냄새를 추적하는 경험을 통해 후각 발달을 자극한다. 공의 냄새를 추적하며 집중력과 탐색 능력을 강화하고, 문제 해결 능력을 길러준다.

라) "찾아!" 지시어 주기

공을 숨긴 후 "찾아!"라는 지시어를 사용하여 공을 찾는 행동을 유도한다. 밝고 신나는 목소리로 "찾아!"라고 말하며 흥미와 도전 의식을 자극한다. 강아지가 공을 찾는 동안 계속 응원하고 격려하며 놀이의 즐거움을 높인다. 냄새를 추적하며 공을 찾는 과정에서 문제 해결 능력과 집중력이 발달한다.

마) 찾으면 칭찬하기

반려견이 공을 찾으면 즉시 열정적으로 칭찬하고 "잘했어!", "옳지!"라고 말하며 긍정적인 피드백을 준다. 공을 찾는 행동에 긍정적인 경험을 심어주어 다음에도 즐겁게 찾을 수 있도록 동기 부여한다. 공을 찾은 순간 환한 표정과 밝은 목소리로 반려견에게 즐거운 경험을 제공한다. 칭찬과 쓰다듬기를 통해 행동을 강화하며 놀이에 대한 흥미를 유지한다.

바) "가져와" 지시어 주기

반려견이 공을 찾은 후 "가져와!"라는 지시어를 사용하여 공을 물고 오도록 유도한다. 공을 물고 돌아오는 동안 계속 칭찬과 격려를 아끼지 않으며 즐거운 분위기를 유지한다. 공을 물고 오면 "놔둬!"라는 지시어를 사용하여 공을 자연스럽게 내려놓도록 유도한다. 공을 내려놓으면 즉각적으로 칭찬하고 간식 보상을 주어 긍정적인 경험을 강화한다.

사) 반복 훈련과 거리 늘리기

처음에는 가까운 거리에서 공을 숨기며 훈련하고, 점차 거리를 늘려가며 더 멀리 숨기기를 연습한다. 공을 숨기는 장소를 다양화하여 강아지가 후각을 사용해 문제를 해결하도록 유도한다. 점진적으로 난이도를 높이면서 냄새 추적 능력과 문제 해결 능력을 강화한다. 반복 훈련을 통해 공 찾는 행동이 자연스럽게 습관화되도록 한다.

아) 놀이 마무리와 정리하기

놀이가 끝나면 장난감을 치우기 전 마지막 간식을 주며, "놀이 끝" 같은 지시어를 사용하여 놀이의 끝을 명확히 알려준다. 칭찬과 보상의 타이밍은 행동 직후여야 행동과 보상의 연결이 빠르게 이루어진다. 놀이가 끝난 후에는 가벼운 산책이나 스트레칭을 통해 흥분을 가라앉히고 차분하게 마무리한다.

※ 팁: 냄새 감지 능력 향상과 주의사항

처음에는 냄새가 강한 간식이나 장난감을 사용하여 후각 발달을 자극한다. 공을 숨기는 장소는 다양하게 바꿔가며 냄새 추적 능력을 효과적으로 훈련한다. 목줄을 사용하여 통제하면서 반려견이 흥분하지 않도록 차분하게 집중하도록 한다. 너무 멀리 던지지 않고, 적당한 거리에서 냄새를 추적하며 찾는 과정을 즐기도록 한다.

장애물 뒤에 있는 공 찾기

장애물 뒤에 있는 공 냄새로 찾기

그림 3.6 물건 찾기

(11) 수영 놀이(응용)

수영 놀이는 반려견의 체력 증진과 본능적인 추적 능력을 발휘할 수 있는 활동적인 놀이 방법이다. 물에 대한 두려움을 극복하고 즐거운 경험을 제공하면서 신체 활동과 정신적 자극을 동시에 얻을 수 있다. 특히 물에 뛰어들어 공을 가져오는 놀이는 공을 좋아하고 수영을 즐기는 견종에게 최적의 놀이가 된다.

가) 공 던지고 가져오기

물에 뜨는 장난감이나 전용 공을 사용하여 대형 풀장, 호수 같은 안전한 물놀이 장소에서 진행한다. 반려견이 물에 익숙해지도록 처음에는 얕은 물가에서 시작하며, 물에 대한 두려움을 줄여준다. 공을 던지기 전 밝고 신나는 목소리로 강아지의 흥미를 유도하고 긍정적인 분위기를 만든다.

a) 공 던지기와 수영 유도

물 위로 공을 던지며 공이 물 위에 떠다니도록 한다. 공이 물에 떠 있는 모습에 반려견이 흥미를 느끼고 자연스럽게 뛰어들도록 유도한다. 공을 멀리 던지기보다는 처음에는 가까운 거리에 던져 성공 경험을 쌓게 한다. "가져와!"라는 음성신호를 사용하여 공을 물고 돌아오는 행동과 명령어를 연결한다.

b) 물에 뛰어들기와 돌아오기

반려견이 물에 뛰어들면 밝고 신나는 목소리로 "잘했어!", "옳지!"라고 즉각적으로 칭찬한다. 반려견이 공을 물고 돌아오는 동안 계속 칭찬과 격려를 아끼지 않으며 즐거운 분위기를 유지한다. 공을 물고 돌아오면 환한 표정과 부드러운 손길로 쓰다듬어 주며 칭찬한다. 공을 놓을 때까지 기다렸다가, "놔둬!"라는 음성신호를 사용하여 공을 놓는 행동을 학습시킨다.

c) 반복 훈련과 거리 늘리기

처음에는 가까운 거리에서 반복적으로 훈련하여 놀이의 즐거움을 느끼게 한다. 반려견이 물에 익숙해지고 공을 물고 돌아오는 행동이 자연스러워지면, 점차 던지는 거리를 늘려가며 더 멀리 수영하도록 도전 의식을 자극한다. 거리가 멀어질수록 특별한 보상을 주어 반려견이 멀리서도 공을 가져오도록 동기 부여한다.

d) 수영 능력 발달과 체력 증진

수영 놀이는 물속에서의 저항 운동으로 근육 발달과 체력 증진에 탁월한 효과가 있다. 물 위에서 균형을 잡고 방향을 바꾸며 민첩성과 순발력이 발달하고, 수영하면서 자연스럽게 체온을 조절하고 스트레스를 해소하여 정서적 안정감을 준다. 공을 찾고 물고 돌아오는 과정에서 집중력과 추적 능력이 발달한다.

e) 주의 사항과 안전 수칙

수영이 익숙하지 않은 반려견에게는 처음부터 깊은 물에 들어가지 않도록 주의한다. 반려견의 체력에 맞는 놀이 시간을 설정하고 과도한 피로가 쌓이지 않도록 중간에 휴식 시간을 준다. 수영 후에는 털을 완전히 말려 피부병이나 감기 예방에 신경 쓴다. 수영 중에는 보호자가 항상 가까운 곳에서 관찰하며 안전사고를 방지한다.

※ 팁: 수영을 좋아하는 견종과 놀이 방법

수영을 좋아하는 견종에는 리트리버, 뉴펀들랜드, 스패니얼 등이 있다. 이 견종들은 물에 대한 두려움이 적고 물놀이에 대한 흥미가 높아 공을 이용한 수영 놀이에 적합하다. 수영을 처음 하는 강아지에게는 구명조끼를 착용시켜 안전하게 물에 익숙해지도록 한다. 물에 익숙해지면 가까운 거리에서 공을 던지고 돌아오는 행동을 반복하며 점차 거리를 늘려 나간다.

나) 물속 공(보물) 찾기

물속 공(보물) 찾기 놀이는 반려견의 탐험 본능과 냄새 감지 능력을 자연스럽게 자극하며, 물에 대한 두려움을 극복하고 즐거운 경험을 제공하면서 신체 활동과 정신적 자극을 동시에 얻을 수 있다. 얕은 물에서 공을 찾아내는 과정에서 후각 발달, 집중력, 문제 해결 능력을 동시에 발달시킬 수 있다. 물속에서 공을 찾아내는 놀이는 물에 익숙해지는 경험과 함께 새로운 환경에서의 적응력을 키울 수 있다. 특히 물놀이를 즐기는 견종이나 물에 대한 두려움을 극복하려는 강아지에게 이색적인 놀이 경험이 된다.

a) 물속 공 찾기 준비하기

얕은 물에 공이나 장난감을 살짝 던져 넣고 반려견이 물속에서 찾아내도록 한다. 처음에는 낮은 물에서 시작하여 반려견이 물에 익숙해지도록 돕는다. 공을 던질 때 밝고 신나는 목소리로 강아지의 흥미를 유도하고 놀이에 대한 기대감을 높인다. 물이 얕아 발이 닿는 깊이에서 공을 찾게 하여 물에 대한 두려움을 줄이고 흥미를 높인다.

b) 집에서 연습하기

집에서 먼저 연습하여 강아지가 물에 익숙해지도록 한다. 욕조나 물통을 이용하여 물이 얕게 잠기도록 물을 채운다. 욕조의 2/3 이하로 물을 채워 넘치지 않도록 하며, 반려견이 물속에서 안정감을 느끼도록 한다. 욕조의 턱은 발장난을 하거나 장난감이나 간식을 꺼낼 때 도움이 된다. 욕조에서 물에 코를 대는 연습을 통해 물에 대한 두려움을 줄이고 자연스럽게 탐험할 수 있게 한다.

c) 장난감과 간식 선택하기

반려견이 잘 먹는 커다란 간식 조각이나 물에 뜨는 장난감을 물에 띄운다. 강아지가 장난감보다 간식을 더 좋아하면 간식을 띄우고, 장난감을 더 좋아하면 공을 띄운다. 반려견이 물에 흥미를 느끼도록 간식이나 장난감을 살짝 흔들며 유도한다. 적당한 사이즈와 무게의 장난감을 선택하여 물에 뜨고 쉽게 물 수 있도록 한다.

d) 방법: 발로 간식 꺼내기

- "가져와" 유도하기

간식이나 장난감을 물에 띄우고 반려견에게 "가져와"라는 지시어를 사용한다. 강아지가 흥미를 느끼도록 밝고 신나는 목소리로 "가져와!"라고 말하며 도전 의식을 자극한다. 처음에는 물에 들어가지 않고 발로 간식을 꺼내려는 행동을 할 수 있다. 발로 간식을 꺼내려는 행동을 긍정적으로 칭찬하며 자연스럽게 물에 익숙해지도록 한다.

- 물에 코 담그기

반려견이 물에 뜬 장난감을 물기 어렵게 느끼면, 보호자가 수면 가까이에서 손으로 장난감을 살짝 밀어 잡도록 도와준다. 반려견이 장난감을 물기 위해 코를 물에 천천히 담그기 시작한다. 물이 얼굴에 닿는 경험을 통해 물에 대한 두려움을 점차 줄이고 물속 탐험에 대한 자신감을 기른다. 처음에는 얕게 코만 담그다가, 점차 깊이 넣도록 긍정적인 칭찬과 격려를 아끼지 않는다.

- 입으로 물어내기 학습

처음에는 발만 첨벙거리며 간식을 꺼내려는 시도를 한다. 발로는 간식을 꺼내기 어렵다는 것을 깨달으면, 자연스럽게 입으로 물어야 한다는 것을 인식하게 된다. 입으로 물어내는 행동을 성공하면 "잘했어!", "옳지!"라고 칭찬하며 보상한다. 칭찬과 보상의 타이밍은 행동 직후에 주어야 행동과 보상의 연결이 빠르게 이루어진다. 반복 연습을 통해 물속에서 입으로 물어내는 행동을 자연스럽게 습관화한다.

- 장난감 찾기와 응용 놀이

마침내 반려견이 장난감이나 간식을 수면 위로 꺼내면, 환한 표정과 밝은 목소리로 충분히 칭찬하고 쓰다듬어준다. 성공 경험을 바탕으로 다양한 크기와 모양의 장난감을 사용하여 흥미를 지속시킨다. 표면에 여러 가지 장난감을 놓고, 특정 장난감을 찾아오게 하여 인지 능력을 발달시킨다. 특정 장난감 찾기 놀이는 인지력 발달과 후각 감각을 동시에 자극할 수 있다.

e) 놀이 마무리와 칭찬

놀이가 끝나면 장난감을 치우기 전 마지막 간식을 주며, "놀이 끝" 같은 지시어를 사용하여 놀이의 끝을 명확히 알려준다. 칭찬과 보상의 타이밍은 행동 직후에 주어야 행동과 보상의 연결이 빠르게 이루어진다. 놀이가 끝난 후에는 가벼운 산책이나 스트레칭을 통해 흥분을 가라앉히고 차분하게 마무리한다.

※ 팁: 물속 공 찾기 놀이의 응용

물에 익숙해진 강아지는 조금 더 깊은 물이나 다양한 물놀이 장소에서 놀이를 확장할 수 있다. 노즈워크 놀이와 결합하여 물속에서 냄새를 추적하며 찾는 놀이로 후각 발달을 강화한다. 수영을 좋아하는 견종에게는 수영 능력 발달과 체력 증진에 더욱 효과적인 놀이가 된다.

다) 공과 함께 수영하기

공과 함께 수영하기는 반려견과 보호자가 함께 물속에서 즐길 수 있는 놀이로, 신체 활동과 정신적 자극을 동시에 얻으며 강한 유대감을 형성할 수 있다. 공을 주고받으며 수영하는 동안 자연스럽게 운동하고, 수영 능력과 추적 능력을 발달시킬 수 있다. 공과 함께 수영하기 놀이는 물에 익숙해진 강아지나 수영을 즐기는 견종에게 최적의 놀이 방법이 된다. 물에 대한 두려움을 극복하고 자신감을 키우는 동시에 체력 증진과 심리적 안정감을 제공한다.

a) 놀이 준비와 장소 선택

공과 함께 수영하기는 안전한 물놀이 장소에서 진행한다. 대형 풀장, 얕은 호수, 해변 등 안전하게 뛰어들 수 있는 장소를 선택한다. 너무 깊은 물은 피하고, 처음에는 발이 닿는 깊이에서 시작하여 자연스럽게 익숙해지도록 한다. 물에 잘 뜨는 공이나 장난감을 사용하여 반려견이 쉽게 접근하고 물 수 있도록 한다.

b) 공 던지며 수영하기

공을 물에 던져 반려견이 물 위에 떠 있는 공을 보고 자연스럽게 수영하도록 유도한다. 공을 멀리 던지지 않고, 처음에는 가까운 거리에 던져 성공 경험을 쌓게 한다. 밝고 신나는 목소리로 "가져와!"라고 말하며 강아지의 흥미를 자극하고 도전 의식을 높인다. 강아지가 공을 물고 돌아오는 동안 밝은 목소리로 칭찬하며 즐거운 분위기를 유지한다.

c) 주고받기 놀이

공을 던지며 수영한 후 강아지가 물고 돌아오면, 부드럽게 "놔둬!"라고 지시어를 사용한다. 공을 내려놓으면 즉각적으로 "잘했어!", "옳지!"라고 칭찬하며 보상한다. 다시 공을 던지며 주고받기 놀이를 반복하면서 즐거움을 극대화한다. 반려견과의 교감을 높이기 위해 공을 주고받는 동안 웃으며 대화하며 긍정적인 분위기를 유지한다.

d) 수영 능력 발달과 체력 증진

물속에서의 저항 운동을 통해 근육 발달과 체력 증진에 탁월한 효과가 있다. 공을 주고받으며 수영하는 동안 민첩성과 순발력을 자연스럽게 발달시킬 수 있다. 수영 중에는 균형을 잡고 방향을 바꾸며 신체 조절 능력과 민첩성이 강화된다. 또한 체온 조절과 스트레스 해소가 자연스럽게 이루어져 정서적 안정감을 준다.

e) 칭찬과 보상

반려견이 공을 물고 돌아오면 즉각적으로 "잘했어!", "옳지!"라고 칭찬하며 긍정적인 피드백을 준다. 공을 주고받는 행동을 긍정적으로 강화하여 다음에도 즐겁게 참여할 수 있도록 동기 부여한다. 칭찬과 보상의 타이밍은 행동 직후여야 행동과 보상의 연결이 빠르게 이루어진다. 칭찬과 쓰다듬기를 통해 행동을 강화하며 놀이에 대한 흥미를 유지한다.

f) 안전 수칙과 주의사항

항상 반려견의 체력을 점검하고 너무 오래 수영하지 않도록 주의한다. 반려견이 피로해 보이거나 호흡이 거칠어지면 즉시 놀이를 중단하고 휴식을 준다. 너무 깊은 물에서는 수영하지 않도록 하고, 처음에는 발이 닿는 얕은 물에서 놀이를 시작한다. 수영 후에는 털을 완전히 말려 피부병이나 감기 예방에 신경 쓴다. 구명조끼를 착용하여 안전하게 물에 익숙해지도록 하며 안전사고를 예방한다.

g) 놀이 마무리와 정리하기

놀이가 끝나면 장난감을 치우기 전 마지막 간식을 주며, "놀이 끝" 같은 지시어를 사용하여 놀이의 끝을 명확히 알려준다. 칭찬과 보상의 타이밍은 행동 직후에 주어야 행동과 보상의 연결이 빠르게 이루어진다. 놀이가 끝난 후에는 가벼운 산책이나 스트레칭을 통해 흥분을 가라앉히고 차분하게 마무리한다. 수영 후에는 따뜻한 수건으로 털을 충분히 말려주며, 마지막으로 칭찬과 쓰다듬기로 놀이를 마무리한다.

(12) 고난도 놀이 (응용)

고난도 놀이는 공의 크기와 형태를 변형하여 반려견의 지능과 문제 해결 능력을 자극하며, 더 높은 단계에 도전하여 인지 능력, 집중력, 민첩성을 동시에 발달시킬 수 있다. 일반적인 공놀이와 달리 예상치 못한 움직임과 복잡한 상황을 제공하여 흥미와 도전 의식을 높인다. 특히 공의 크기, 형태, 던지는 방법을 다양하게 변형함으로써 새로운 놀이 경험을 제공하며, 반려견이 놀이에 몰입하고 지루함을 방지하면서 창의적으로 문제를 해결하도록 유도한다.

가) 공의 크기와 형태 변형하기

공의 크기와 형태를 다양하게 변형하여 반려견의 호기심을 자극한다. 일반적인 원형 공뿐만 아니라 타원형, 불규칙한 모양의 공을 사용하면 예상치 못한 방향으로 튕기거나 구르며 추적 본능을 자극한다. 크기가 큰 공은 물기 어렵지만 쉽게 굴러가며, 작은 공은 빠르게 움직여 추적 능력을 자연스럽게 발달시킨다. 예상할 수 없는 움직임을 통해 반려견의 집중력과 문제 해결 능력을 강화한다.

나) 특별한 던지기와 굴리기 방법

공을 단순히 던지거나 굴리는 것이 아닌, 다양한 각도와 방식으로 던지고 굴려 반려견의 호기심을 자극한다. 공을 바닥에 세게 튀기거나 비스듬히 굴려 예측할 수 없는 방향으로 움직이도록 한다. 벽에 튕겨서 반대 방향으로 이동하게 하거나, 높게 던져 떨어지면서 튀도록 하여 도전 의식을 높인다. "가져와!"와 같은 기본 명령어와 함께 던지기 방식을 변화시켜 반려견이 상황에 따라 적응하도록 유도한다.

다) 장애물을 이용한 놀이

장애물을 이용하여 공을 더 어렵게 가져오도록 고난도 놀이를 설계한다. 의자 다리 사이, 박스 뒤, 쿠션 위 등 장애물을 넘어가거나 통과하면서 공을 가져오는 놀이를 시도한다. 공을 던질 때 장애물을 이용해 예상치 못한 위치에 공이 멈추도록 하여 추적 능력을 강화한다. "점프!", "돌아!" 같은 명령어와 장애물 통과를 결합하여 복잡한 상황을 해결하도록 인지 능력을 자극한다.

라) 공 숨기기와 찾기

공을 숨겨 반려견이 냄새를 추적하며 찾도록 고난도 놀이를 시도한다. 가구 아래, 박스 뒤, 쿠션 사이 등 예상치 못한 장소에 공을 숨기고 "찾아!"라는 명령어로 문제 해결 능력을 강화한다. 처음에는 쉽게 찾을 수 있는 위치에 공을 숨기고, 점차 어려운 장소에 공을 숨겨 난이도를 높인다. 후각을 사용하여 공을 찾아내는 동안 집중력과 탐색 능력을 발달시킨다.

마) 시간 제한 두기와 도전 의식 높이기

공을 숨기거나 던진 후 시간 제한을 두어 정해진 시간 안에 찾아오도록 도전 의식을 자극한다. "가져와! 10초 남았다!" 같은 음성신호로 시간을 의식하며 문제 해결하도록 유도한다. 시간 제한을 두면 반려견은 더 집중하며 빠르게 문제를 해결하게 된다. 도전 과제를 해결하는 동안 성공 경험을 쌓아 자신감과 성취감을 동시에 강화한다.

바) 난이도 조절과 반복 연습

처음에는 쉬운 난이도로 시작하여 반려견이 성공 경험을 쌓게 한다. 반려견의 반응에 따라 공의 크기, 형태, 던지는 방식과 장애물 위치를 다양하게 조절하며 난이도를 조절한다. 난이도가 너무 높아 좌절하지 않도록 성공 경험과 칭찬을 적절하게 제공한다. 반복 연습을 통해 고난도 놀이에 대한 자신감을 서서히 길러준다.

사) 칭찬과 보상

반려견이 문제를 해결하거나 공을 가져오면, 즉각적으로 "잘했어!", "옳지!"라고 칭찬하며 긍정적인 피드백을 준다. 칭찬과 보상의 타이밍은 행동 직후에 주어야 행동과 보상의 연결이 빠르게 이루어진다. 간식이나 쓰다듬기를 통해 행동을 강화하며 놀이에 대한 흥미를 유지한다. 칭찬과 보상을 통해 도전 과제를 해결하는 과정을 긍정적인 경험으로 만들어 놀이의 즐거움을 높인다.

아) 주의사항과 안전 수칙

공의 크기와 형태는 반려견의 입 크기와 턱 힘에 맞게 선택하여 삼키거나 부상당하지 않도록 주의한다. 공을 던질 때 주변 환경을 확인하고 사람이나 가구에 부딪히지 않도록 한다. 반려견의 체력과 집중력에 따라 놀이 시간을 조절하며 지치지 않도록 한다. 고난도 놀이는 정신적 자극이 높으므로 중간중간 휴식 시간을 주며 스트레스를 방지한다.

(13) 놀이 끝내기

놀이 끝내기는 반려견의 흥분 상태를 진정시키고 다음 활동으로 자연스럽게 연결하기 위해 매우 중요한 과정이다. 반려견의 신체적 피로와 정신적 자극을 적절하게 조절하며, 흥분 상태가 지속되지 않도록 놀이를 마무리해야 한다. 놀이가 과도하게 길어지거나 흥분 상태가 지속되면 스트레스, 과도한 짖음, 공격성 등의 문제행동으로 이어질 수 있다. 놀이를 끝내는 과정에서 명확한 신호와 일관성 있는 음성 지시어를 사용하면 반려견이 혼란 없이 자연스럽게 마무리할 수 있다. 반려견의 상태를 주의 깊게 관찰하며, 놀이 중단 시기를 올바르게 판단하는 것이 놀이 끝내기의 핵심이다.

가) 중지해야 할 상황

놀이 도중 반려견이 보이는 행동을 주의 깊게 관찰하고, 다음과 같은 상황에서는 즉시 놀이를 중단해야 한다.

a) 스트레스를 받거나 불편해하는 모습을 보일 때

- 꼬리를 내리거나 숨는 행동을 보이며 불안해할 때
- 눈동자가 불안하게 흔들리거나 귀가 뒤로 젖혀지는 경우
- 입술을 핥거나 하품을 자주 하는 행동은 스트레스 신호일 수 있다.

b) 활동이 과도해질 때

- 지나치게 뛰고 점프하거나 과도하게 흥분하여 돌진할 때
- 흥분 상태에서 입질하거나 잡아당기는 행동이 과도할 때
- 흥분이 높아져 통제 불가능한 상태가 되면 즉시 중단한다.

c) 놀이에 집중하지 않고 다른 행동을 할 때

- 마운팅, 입질, 과도한 핥기 등 놀이에서 벗어난 행동을 할 때
- 주변 환경에 산만해지거나 다른 곳으로 도망가려는 모습을 보일 때
- 놀이에 흥미를 잃고 집중하지 못할 때

d) 놀이가 부담스러워 보이거나 힘들어할 때

- 헐떡거림이 심해지고 피로한 모습을 보일 때
- 몸이 처지거나 걸음걸이가 느려지는 경우
- 숨소리가 거칠어지거나 과도한 침 흘림이 보일 때

e) 과도한 짖음이나 으르렁거림

- 놀이 중에 짖음이 빈번해지고 음성이 커질 때
- 평소보다 훨씬 더 공격적인 으르렁거림을 보일 때
- 흥분 상태가 과도해져 공격성으로 이어질 가능성이 있을 때

f) 자신을 통제하지 못하고 과도한 흥분 상태가 지속될 때

- 놀이 중단 신호를 이해하지 못하고 멈추지 않는 경우
- 스스로 짧게 쉬거나 진정하지 못하고 흥분 상태가 계속될 때
- 놀이를 지속하려고 집착하거나 집착적인 행동을 보일 때

나) 놀이 끝내기: “이제 그만” 신호 주기

놀이를 끝내는 신호를 일관성 있게 주어 반려견이 혼란 없이 자연스럽게 마무리할 수 있도록 한다. “끝났어”, “이제 그만”, “가도 돼”처럼 놀이가 끝났다는 것을 명확하게 알려주는 지시어를 일관성 있게 사용하여 반려견이 쉽게 이해하고 습관화할 수 있도록 한다. 음성신호는 차분하고 낮은 목소리로 전달하여 진정시키는 효과를 준다. 놀이가 끝났음을 확인시키는 행동도 함께 보여준다. 공이나 장난감을 정리하거나 치우면서 놀이가 끝났다는 것을 시각적으로 확인시킨다. “끝났어”라고 말하며 장난감을 가방에 넣거나 손에 들고 멀리 이동한다. 놀이 장소에서 벗어나거나 다른 장소로 이동하면서 놀이가 끝났음을 명확히 알려주고 다음 활동으로 자연스럽게 연결한다. 놀이가 끝난 후 바로 자유 시간을 주기보다는, 산책이나 가벼운 스트레칭, 휴식 시간을 제공하여 흥분 상태를 진정시킨다. 놀이 후에는 차분한 활동을 연결하여 흥분을 가라앉히고 안정감을 유지한다. 칭찬과 보상을 사용하여 긍정적인 마무리를 한다. 놀이가 끝났을 때 차분하게 앉아 기다리거나, 놀이 끝 신호에 잘 반응하면, “잘했어”, “착해”와 같은 칭찬과 쓰다듬기로 긍정적인 마무리를 한다. 놀이 끝 신호에 긍정적인 기억을 심어주어 다음 놀이에도 올바르게 반응하도록 한다.

※ 팁: 놀이 끝내기의 주의사항

놀이가 끝났음을 명확하게 알려 반려견이 혼란스럽지 않도록 한다. 놀이가 끝난 후에도 흥분 상태가 남아 있다면, 짧은 산책이나 가벼운 스트레칭으로 자연스럽게 진정시킨다. 놀이 중단 신호는 항상 일관되게 사용하고, 명령어와 행동을 연결하여 반려견이 쉽게 이해하도록 한다. 놀이가 끝난 후 장난감을 보이지 않는 곳에 보관하여 놀이가 끝났음을 시각적으로 인지하도록 한다.

2) 터그(Tug)를 활용한 놀이 교육 방법

일부 반려인들에게 터그 놀이는 경각심을 불러일으키는 행동처럼 보일 수도 있으나, **잘 통제된 터그 놀이는 자극적이고 재미있으며, 높은 수준의 자기 통제력을 길러주고 에너지를 효과적으로 발산할 수 있는 훌륭한 교육 활동**이다. 한편, 터그 놀이를 진행할 때는 신중하게 반응해야 하며, 공격적인 반려견과의 놀이에서 절대 승부를 내게 해서는 안 된다는 의견도 있다. 반려견의 입장에서 보면, 계속해서 이기지 못하는 게임은 즐겁지 않을 수 있으므로 경쟁보다는 올바른 행동을 가르치는 데 집중하는 것이 좋다. 모든 게임에서 반드시 이겨야 할 필요는 없으며, 오히려 반려견이 지루해하지 않도록 놀이의 시작과 종료를 명확히 하는 것이 중요하다. 이처럼 터그 놀이는 **반려견과의 상호작용을 즐기고 복종 훈련을 강화하며, 함께 더 깊은 유대감을 형성할 수 있는 매우 유용한 활동**이다. 다만, 터그 놀이가 지나치게 격렬하거나 공격적으로 변질되지 않도록 주의하는 것이 안전을 위해 필수적이다.

(1) 터그 놀이 주의사항

- 강아지의 움직임에 대해 부드럽고 편안하며 타협적인 태도로 대한다.
- 각성 수준은 낮게 유지해야 한다.
- 너무 흥분하면 반려견이 명령에 집중하지 못해, 놀이가 사회적 즐거움이 아닌 이기적인 '빼앗기'나 '죽이기'로 변질될 위험이 있으며, 이는 건설적이지 않고 관계에 도움이 되지 않는다.
- 놀이는 팀 단위로 진행하는 것이 바람직하다.
- 반려견이 장난감을 물고 흔들기 시작하거나, 손을 물거나, 동공이 약간 확장되는 등 흥분의 징후가 보이면 즉시 놀이를 중단해 안정시킬 수 있도록 한다.

(2) 통제

반려견이 너무 흥분해 계속 놀이를 이어가려 할 때는 보호자가 "이제, 그만" 같은 명령어를 사용하며 갑자기 장난감을 떨어뜨리고 그 자리에서 벗어나 놀이를 중단한다. 또는 장난감을 놓은 채로 가만히 서서 반려견에게 반응하지 않는다. 보호자가 놀이에서 빠지면 재미가 반감되어, 반려견은 보호자의 말을 듣지 않을 경우 어떤 결과가 따르는지 학습하게 된다. 또한, 반려견이 보호자의 손에서 장난감을 끌어당기려 하더라도, 보호자에게 휘둘리지 않도록 주의해야 한다. 반려견은 혼자서는 터그 놀이를 지속할 수 없다는 것을 깨닫고, 돌아올 때까지 앉아서 조용히 기다린다. 이처럼 **놀이를 올바르게 통제하는 것이 반려견이 적절한 행동을 학습하는**

가장 효과적인 방법이다. 반려견이 위에서 언급한 사항 중 한 가지만이라도 반응한다면, 보호자가 잘 통제하고 있다는 신호이므로 크게 걱정할 필요는 없다. 결국 충동을 잘 조절하는 능력은 반려견의 앞으로의 삶에 매우 중요한 요소이다.

(3) 분쟁 조정

모든 반려견이 처음부터 자제력이 뛰어난 것은 아니다. 반려견을 내버려둬야 한다고 판단되면, 장난감을 잡아당겨 빼앗거나 강제로 꺼내려는 행동을 멈추고, 반려견이 스스로 상황을 판단할 수 있도록 조용히 기다린다. 만약 잡아당기는 행동은 멈췄지만 여전히 한쪽 끝을 물고 있다면, **즉시 다른 손으로 간식을 주거나 주머니나 허리밴드에 보관한 다른 장난감을 흔들어 입에 물고 있는 장난감을 놓도록 유도**한다.

가) 터그 놀이를 하다가 반려견이 갑자기 흥분했을 때

터그 놀이 중 반려견이 갑자기 흥분하면, **보호자가 즉각적이고 신중하게 놀이를 통제하는 것이 매우 중요하다**.

- 장난감은 손가락 끝으로만 잡아, 당길 때 과도한 힘이 가해지지 않도록 한다.
- 반려견이 장난감을 이기자마자, 바로 놀이를 재개할 수 있도록 장난감을 다시 가져오게 한다. 이때 소유보다는 놀이에 집중하도록 유도한다.
- 보호자가 반려견과 함께 장난감을 잡을 때는, 손을 낮고 부드럽게 움직여 균형을 유지하며, 갑작스럽게 세게 잡아당기거나 급하게 놓지 않는다.
- 불필요하게 손을 이리저리 움직이지 않도록 주의한다.
- 반려견의 발이 항상 땅에 닿아 있는지 확인하여, 공중에 매달리거나 들어올려지지 않도록 한다. 들어올려질 경우, 강아지의 이빨에 불필요한 압력이 가해질 수 있다.
- 장난감과 간식은 자주 교체하여, 게임의 긴장감이 지나치게 고조되는 것을 막고 나중에 '안전하게 바꿔치기' 훈련의 기초를 마련한다.
- 각 회기를 짧게 진행한 후, 회기 종료 시 반려견의 각성 수준을 몇 단계 낮추어 마무리하는 것이 좋다. 많은 훈련사들이 '최고조에서 끝내라'고 강조하지만, 좋은 느낌으로 끝내는 것과 최고조에서 끝내는 것 사이에는 큰 차이가 있다.

(4) 터그 놀이 이점

터그 놀이는 반려견과의 상호작용을 즐기며 복종 훈련을 강화하는 데 매우 유용하다. 터그 놀이는 다음과 같은 이점을 제공한다.

가) 체력 향상

터그 놀이는 반려견의 체력 향상에 큰 도움이 된다. 반려견과 함께하는 터그 놀이는 단순히 재미있을 뿐 아니라, 신체의 여러 부위의 근육을 자연스럽게 단련시켜 준다. 반려견이 줄을 물고 당기며 버티는 과정에서 전신의 근육, 특히 목, 어깨, 다리 근육을 활발히 사용하게 되어 근력 발달에 이바지한다. **지속적인 터그 놀이는 체력과 지구력을 강화하여 반려견이 더 오래 활동할 수 있도록 돕고, 심박수를 높여 심혈관 건강에도 긍정적인 영향을 미친다.** 에너지를 효과적으로 발산하며 심혈관 운동 효과를 얻을 수 있어, 전반적인 건강 증진에도 기여한다.

나) 복종 훈련 강화

터그 놀이는 반려견이 놀이에 집중하며 보호자의 지시를 자연스럽게 따르게 하는 데 매우 효과적이다. 놀이 중 "가져"와 "놔" 같은 명령어를 사용하면, 반려견은 장난감을 가져오거나 놓는 행동을 배우게 된다. 처음에는 간식을 보여주어 장난감을 놓도록 유도하고, 올바르게 수행하면 다시 장난감을 주어 놀이를 이어간다. 보호자의 지시에 따라 스스로 장난감을 놓는 경험은 복종훈련에 큰 도움이 되며, 성공할 때마다 칭찬이나 간식을 통해 긍정적 보상이 강화된다. 또한, "기다려" 명령어를 활용해 자제력을 길러주는 것도 중요하다. 터그 놀이를 시작하기 전에 반려견에게 "기다려"를 명령하고 잠시 기다리게 한 후, 반려견이 침착하게 기다리면 "시작" 신호를 주어 놀이를 진행한다. 이렇게 흥분을 자제하고 명령을 기다리는 습관을 기르면, 복종과 자제력 모두를 동시에 강화할 수 있다. **이처럼 터그 놀이는 보호자의 지시를 따르는 긍정적인 행동을 유도하는 효과적인 복종훈련 도구이다.**

다) 지능적 자극

터그 놀이는 반려견의 지능을 자극하고 인지 능력을 향상하는 데 도움이 된다. 반려견은 터그 놀이를 진행하면서 보호자의 신호와 명령에 따라 다양한 반응을 보이며 집중력을 발휘한다. 놀이 도중 "놔"나 "기다려" 같은 명령을 수행하며 상황을 분석하고 적절히 반응해야 하므로, **반려견의 문제 해결 능력과 규칙 이해 능력이 자연스럽게 강화된다.**

또한, 놀이를 시작하고 멈추는 신호, 장난감을 놓는 신호 등 명확한 규칙이 필요하다. 이러한 규칙을 반복 학습하면서 반려견은 명령어를 기억하고 올바른 행동을 수행하는 능력을 기른다. 터그 놀이는 신체적 에너지를 소모시키는 동시에, 보호자의 명령에 따라 기다리거나 멈추는 자제력을 요구하기 때문에 **집중력과 자제력을 향상하는 데 큰 도움이 된다.** 더불어, 보호자가 "앉아"나 "엎드려" 같은 추가 명령을 내리면, 반려견은 놀이 중에도 다양한 명령을 수행해야 하므로 인지적 자극을 받는다. 이러한 정신적 자극은 반려견의 스트레스를 줄이고 지루함을 방지하는 데 효과적이며, 규칙적인 터그 놀이는 결국 문제행동을 줄이는 데에도 기여한다.

라) 심리적 만족감

터그 놀이는 반려견이 본능적으로 끌리는 활동을 통해 심리적 안정과 보호자와의 유대감을 쌓을 수 있는 기회를 제공한다. 반려견은 줄을 잡고 당기는 행동을 통해 사냥 본능이 자극되어 자연스럽게 신체 활동을 하며 본능적인 만족감을 느낀다. 이 과정은 반려견이 에너지를 효과적으로 발산하고 하루 동안 쌓인 긴장과 스트레스를 건강하게 해소하는 데 도움을 준다. 터그 놀이는 반려견에게 심리적 안정감과 보호자와의 깊은 유대감을 선사한다. 또한, 보호자와의 놀이에서 승리감을 경험하며 자신감을 얻고, 긍정적인 상호작용을 통해 일상 생활에서도 활력을 되찾게 된다.

마) 사회적 상호작용 증진

보호자와 반려견 간의 사회적 상호작용을 촉진한다. 함께 놀이를 하면서 자연스럽게 의사소통 기술이 발전하고, 각자의 역할 수행이 요구되는 팀워크를 통해 서로 간의 신뢰와 협동심이 쌓인다. 또한, 경쟁 상황에서 발생할 수 있는 갈등을 해결하며 승리와 패배의 감정을 다루고 서로 격려함으로써 긍정적인 경쟁 경험을 쌓게 된다. **터그 놀이는 활동 자체가 즐겁기 때문에 긍정적인 감정을 느끼고 스트레스를 해소하며, 자연스러운 상호작용을 유도한다.**

바) 훈련과 놀이의 결합

반려견의 터그 놀이는 훈련과 놀이를 동시에 즐길 수 있는 훌륭한 방법이다. 터그 놀이는 **반려견이 에너지를 발산하면서도 "기다려", "놔", "가져"와 같은 기본 명령어를 자연스럽게 익힐 수 있는 기회를 제공한다.** 이 놀이를 통해 보호자와 반려견 간의 유대감이 깊어지고, 건강하고 행복한 생활을 유지하는 데 도움이 된다. 예를 들어, 놀이 도중 잠시 멈추고 "놔" 명령을 통해 일시적으로 중단한 후 다시 시작함으로써, 반려견은 보호자의 명령을 따르는 습관을 기르게 된다. 또한, 터그 놀이는 흥분한 상황에서도 반려견이 스스로 진정하고 자제력을 발휘하는 연습이 되어, 긍정적인 행동을 학습할 수 있도록 돕는다. 터그 놀이에서 올바른 행동을 보였을 때 칭찬과 간식으로 긍정적 강화를 해주면, 반려견은 훈련과 놀이가 모두 즐겁고 보람된 경험임을 인식하게 된다.

(5) 터그 놀이 방법

반려견과 터그 놀이를 진행할 때는 즐겁고 안전하게 놀이하는 방법을 아는 것이 중요하다. 터그 놀이는 신체적 활동뿐만 아니라 복종 훈련과 사회적 상호작용에도 긍정적인 영향을 주므로, 몇 가지 규칙을 정해두면 더욱 효과적이다. 터그 놀이는 반려견과의 상호작용을 강화하고 함께 훈련할 수 있는 재미있는 활동이다.

우열을 가릴 수 없는 팽팽한 놀이 특성상, 처음에는 반려견이 지나치게 열중하여 좋지 않은 부위를 물 수도 있다. 반려견의 입 안에 들어가더라도 부드럽고 편안해야 하므로 **부드러운 장난감을 선택하는 것이 필수적이다.** 또한, 고무 장난감의 조건이나 반려견의 기호는 성장 단계에 따라 달라질 수 있으므로, 반려견에게 맞는 장난감을 사용하는 것이 좋다. **'터그' 전용 장난감은 터그 놀이에만 사용해야 하며, 다른 시간에 방치하거나 다른 장난감으로 놀이하지 않도록 주의해야 한다.**

가) 기본 명령어

터그 놀이를 시작하기 전에 **명확한 명령어를 선택하고 훈련하는 것이 중요하다.** 예를 들어, "가져"라는 명령어로 터그 놀이를 시작하고 "그만"이라는 명령어로 놀이를 멈추도록 가르친다. 먼저 장난감을 반려견에게 제시한 후, "가져" 명령어를 사용해 터그 놀이를 시작하고 반려견이 장난감을 물거나 잡을 때까지 함께 놀이를 진행한다. 반려견이 장난감을 물었을 때는 조용하게 "놔" 명령어를 사용해 장난감을 놓도록 훈련하며, 터그 놀이와 장난감 놓기를 번갈아가며 반복한다.

나) 적절한 터그 장난감 선택

터그 놀이를 위해서는 반려견이 물거나 끌어당겨도 쉽게 파손되지 않는, **강하고 튼튼한 장난감을 선택하는 것이 중요하다.** 반려견의 크기, 나이, 힘에 따라 적합한 장난감이 달라지므로 내구성이 뛰어난 제품을 고르는 것이 좋다. 다음은 반려견을 위한 터그 장난감을 선택할 때 고려해야 할 사항이다.

a) 반려견의 크기와 힘에 맞는 장난감

작은 반려견이나 힘이 약한 반려견에게는 **비교적 작은 크기의 부드러운 장난감**이 적합하다. 작은 입으로 물기 쉽도록 크기가 너무 크지 않고 잡기 쉬운 장난감을 선택한다. 대형견이나 힘이 센 반려견의 경우, 내구성이 강한 터그 장난감을 고르는 것이 좋다. 대형견은 터그 놀이 도중 힘을 많이 쓰기 때문에 쉽게 찢어지지 않는 튼튼한 재질을 선택하는 것이 중요하다.

b) 재질

내구성이 높고 잡기 쉬운 로프 장난감은 터그 놀이에 매우 적합하다. 로프 소재는 씹기 좋고 내구성이 뛰어나 쉽게 망가지지 않으며, 반려견의 치아 건강에도 긍정적인 영향을 준다. 고무 소재는 신축성이 우수하고 내구성이 강해, 특히 대형견이나 씹는 것을 즐기는 반려견에게 적합하다. 이 소재의 장난감은 반려견이 씹어도 쉽게 부서지지 않아 안전하게 사용할 수 있다. 반면, 부드러운 천 소재의 장난감은 어린 반려견이나 치아가 약한 반려견에게 좋지만, 터그 놀이와 같이 강한 힘이 가해지는 상황에서는 쉽게 찢어질 수 있으므로 주의해야 한다.

c) 적절한 크기와 길이

반려견의 입 크기에 맞는 장난감을 선택하는 것이 중요하다. 너무 작은 장난감은 삼킬 위험이 있으며, 반대로 너무 큰 장난감은 물고 당기기 어려울 수 있다. 따라서 반려견이 물고 당길 때 보호자의 손과의 거리가 안전하게 유지될 수 있도록 적당한 길이의 장난감을 고르는 것이 좋다. 특히 장난감이 너무 짧으면 반려견이 실수로 보호자의 손을 물 가능성이 높으므로 주의해야 한다.

d) 안전성

작은 부품이나 끈이 달린 장난감은 놀이 도중 떨어질 위험이 있으므로 피하는 것이 좋다. 장난감이 찢어지더라도 반려견이 삼킬 만한 작은 조각이 남지 않는 제품을 선택하는 것이 안전하다. 또한, 반려견은 장난감을 입에 물고 씹는 활동을 많이 하므로 무독성 소재로 만들어진 장난감을 고르는 것이 중요하다. **비스페놀 ABPA나 유해 화학물질이 포함되지 않은 반려견 전용 장난감을 선택하는 것이 안전에 큰 도움이 된다.**

e) 씻기 쉬운 장난감

터그 장난감은 반려견이 반복적으로 물고 씹기 때문에 청결을 유지하는 것이 매우 중요하다. 쉽게 세척할 수 있고 물세탁이 가능한 재질의 장난감이 바람직하며, 특히 천 소재 장난감은 **주기적으로 세탁**해야 한다. 이러한 요소들을 고려하여 반려견의 크기, 나이, 성향에 맞는 터그 장난감을 선택하면, 반려견이 안전하고 즐겁게 터그 놀이를 즐길 수 있다.

다) 놀이 1

터그 놀이를 시작하기 위해, 먼저 장난감을 반려견에게 제시하고 "터그" 또는 정해진 명령어를 사용해 놀이를 시작한다. 반려견이 장난감을 물거나 잡을 때까지 함께 놀이를 진행한다.

a) 놀이 시작 신호 주기

터그 놀이를 시작할 때 "터그!" 또는 "시작!"과 같은 특정 신호나 명령어를 사용한다. 이 신호를 통해 반려견은 보호자의 명령을 듣고, 흥분을 조절하며 놀이에 자발적으로 참여하는 습관을 기르게 된다.

b) 놀이 규칙 가르치기

놀이 중 "놓아"나 "멈춰"와 같은 명령어를 가르쳐, 반려견이 보호자의 지시를 잘 따르도록 한다. 처음에는 장난감을 잠시 놓는 연습을 하고, 성공할 때마다 간식으로 긍정적인 보상을 강화한다.

c) 터그 놀이의 중단과 재개 훈련

중간에 "멈춰" 신호를 주어 놀이를 잠시 멈추고, 반려견이 진정할 시간을 제공한다. 이를 통해 반려견은 스스로 흥분을 조절하며 보호자의 신호에 반응하는 법을 배운다.

d) 적절한 강도와 속도로 진행하기

반려견의 체력과 성격에 맞게 놀이의 속도와 강도를 조절한다. 너무 강하게 당기거나 갑작스런 행동은 반려견을 과도하게 흥분시킬 수 있으므로, 반려견이 즐길 수 있는 강도로 놀이를 유지한다.

e) 끝 신호 가르치기

터그 놀이가 종료될 때 "끝!"과 같은 신호를 사용해, 놀이가 종료되었음을 명확하게 알려준다. 이를 통해 반려견은 놀이와 일상 생활을 구분하는 법을 배우게 된다.

f) 놀이 후 정리와 보상

터그 놀이가 끝난 후, 반려견을 칭찬하고 긍정적인 피드백을 제공한다. 놀이 후 차분한 시간을 주어 반려견이 평온함과 만족감을 느낄 수 있도록 한다.

g) 반복과 칭찬

터그 놀이를 여러 번 반복하며, 반려견이 장난감을 놓고 가져오는 행동을 지속적으로 칭찬과 보상으로 강화한다.

h) 훈련과 놀이 조절

터그 놀이의 강도를 조절해 반려견이 항상 즐겁게 놀 수 있도록 한다.

놀이 도중 장난감을 놓아주는 순발력 훈련을 추가하여 반려견의 반응 속도를 키울 수 있다.

이와 같이 체계적인 규칙과 신호를 통해 터그 놀이를 진행하면, 반려견은 놀이 자체를 즐기면서도 훈련과 자제력을 함께 배울 수 있다.

i) 놀이 종료

터그 놀이가 끝날 때에는 "그만" 또는 "다 됐어"와 같은 명령어를 사용하여 놀이를 마무리한다.

라) 방법 1

반려견이 안전함을 느낄 수 있고, 동시에 넓은 공간에서 자유롭게 움직일 수 있는 환경에서 놀이를 진행한다.

- 보호자와 반려견이 각각 한쪽 끝을 잡고 있을 때, 안전한 거리를 유지할 수 있을 정도로 충분히 큰 장난감을 선택한다.
- 반려견이 잘 볼 수 있는 앞에서 바닥에 장난감을 흔들어준다. 흔들기 전에 반려견이 다가와 냄새를 맡도록 하면 관심이 높아진다.
- 반려견이 관심을 보이면, 천천히 장난감을 물도록 유도한다. 너무 빠르게 흔들지 않아 반려견이 당황하지 않도록 주의한다.
- 반려견이 장난감을 물고 있을 때는 칭찬하며, 보호자가 놀이에 참여하고 있음을 알리기 위해 "터그 터그!" 또는 "가져 가져!" 같은 신호를 사용한다. 이후 같은 신호를 들으면 반려견은 보호자가 원하는 놀이를 쉽게 이해하게 된다.
- 반려견이 장난감을 놓으면 "놔, 잘했어"라고 칭찬하여 장난감을 놓는 행동을 유도한다.
- 반려견이 터그 장난감을 가지고 가면, 다시 놀이를 시작하도록 불러들이며 장난감을 흔들면서 "터그 터그", "가져 가져"라고 말한다.

이와 같이 체계적인 신호와 규칙을 통해 터그 놀이를 진행하면, 반려견은 안전하고 즐겁게 놀이에 참여할 수 있으며, 보호자와의 소통과 유대감도 더욱 강화된다.

주의 사항

터그 놀이는 제대로 통제하기 어려워 어린아이들이 참여하기에 적합하지 않다. 어린아이들은 다양한 장난감이나 옷으로 터그 놀이를 하거나 뛰어다니며 놀 수 있는데, 이런 행동은 원치 않는 상황을 초래할 위험이 크므로 피하는 것이 좋다.

터그로 유혹하기

터그 물게 하기

터그 놀이 1

터그 놀이 2

그만

먹이와 터그 교환하기

터그 놀이를 다시 시작하기 위해 부르기

그림 3.7 터그 놀이

마) 놀이 2(낚싯대)

반려견들이 특히 좋아하는 놀이이다. 반려견이 일반 장난감에 흥미를 보이지 않을 때, 낚시대 놀이를 시도해 볼 수 있다. 고양이 장난감을 사용하는 것도 좋으며, 이 놀이를 통해 반려견의 사냥 본능을 자극하여 실제 사냥감의 움직임을 재현할 수 있도록 염두에 둔다.

- 긴 막대기의 끝에 부착된 장난감을 빠르게 움직인다. 반려견이 사냥감을 잡는 과정을 즐길 수 있도록 장난감을 민첩하게 조작한다.
- 아슬아슬하게 잡을 수 있도록 유도한다. 반려견이 매번 장난감을 물지 않아도 되게 하며, 한 번 놓이면 더 적극적으로 잡으려는 반응을 이끌어낸다.
- "그만" 또는 "놔" 명령어로 장난감을 놓도록 훈련한다. 반려견이 장난감을 놓으면 즉시 칭찬한다. 반려견이 흥분한 상태에서도 "놔" 또는 "놔둬"라는 신호에 따라 장난감을 놓을 수 있도록 꾸준히 연습시킨다.

고양이 장난감 낚싯대

사냥감처럼 움직이기

신나게 움직이기

사냥 성공

그림 3.8 낚싯대 놀이

터그 놀이 중에는 항상 반려견의 행동을 주의 깊게 관찰하고, 과도한 힘을 가하지 않도록 유의해야 한다. 또한, 터그 놀이를 하는 동안 반려견이 장난감을 물거나 당기는 행동이 공격성으로 이어지지 않도록 신경 써야 한다. **이러한 주의 사항을 지키면 반려견과 즐거운 시간을 보내면서 동시에 복종훈련을 효과적으로 강화할 수 있다.**

3) 클리커(Clicker)를 활용한 놀이 방법

클리커 놀이 교육은 반려견 교육에서 널리 활용되는 긍정 강화 방식 중 하나로, 반려견과의 상호작용을 증진하고 긍정적인 행동을 유도하며 효과적인 의사소통을 가능하게 한다. 이 방법은 보호자가 원하는 행동을 정확하게 신호로 전달하는 데 매우 효과적이다.

클리커란, 버튼을 누르면 '클릭' 소리가 나는 금속판이 내장된 단순한 플라스틱 도구를 말하며, 반려견이 특정 행동을 했을 때 정확한 타이밍에 보상을 제공하는 신호로 사용된다. 주로 반려견과 반려묘 교육에 사용되지만, 다른 동물들에게도 효과적으로 활용될 수 있다. **반려견은 클리커의 독특한 소리를 듣는 즉시 보상과 연결지어 학습하기 때문에, 이 소리를 들었을 때 긍정적인 반응을 보인다.**

클리커 놀이의 원리는 클리커 소리와 먹이를 연결하는 데 있다. 처음에는 클리커 소리 후 간식을 주어, 반려견이 '클릭' 소리와 보상의 연관성을 인식하도록 한다. 반복해서 보상을 받게 되면, 반려견은 클리커 소리를 듣고 자연스럽게 긍정적인 행동을 하게 되고, 그 행동을 반복하도록 유도된다. 긍정적 강화만으로도 반려견에게 원하는 행동을 이끌어낼 수 있으며, 이를 통해 지시에 대한 정확하고 신속한 반응, 기본 예절 교육, 그리고 행동 문제 해결 등 다양한 훈련에 응용할 수 있다.

클리커를 올바르게 사용하면 반려견은 똑똑하게 행동하고, 그러한 행동이 즐거운 놀이로 인식되도록 학습할 수 있다. 또한, 클리커 놀이는 멀리 떨어져 있는 상황에서도 효과적으로 행동을 강화할 수 있다. 클리커 버튼을 누르는 순간 반드시 반려견 옆에 있을 필요는 없으며, 멀리서 일어나는 행동이나 반려견이 등을 돌리고 있을 때도 사용할 수 있다. 클리커 훈련을 받은 반려견은 눈으로 먹이를 찾거나 코로 냄새를 맡기보다는, 자신이 해야 할 행동에 집중하며 '클릭' 소리를 기다린다. 결국, 보호자가 원하는 정확한 행동과 클리커 소리를 연결해 학습을 진행하면, 반려견은 '좋아! 이걸 다시 할 가치가 있어'라는 긍정적 연상을 형성한다. 비록 클리커를 항상 손에 들고 있어야 하는 번거로움이 있지만, 이 방법은 반려견의 올바른 행동을 확실하게 강화해 주며, 실수를 지적하기보다는 잘 수행한 행동에 초점을 맞춰 격려하는 장점이 있다. 반려견과 함께 작업할 때 클리커를 사용하면 교육 과정이 더욱 즐겁고 효과적으로 진행될 것이다.

Point

클리커 훈련은 단순히 클리커와 먹이만 가지고 이루어지는 것이 아니다. 이 훈련에서 가장 중요한 요소는 강화물(Reinforcer)로, 보호자와 개가 효과적으로 의사소통하는 과정에서 정확한 순간에 신호와 함께 제공되는 선물과 같다. 보통 클리커 훈련에서는 강화물로 간식을 사용하고, 클리커를 신호로 활용하여 원하는 행동과 보상의 연결 고리를 확실하게 형성한다.

조건 강화물은 반려견의 정확한 타이밍을 포착할 수 있다. **클리커 소리는 보호자가 원하는 행동이 무엇인지 정확하게 전달하여, 보호자와 반려견 사이의 의사소통을 명확하게 해준다.** 그 결과, 보호자는 세부적인 행동까지 하나하나 명확하게 가르칠 수 있다. 클리커 훈련은 새 식구가 될 반려견을 집에 데려온 첫날부터 시작할 수 있다. 반려견을 놀라게 하거나 잠재적으로 해로울 수 있는 요소가 없으므로, 특정 나이가 될 때까지 기다릴 필요가 없다. 또한, 반려견의 품종, 성별, 기질과 관계없이 모두 효과적으로 적용할 수 있다. **클리커 훈련은 지나치게 열정적이거나 넘치는 힘을 주체하지 못해 잠시도 가만히 있지 못하는 반려견은 물론, 조용하고 위엄 있는 반려견, 겁 많고 소심한 반려견에게도 효과적이다.**

(1) 클리커 놀이교육의 필요성

- **효과적인 학습 방식**

클리커는 행동과 보상의 연결을 명확하게 하여 학습 효과를 극대화한다.

- **정확성**

반려견이 올바른 행동을 했을 때 즉각적으로 신호를 줌으로써 학습 속도를 빠르게 한다.

- **긍정 강화**

강압적인 방법 대신 보상을 활용해 반려견을 동기 부여하며, 스트레스를 줄여준다.

- **반려견과의 관계 강화**

놀이 형태로 진행되는 클리커 교육은 보호자와 반려견 간의 신뢰를 쌓는 데 큰 도움이 된다.

- 상호작용 증가: 교육 과정에서 보호자와의 활발한 소통이 이루어져 관계가 더욱 친밀해진다.
- 자신감 향상: 반려견은 올바른 행동에 대해 보상을 받음으로써 자신감을 키울 수 있다.

- **문제행동 개선**

클리커 교육은 반려견의 문제행동을 개선하는 데 효과적이다.

- 집중력 향상: 특정 행동에 대한 긍정적 피드백으로 반려견의 주의력을 높인다.
- 대체 행동 학습: 문제행동 대신 바람직한 행동을 학습하도록 유도한다.

- **창의적이고 재미있는 교육 방법**

놀이와 학습을 결합한 클리커 교육은 반려견과 보호자 모두에게 즐거운 경험을 제공한다.

- 반복성: 게임처럼 진행되어 지루함 없이 꾸준한 학습이 가능하다.
- 창의적 활용: 기본 교육 외에도 개인기 학습 등 다양한 방식으로 응용할 수 있다.

클리커 놀이 교육은 반려견과의 긍정적 상호작용을 촉진하고, 효과적인 학습과 문제행동 개선에 도움을 준다. 이는 반려견의 삶의 질을 높이고, 보호자와의 관계를 강화하는 교육 방법 중 하나로 자리 잡고 있다.

(2) 클리커 놀이 교육의 장점

- **정확한 피드백 제공**

클리커 훈련은 반려견이 원하는 행동을 하는 순간을 정확하게 신호로 표시하여, 반려견이 무엇을 잘했는지 명확히 이해하도록 돕는다. 클릭 소리로 즉시 보상을 기대하게 하여, 혼란 없이 올바른 행동임을 빠르게 학습할 수 있고, 훈련 속도와 정확성이 향상된다.

- **긍정적 강화와 스트레스 감소**

클리커 훈련은 강압적인 방법 대신, 놀이와 보상을 통해 긍정적 강화를 제공하여 반려견의 동기를 높인다. 스트레스를 주지 않고 자연스럽게 행동을 교정할 수 있으며, 반려견은 클리커 소리를 듣고 보상을 기대함으로써 훈련을 즐거운 경험으로 느낀다.

- **일관된 신호 제공**

클리커의 일정한 소리는 특정 행동과 보상 사이의 연결을 명확하게 나타내어, 반려견이 어떤 행동이 보상을 가져오는지 빠르게 이해할 수 있게 한다. 감정이나 목소리 톤에 따라 달라지지 않는 일관된 신호는 혼란을 줄이고 학습 효과를 높인다.

- **복잡한 행동의 단계적 학습 가능**

반려견이 어려운 행동을 배울 때, 작은 단계로 나누어 각 단계에서 성공할 때마다 클릭과 보상을 주어 점진적으로 복잡한 행동을 익힐 수 있다. 예를 들어, 돌아서기 동작을 한 번의 회전이 아닌 여러 단계로 나누어 교육할 수 있어 빠른 학습이 가능하다.

- **교육자의 의사소통 능력 향상**

클리커 교육을 통해 교육자는 반려견의 행동을 더욱 주의 깊게 관찰하고, 원하는 행동을 명확하게 지정할 수 있다. 이는 보호자와 반려견 간의 의사소통 기술 향상으로 이어진다.

- **정서적 유대감 강화**

클리커 교육은 반려견과 보호자가 협력하며 성취감을 쌓는 과정으로, 상호 신뢰와 유대감을 형성한다. 반려견이 올바른 행동을 성공할 때마다 칭찬과 보상을 받으면서 긍정적인 경험을 쌓고, 보호자와의 관계가 더욱 가까워진다.

클리커 훈련은 효과적인 긍정적 강화 기반의 교육 방법으로, 반려견의 학습 능력을 증진시키고 긍정적인 교육 경험을 제공하는 데 큰 장점이 있다.

(3) 클리커 놀이 교육의 유의사항

- **타이밍이 중요**

반려견이 원하는 행동을 한 직후에 즉시 클리커를 눌러야 효과적인 학습이 이루어진다.

- **일관된 훈련**

모든 가족 구성원이 동일한 방식으로 클리커 훈련을 진행해야 반려견이 혼란 없이 올바른 행동을 익힐 수 있다.

- **보상 줄이기**

반려견이 행동을 충분히 학습한 후에는 보상의 빈도를 점차 줄여, 자율적인 행동을 유도한다.

클리커 놀이 교육은 단순한 훈련 도구를 넘어 반려견과 보호자 모두에게 즐거움을 주는 교육 방법이다. 시작하려면 간단한 클리커 도구와 약간의 간식만 있으면 충분하다.

(4) 클러커 놀이 준비물

클리커 놀이 교육을 시작하려면 몇 가지 간단한 도구와 준비물이 필요하다. 이 준비물들은 효과적인 훈련과 즐거운 경험을 위해 필수적이다.

가) 준비물

a) 클리커

반려견에게 클리커 소리를 인식시키는 기초 단계를 진행한다. 버튼을 누르면 발생하는 '클릭' 소리는 올바른 행동과 보상 사이의 연결을 나타내는 신호로 사용된다. 손에 잡기 편하고 사용하기 쉬운 제품을 선택하며, 야외에서도 편리하게 사용할 수 있도록 손목 스트랩이 있는 제품이 좋다.

b) 보상용 간식

올바른 행동에 대한 긍정 강화를 위해 사용할 간식을 준비한다. 간식은 빠르게 먹을 수 있도록 반려견이 한 입에 통째로 삼킬 수 있는 크기로 선택한다. 소시지, 삶은 닭고기, 부드러우면서도 단단한 치즈 등 맛있는 먹이가 효과적이다. 기름지거나 냄새가 강한 간식, 쉽게 부서지는 간식은 피하고, 한 조각당 칼로리가 낮은 제품을 선택해 과체중 위험을 줄이는 것이 좋다.

c) 교육 매트 또는 교육 공간

반려견이 안정적으로 교육을 받을 수 있는 장소가 필요하다. 실내에서는 미끄럼 방지 매트를 사용하거나 특정 공간을 교육 구역으로 설정한다. 야외에서는 휴대용 매트를 활용할 수 있으며, 반려견이 편안하게 느낄 수 있는 환경이어야 한다.

d) 리드줄 또는 하네스

터그 놀이와 이동 훈련(예: 걸어오기, 기다리기 등) 동안 반려견의 안전과 집중을 유지하는 데 도움을 준다. 반려견의 체형과 크기에 맞는 편안하고 부드러운 소재의 하네스나 목줄을 선택한다.

e) 타깃봉 (선택 사항)

반려견이 특정 지점을 따라가거나 코끝으로 만지는 행동을 연습할 때 유용하다. 막대 끝에 공이나 패드가 달린 형태로, 이동 훈련이나 개인기(돌기, 손 대기 등) 교육에 사용할 수 있다.

f) 먹이 주머니

허리 벨트에 부착해 두면 손을 자유롭게 사용하면서도 간식을 쉽게 꺼내어 보상할 수 있어 편리하다.

g) 반려견의 관심을 끄는 장난감 (선택 사항)

집중력이 떨어질 때 주의를 다시 돌릴 수 있는 도구로 터그 장난감이나 공 등이 적합하다.

초반에는 조용하고 방해 요소가 적은 환경에서 놀이 교육을 시작하는 것이 좋으며, 교육 과정을 기록하여 반려견의 진전을 확인할 수 있다. 위의 준비물만 있으면 클리커 놀이 교육을 효과적으로 시작할 수 있으며, 필요에 따라 추가 도구를 점차 마련할 수 있다.

(5) 클리커 놀이 교육 방법

가) 클릭 소리와 보상 연결하기

반려견에게 클리커 소리의 의미를 알려주기 위해, 클리커를 눌러 클릭 소리를 내고 즉시 보상을 주는 과정을 4~5회 반복한다. 이때, 집 안이나 야외 등 다양한 위치에서 훈련해야 한다. 항상 같은 장소에서만 훈련하면 반려견이 클릭 소리와 보상이 특정 위치와 연관된다고 오해할 수 있으므로 주의해야 한다.

나) 클릭 소리에 조건 형성되었는지 확인하기

클릭 소리와 보상의 연결을 반복한 후에는, 클리커를 누른 뒤 보상을 주기까지의 시간을 몇 초 정도 늦춰본다. 만약 반려견이 당황하며 보상을 찾는다면, 이는 클릭 소리가 이미 조건 강화물로 작용하고 있음을 보여주는 증거이다.

다) 행동 형성하기

이제부터는 '행동 형성'을 통해 반려견이 원하는 행동을 구체적으로 만들어내는 단계이다. 예를 들어, '꼬리 쫓기'와 같은 행동을 형성할 수 있다. 다양한 방법이 있지만, 여기서는 자극 없이 기초부터 행동을 형성하는 방법을 설명한다.

a) 행동 형성 연습 : 빙글빙글 꼬리 쫓기

- 클리커 누르기를 멈추고 아무것도 하지 않고 가만히 기다린다. 이때 반려견이 보호자 주위를 돌아다니거나, 봐달라는 듯이 낑낑거리거나 짖을 수도 있다.
- 반려견이 오른쪽으로 움직이거나 제자리에서 돌기 시작하는 순간, 즉시 클리커를 누르고 곧바로 먹이 보상을 제공한다.
- 다시 기다린다. 보호자가 원하는 행동(예: 머리를 오른쪽으로 살짝 돌리거나 오른쪽 앞발을 바깥쪽으로 한 걸음 내딛는 행동) 외의 모든 행동은 무시한다. 주의할 점은 반려견이 오른쪽으로 완전히 한 바퀴 도는 것을 기대하면 안 된다는 것이다. 약간의 움직임이면 충분하다.
- 반려견이 오른쪽으로 움직이거나 제자리에서 돌 때마다 클리커를 눌러 즉시 먹이 보상을 제공한다. 이 과정을 서너 번 강화하면, 반려견은 더욱 자주 오른쪽으로 도는 행동을 보이기 시작할 것이다. 여기까지 성공했다면, 이제부터는 오른쪽으로 한 발자국 내딛는 행동에는 굳이 클리커를 눌러 보상할 필요가 없다는 것을 반려견이 이해하게 된다.
- 마지막으로, 반려견이 1/4바퀴를 돌 때 클리커를 눌러 보상을 준다. 몇 번의 반복으로 반려견은 한 바퀴 도는 행동의 의미를 분명히 이해하게 된다.

이와 같이 단계별로 클리커 소리와 보상, 그리고 행동 형성을 연결함으로써, 반려견은 원하는 행동을 점차적으로 학습하게 된다.

라) 훈련 시작

반려견이 원하는 행동을 보이면 즉시 클리커를 눌러 소리를 발생시키고 보상을 제공한다. 예를 들어, "앉아"라는 명령을 내렸을 때 반려견이 앉으면 즉각적으로 클리커를 눌러 간식을 주는 방식이다. 이렇게 간단한 행동부터 시작하면 반려견이 클리커 소리와 보상의 연결을 잘 이해하게 된다. 한 번에 하나의 행동에 집중하여 훈련하는 것이 효과적이며, "앉기"가 완전히 숙달되면 그다음으로 "기다려"나 "손"과 같은 새로운 행동을 추가할 수 있다. 각 행동이 충분히 익숙해질 때까지 반복하고, 시간이 지나면 복잡한 행동도 단계적으로 나누어 훈련할 수 있다.

마) 보상 점차 줄이기

초기에는 클리커 소리와 보상을 거의 동시에 제공하여 반려견이 두 요소의 연관성을 확실히 인식하도록 한다. 이후에는 클리커와 보상 사이의 시간 간격을 점차 늘려나간다. 초반에는 매번 보상을 주지만, 반려견이 행동을 안정적으로 수행하면 보상을 간헐적으로 제공하기 시작한다. 시간이 지나면서 보상 대신 칭찬이나 놀이로 대체할 수 있으며, 가끔 불규칙하게 보상을 주어 반려견이 행동을 지속하도록 유도한다.

바) 일상적 상황에서 활용

목표 행동을 클리커와 함께 학습한 후에는 일상 생활에서 그 행동을 요청할 때도 클리커를 사용하여 보상을 제공한다. 이를 통해 반려견은 집 안 어디서나 해당 행동이 긍정적으로 강화된다는 것을 인식하게 된다.

사) 새로운 행동 추가

기본 명령이 잘 숙달된 후에는 추가적인 행동을 학습시킬 수 있다. 반려견이 새로운 행동을 수행할 때 클리커를 사용하여 보상을 제공하면, 반려견은 새로운 행동과 보상 사이의 연관성을 빠르게 이해하게 된다.

아) 일관성과 인내

클리커 교육은 일관성과 인내가 필수적인 과정이다. 반려견이 원하는 행동을 정확히 이해하고 익히기까지는 시간이 걸릴 수 있으므로, 보호자는 꾸준히 인내심을 갖고 훈련에 임해야 한다.

(6) 클리커를 이용한 '앉아' 교육 방법

가) 1단계: 앉아

반려견은 이미 클리커 소리와 보상의 연관성을 이해한 상태이다. 이제 이 연관성을 활용하여 앉는 행동을 형성한다.

a) 한 손에 클리커를 다른 손에는 보상용 간식을 준비한다. 간식을 든 손을 반려견의 머리 위쪽으로 천천히 움직여 자연스럽게 앉게 유도하거나 반려견이 스스로 앉는 순간을 기다린다.

b) 반려견이 위를 바라보며 앉는 모습이 보이면 즉시 클리커를 눌러 클릭 소리를 내고 바로 보상을 제공한다.

c) 이 과정을 여러 번 반복하여 반려견이 클릭 소리와 보상의 연관성을 확실하게 인식하도록 한다.

d) 한두 걸음 뒤로 물러나 반려견을 우리 쪽으로 불러 반려견이 보호자의 얼굴을 바라볼 때 클리커 소리를 내고 즉시 보상한다.

e) 이 과정을 반복하며 반려견이 올바른 앉기 행동에 점점 익숙해지도록 한다.

f) 반려견의 엉덩이가 땅에 닿는 순간을 포착해 클리커를 누르고 보상을 준다. 반려견은 보호자의 얼굴을

바라보려면 머리를 들고 앉아야 하므로 이 순간을 노리면 효과적이다.

g) 이 과정을 여러 번 반복한다.

h) 가능한 한 빠르게 클리커 소리를 자주 제공하여 반려견이 즉각적인 피드백을 받도록 한다.

i) 반려견이 보호자를 바라보다 앉으려는 순간에도 즉시 클릭하고 보상한다.

j) 몇 번의 반복 후 반려견이 스스로 앉는 것을 보이면 즉시 클리커를 누르고 보상을 제공한다.

k) 다시 한 걸음 뒤로 물러나 반려견을 유도한 후 반려견이 보호자의 얼굴을 올려다보면 바로 클릭하고 보상한다.

l) 이 과정을 계속 반복하여 반려견이 앉는 즉시 클리커 소리가 나오고 보상이 주어진다는 것을 학습하도록 한다.

나) 2단계: "앉아"라는 명령어 추가

a) 반려견이 앉을 준비를 할 때 보호자는 "앉아"라는 명령어를 함께 사용한다.

b) 반려견이 앉는 순간 즉시 클리커를 누르고 간식을 주어, 명령어와 행동을 연결시킨다.

c) 이 과정을 반복하여 "앉아"라는 단어가 올바른 행동과 항상 연관되도록 한다. 명령어는 항상 같은 톤과 단어를 사용해야 반려견이 혼란스러워하지 않는다.

다) 3단계: 유도 없이 행동하기

이제 간식을 숨기고 "앉아"라는 명령어만으로 반려견이 스스로 앉도록 유도한다. 반려견이 명령어에 따라 앉으면 즉시 클리커를 누르고 간식을 제공한다. 이 과정을 반복하여 반려견이 단지 명령어만으로 앉는 행동을 수행하도록 연습한다.

라) 4단계: 간식 보상 줄이기

반려견이 명령어에 따라 앉는 행동을 안정적으로 수행하면 보상으로 간식을 주는 빈도를 점차 줄인다. "앉아" 명령어를 수행할 때는 간식 대신 칭찬이나 쓰다듬기로 보상할 수 있으며, 보상은 간헐적으로 제공하여 반려견이 행동을 유지하도록 한다.

마) 5단계: 앉아 있는 시간 늘리기

반려견이 앉아 있는 시간을 서서히 늘려가도록 훈련한다. 반려견이 앉을 때까지 기다린 후, 클릭하고 보상을 제공한다. 이후, 반려견이 조금 더 오래 앉아 있을 때까지 기다린 후 보상을 주며, 클릭 타이밍을 점차 늦춰서 반려견에게 "클릭" 소리가 날 때까지 가만히 앉아 있는 법을 가르친다.

※ 유의사항

- 각 회기는 짧게, 5~10분 정도로 진행하는 것이 효과적이다.
- 교육 중에는 반려견을 혼내지 않고 즐겁게 진행해야 하며, 반려견마다 학습 속도가 다르므로 꾸준히 반복 연습한다.
- 이 단계에서 반려견은 클리커 소리와 동시에 앉는 자세를 자연스럽게 익히며, 클릭 소리를 늦추어 행동을 유지하는 방법도 배우게 된다.
- 클리커 훈련에서는 말로 설명하기보다는, 클릭과 보상의 타이밍에 집중하는 것이 중요하다.

이와 같이 단계별로 진행하면, 반려견은 '앉아'라는 행동을 명확히 이해하고 자연스럽게 수행하게 된다.

(7) 클리커를 이용한 '엎드려' 교육 방법

가) 1단계: "엎드려"

반려견이 '앉아'를 잘 수행한 상태라면, '엎드려' 교육도 비교적 쉽게 진행할 수 있다.

a) 반려견이 '앉아' 자세에서 시작한다.

b) 보상용 간식을 든 손을 반려견의 코 앞에서 양 앞발 사이로 천천히 내린다. 이때 손은 반려견과 매우 가까이 있어야 한다.

c) 반려견의 코가 손을 따라 아래로 내려가면 자연스럽게 엎드리기 시작한다.

d) 반려견의 앞다리가 처음으로 접히는 순간, 클리커를 눌러 클릭 소리를 내고 즉시 보상을 제공한다.

e) 다음에는 손을 좀 더 낮은 위치에서 유인해 보면서, 손이 바닥에 닿을 때 부드럽게 빼낸다. 반려견이 자연스럽게 몸을 엎드리는 자세가 나오도록 유도하며, 만약 반려견이 따라오지 않으면 손의 움직임을 더욱 천천히 진행한다.

f) 반려견이 완전히 엎드린 자세를 취하는 순간 클리커를 누르고 즉시 간식을 주어 보상을 강화한다. (반려견이 클릭하자마자 일어나도 괜찮다. 중요한 것은 클릭하는 순간이며, 반려견이 서 있어도 보상할 수 있다. 다시 엎드리도록 유도하면 된다.)

g) 이 과정을 반복 연습하여, 반려견이 '엎드려' 행동과 클리커 소리의 연관성을 확실히 인식하게 한다.

나) 2단계: "엎드려" 명령어 추가

반려견이 간식을 보고 엎드리는 동작을 이해하기 시작하면, 이제 "엎드려" 또는 "다운" 같은 명령어를 추가하여 명령어와 행동을 연결한다. 보상을 유도할 때 "엎드려"라는 지시어를 함께 말한다. 반려견이 엎드리는 순간 클리커를 누르고 간식을 주어 보상한다. 이 과정을 반복하여 명령어와 행동의 연관성을 강화한다.

다) 3단계: 스스로 엎드리게 하기

반려견이 '엎드려' 동작에 익숙해지면, 이제 손으로 유인하는 동작을 점차 줄여 스스로 엎드릴 수 있도록 한다.

a) 반려견에게 먹이를 가지고 있다는 것을 알려주되, 손으로 직접 유인하지 않는다.
b) 반려견이 엎드릴 때까지 기다린다. 완벽한 엎드림이 아니더라도, 머리를 숙이거나 앞다리를 살짝 구부리는 등 엎드리려는 신호만 보여도 된다.
c) 해당 순간에 클리커를 눌러 보상을 제공한다.
d) 반려견이 점차 엎드리는 행동에 더 근접하도록 시간을 두고 기다린 후, 완전히 엎드렸을 때 클리커를 누른다.
e) 이 과정을 반복 연습한다.
f) 반려견이 보호자가 의도한 '엎드려' 동작을 완전히 이해하면, 보상은 클릭 한 번에 대해 한 번만 제공하고, 먹이 보상은 소량씩 주어 긍정적 반응을 전달한다.

라) 4단계: 간식 의존 줄이기

반려견이 명령어만으로도 엎드리는 행동을 수행하기 시작하면, 간식 보상을 점차 줄여 간헐적으로 제공하거나 칭찬과 쓰다듬기로 대체한다. 이 과정은 반려견에게 "생각하기 게임"처럼 작용하여, 엎드림과 보상 사이의 연결을 스스로 인지하도록 돕는다. 반려견이 자신의 힘으로 보상을 얻을 수 있다는 사실을 깨닫게 되는 순간, 이는 앞으로 보호자가 다양한 방식으로 응용할 수 있는 중요한 기초가 된다. 이 단계는 반려견에게 가장 흥미로운 첫 수업으로 자리잡으며, 긍정적 경험이 확실히 전달된다.

마) 예상 문제와 해결 방법

a) 간식을 따라오지 않을 경우: 반려견이 좋아하는 간식으로 바꿔보며 동기 부여를 높인다.
b) 엎드리는 동작을 망설일 경우: 시간을 충분히 두고 간식을 천천히 움직이며 자연스럽게 유도한다.

c) 클리커에 반응하지 않을 경우: 클리커와 보상의 연결을 더욱 반복적으로 강화하는 교육을 실시한다.

이와 같이 단계별로 클리커를 이용한 '엎드려' 교육을 진행하면, 반려견은 점차적으로 스스로 엎드리는 동작을 학습하고, 명령어와 행동 사이의 연관성을 확실히 익힐 수 있다. 교육 과정은 짧고 빈번하게 진행하며, 항상 긍정적이고 즐거운 분위기를 유지하는 것이 중요하다.

(8) 타깃 훈련(Target Training)

타깃 훈련은 반려견에게 특정 대상(손바닥, 막대 끝, 물체 등)에 접촉하거나 따라가도록 가르치는 교육 기술이다. 이 방법의 장점은 보호자가 원하는 곳으로 반려견을 유도할 수 있다는 점이다. 예를 들어, 쇼파에서 내려오기, 차에 타고 내리기, 미용 테이블로 올라가기 등의 행동을 억지로 밀거나 당기지 않고도 자연스럽게 유도할 수 있다.

가) 준비물

a) 클리커: 행동을 강화할 때 사용할 도구

b) 타깃 도구: 교육용 타깃 막대(예: 길쭉한 물체의 끝에 공이 달린 막대), 긴 자, 나뭇가지, 또는 손바닥이나 특정 물체도 사용 가능하다.

c) 간식: 반려견이 좋아하는 작은 보상

나) 1단계: 타깃 터치하기

a) 타깃 도구(또는 손바닥)를 반려견의 코 가까이에 가져간다. 막대 끝에 보상용 간식을 문지르면 반려견의 관심을 더욱 끌 수 있다.

b) 반려견이 타깃에 자연스럽게 관심을 보이거나 코를 대는 순간, 클리커를 눌러 클릭 소리를 낸다.

c) 타깃을 치운 후 즉시 간식을 제공한다.

d) 이 단계를 여러 번 반복해 반려견이 '타깃을 만지면 보상이 온다'는 것을 이해하도록 한다.

다) 2단계: 타깃 접촉 강화

a) 타깃에 가까이 다가오거나 코를 대는 순간에만 클리커를 눌러 보상을 제공한다.

b) 타깃 도구를 올렸다 내렸다 움직이며, 반려견이 타깃을 건드리거나 단순히 쳐다보는 행동에도 클릭 소

리와 보상을 준다.

c) 이 과정을 반복해 타깃과의 접촉 행동을 강화한다.

d) "터치"와 같은 간단한 명령어를 추가하여 행동을 명확히 가르친다.

e) 반려견이 타깃에 접촉하면 '터치 → 클릭 → 멈춤 → 보상 → 이동'의 순서로 진행한다.

f) 이후, 타깃을 이용해 반려견이 오른쪽이나 왼쪽으로 돌며 따라올 수 있도록 유도한다.

라) 3단계: 특정 동작 추가

타깃을 활용하여 다양한 행동을 가르칠 수 있다.

a) 따라가기: 타깃을 움직여 반려견이 따라오도록 유도한다. 예를 들어, 쓰레기통 같은 물건을 돌게 하거나 식탁 다리를 통과하도록 하는 훈련.

b) 특정 위치로 이동: 타깃을 특정 지점에 두고 반려견이 그곳으로 이동하도록 한다. 예를 들어, 차에 태우거나 차에서 내리기, 미용 테이블에 올라가기 등.

c) 도구와 상호작용: 타깃을 이용해 반려견이 발을 올리거나 물건을 밀도록 가르칠 수 있다. 예를 들어, 상자나 짐볼 위에 올라가게 하거나 축구공을 밀도록 하는 훈련.

마) 타깃 활용 예시

a) 기본 교육: 손을 타깃으로 사용해 '손 터치'를 가르치거나 특정 위치로 이동시키는 교육에 활용한다.

b) 장난감 놀이: 공이나 스틱을 타깃으로 사용해 반려견이 물건을 가져오게 유도한다.

c) 문제행동 수정: 타깃 훈련을 통해 주의 산만함을 줄이거나, 원하는 행동을 대체하도록 유도한다.

d) 도구 사용 훈련: 터널 통과, 점프, 회전 등 더 복잡한 동작으로 확장할 수 있다.

이 타깃 훈련은 특히 소심한 반려견의 자신감을 향상시키는 데 큰 도움이 된다. 새로운 것에 성공할 때마다 반려견은 긍정적인 경험을 쌓으며 보호자에 대한 신뢰감도 높아진다. 보호자와 반려견 간의 상호작용을 강화하면서, 일상생활에서 유용하게 활용할 수 있는 다양한 행동을 자연스럽게 배울 수 있는 좋은 교육 방법이다.

4. 반려견 놀이 교육의 기대 효과

반려견 놀이 교육은 단순한 즐거움을 넘어 신체적, 정신적, 사회적, 정서적 건강을 증진시키는 중요한 활동이다. 놀이를 통해 반려견은 다양한 기술을 배우고, 보호자와의 유대감을 강화하며, 전반적인 삶의 질을 높일 수 있다. 주요 기대 효과는 다음과 같다.

1) 신체적 건강 증진

놀이를 통해 반려견은 충분한 신체 활동을 하며 운동 능력과 근육을 강화한다. 충분한 운동은 비만 예방과 관리에 도움이 되며, 반려견이 더욱 건강한 생활을 할 수 있도록 한다. 공 물기, 장애물 넘기 등의 활동은 균형 감각, 반사 신경, 유연성을 향상시켜 운동 기술을 발달시킨다. 에너지 발산을 통해 과잉 에너지가 문제행동으로 전환되는 것을 예방하고, 반려견이 보다 안정적이고 행복한 상태를 유지하게 한다.

2) 정서적 안정감, 정신적 자극 그리고 학습

놀이를 통해 반려견은 정신적으로 자극을 받고, 창의적 문제 해결 능력을 향상시킬 수 있다. 퍼즐 장난감이나 보상 찾기 놀이는 두뇌 활동을 자극하며, 정신적 자극이 부족할 때 나타날 수 있는 파괴적 행동이나 우울감을 예방한다. 새로운 기술(앉기, 기다리기 등)을 재미있게 배움으로써 스트레스를 해소하고 긴장을 풀 수 있다. 긍정적인 경험은 반려견의 안정감을 증진시키고 정서적 만족을 높인다.

3) 사회화 및 교류적 기술 발달

놀이 교육은 반려견이 사람과 다른 동물과의 상호작용을 통해 사회적 기술을 배우도록 돕는다. 사람과의 교감과 소통 능력을 향상시키며, 다른 반려견과 어울리는 법을 익힘으로써 상호작용 능력을 강화한다. 긍정적인 놀이 경험은 스트레스를 줄이고, 공격적 행동을 완화시켜 보호자와의 협력적인 관계를 형성하는 데 기여한다.

4) 보호자와의 유대감 강화

놀이 교육은 보호자와 반려견 간의 신뢰와 애착을 깊게 만든다. 함께 즐거운 시간을 보내며, 서로에 대한 이해와 신뢰를 쌓을 수 있다. 긍정적이고 효율적인 학습 환경은 반려견의 행동과 감정을 더 잘 이해하는 데 도움을 준다.

5) 정서적 안정과 행복감

정기적인 놀이 시간은 반려견이 긴장을 풀고 스트레스를 해소하는 데 효과적이다. 놀이에서의 작은 성공 경험은 반려견의 자신감을 높여주며, 긍정적인 정서를 유지하도록 돕는다.

6) 문제행동 예방 및 개선

놀이 교육은 반려견이 에너지를 적절히 발산하도록 유도하여 짖기, 물기, 파괴 행동 등 문제행동을 예방한다. 놀이와 훈련을 병행하면 반려견의 주의 집중력이 향상되고, 바람직한 행동이 지속적으로 보상되어 강화된다.

반려견 놀이 교육은 개별 반려견의 특성과 운동 수준을 고려하여 적절한 활동을 선택하고 꾸준히 진행할 때, 전반적인 기질과 삶의 질을 크게 향상시킬 수 있는 중요한 교육 방법이다.

4

반려견 집중력 훈련

4장 반려견 집중력 훈련

1. 반려견 집중력 훈련의 필요성

반려견의 집중력Focus은 '주의를 집중하고 몰두하는 능력'으로, 훈련 효과에 직접적인 영향을 미친다. 집중력이 부족한 반려견은 주위 환경의 작은 변화에도 쉽게 반응하여 산만해질 수 있으며, 이는 훈련의 효율성을 저하시킬 뿐만 아니라 일상생활에서도 문제행동으로 이어질 가능성이 크다. 따라서, 집중력 훈련은 반려견이 보호자의 신호에 주의를 기울이고, 주어진 상황에서 올바른 행동을 선택할 수 있도록 돕는 필수적인 과정이다. 집중력 훈련을 통해 반려견은 산만함을 차단하고 학습 능력을 극대화할 수 있으며, 보호자와의 신뢰 관계를 더욱 공고히 할 수 있다. 집중 상태에서 훈련이 이루어지면 새로운 명령이나 행동을 보다 빠르게 습득할 수 있고, 보호자와의 집중적인 상호작용을 통해 유대감이 강화된다. 또한, 주변 자극에 과민하게 반응하는 반려견은 쉽게 흥분하거나 두려움을 느낄 수 있는데, 집중력 훈련은 이러한 반응을 조절하고 정서적 안정을 유지하는 데 도움을 준다. 더 나아가, 집중력 훈련은 반려견의 문제행동 교정에도 효과적이다. 예를 들어, 산책 중 지나가는 개나 사람에게 과도하게 반응하거나, 주의가 분산되어 훈련 명령을 따르지 않는 경우, 보호자에게 집중하는 습관을 형성함으로써 문제행동을 줄일 수 있다. 또한, 집중력을 기르는 과정에서 성공적인 훈련 경험이 반복되면 반려견은 자신감을 갖게 되고, 이러한 긍정적인 경험이 행동 습관으로 자리 잡아 더욱 안정적인 생활을 할 수 있다. 결과적으로, 반려견의 집중력 훈련은 단순히 훈련의 효율성을 높이는 것을 넘어 반려견의 정서적 안정, 문제행동 예방 및 교정, 보호자와의 신뢰 관계 형성 등 다양한 긍정적인 영향을 미친다. 따라서, 집중력 훈련은 반려견의 올바른 행동 습관을 형성하고 원활한 소통을 이루기 위해 반드시 필요하며, 이를 지속적으로 유지하는 것이 중요하다.

다행히도 반려견의 집중력은 후천적인 노력으로 충분히 계발할 수 있으며, 꾸준한 훈련을 통해 반려견이 더욱 효율적으로 학습하고 보호자와의 소통을 원활하게 할 수 있도록 돕는다. 집중력 향상이 중요한 이유는 다음과 같다.

❶ 산만함 차단 및 습득 효율 향상

반려견이 집중 상태에 들어가면 주변의 방해 요소들이 차단되어, 반복적인 동작이나 새로운 명령을 보다 효과적으로 습득할 수 있다.

❷ 보호자와의 유대 강화

훈련 과정에서 보호자와 반려견 간에 집중적인 상호작용이 이루어지며, 이를 통해 신뢰가 형성되고 감정적 결속이 강화된다.

❸ 문제행동 교정

주변 자극에 쉽게 반응하는 반려견은 산만해져 문제행동(예: 산책 중 목줄을 당기거나 주의가 분산되는 행동)을 보일 수 있다. 집중력 훈련을 통해 보호자에게 주의를 기울이도록 유도하면 이러한 문제행동을 줄이는 데 도움이 된다.

❹ 자신감 향상

새로운 동작을 성공적으로 익히고 적절한 보상을 받으면 반려견은 성취감을 느끼게 된다. 반복적인 성공 경험은 자신감을 키우고 훈련에 대한 긍정적인 태도를 형성하는 데 기여한다.

❺ 긍정적인 행동 습관 형성

집중력을 유지하며 반복적으로 좋은 행동을 학습하면, 이러한 행동이 자연스럽게 습관으로 자리 잡게 된다. 이는 문제행동을 줄이고 더욱 안정적인 행동 패턴을 만드는 데 효과적이다.

이처럼 집중력 훈련은 단순히 명령을 따르는 능력을 기르는 것을 넘어, 반려견이 자신의 에너지와 호기심을 학습으로 전환하도록 돕는 과정이다. 또한, 보호자와 반려견이 서로를 더 깊이 이해하며 함께 성장할 수 있는 기반을 마련해 준다.

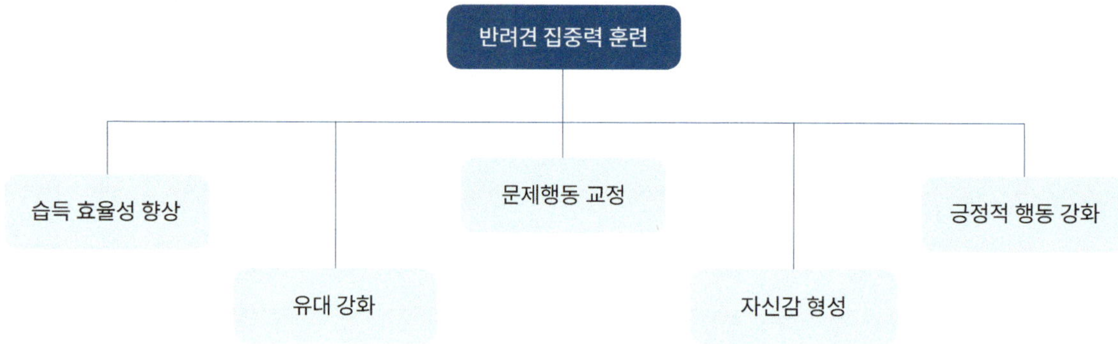

그림 4.1 반려견 집중력 훈련 효과

2. 반려견 집중력 훈련의 원리

반려견 집중력 훈련에서 가장 중요한 것은 **반려견의 적극적인 훈련 참여**이다. 여기서 '참여도'란 반려견이 훈련에 얼마나 흥미를 가지고 참여하는지를 나타내며, 참여도가 높을수록 훈련 효과가 좋아진다. 이러한 적극적인 참여를 이끌어내려면, 동기 부여가 되는 보상을 효과적으로 사용해야 한다. 대표적인 보상은 다음과 같다: 먹이Food, 장난감Toy, 음성적 칭찬 및 스킨십과 같은 애정 표현. 특히 먹이와 장난감은 흔히 '동기부여 물품'이라고 하며, 효과적인 보상을 위해서는 이 두 가지를 음성적 칭찬과 함께 사용하는 것이 좋다. 단, 반려견마다 보상에 대한 선호도는 다르므로, 어떤 반려견은 먹이보다 장난감을 더 선호할 수도 있고, 때로는 동기부여 물품에 대한 욕구가 거의 없을 수도 있다. **장난감에 대한 욕구**는 대개 선천적이며, 후천적으로 크게 끌어올리기 어렵다. 반면, **먹이에 대한 욕구**는 후천적인 노력으로 계발이 가능하다. 대표적인 방법으로 급여량 조절이 있으며, 이는 반려견이 섭취하는 식사량이나 간식량을 인위적으로 조절하여 훈련 시간에 보상으로 활용하는 방식이다. 예를 들어, 반려견의 하루 식사량이 3컵이라면 이를 2컵 또는 1컵으로 줄이고, 나머지 양은 훈련 중 보상으로 제공한다. 그러나 지나친 급여량 조절은 영양 부족을 초래하여 반려견에게 식사와 훈련에 대한 흥미를 감소시킬 수 있으므로, 반드시 반려견의 평소 섭취량과 식욕 수준을 고려해야 하며, 반려견의 복지를 최우선으로 고려해야 한다. 이러한 원리를 기반으로 집중력 훈련을 진행하면, 반려견은 다양한 외부 자극 속에서도 보호자에게 집중하며 긍정적인 행동을 습관화하게 된다.

3. 보상물 선택 기준

1) 급여물 선택 기준

급여물을 보상으로 선택하고자 한다면 다음의 기준을 고려하도록 한다. **첫째, 반려견의 식욕을 자극하고 흥미를 끌 수 있는 급여물을 보상으로 선택해야 한다.** 때때로 어떤 반려견들은 평소에 먹는 사료나 간식을 보상으로 제공했을 때, 별 흥미를 느끼지 않을 수 있다. 이런 경우에는 반려견에게 새로운 종류의 급여물을 제공하면 호기심을 자극하고 훈련에 집중시킬 수 있다. 물론 반려견마다 선호하는 사료나 간식의 종류가 다르므로 다양한 종류의 급여물을 사용하여 선호도를 확인하도록 한다. 이를 통해 반려견이 좋아하는 맛과 종류를 파악하여 최적의 보상용 급여물을 찾아낼 수 있다. **둘째, 반려견이 씹고 삼키기 편하며 부스러기가 떨어지지 않는 종류의 급여물을 선택해야 한다.** 급여물을 활용한 집중력 훈련은 반려견의 관심을 집중시키는 훈련으로, 이 과정에서 손이나 입으로 급여물을 떨어뜨리는 동작을 반복하게 된다. 너무 딱딱하고 질긴 간식이나 크기가 지나치게 크거나 작은 간식을 사용하면 반려견이 먹는 과정에서 불편함을 느낄 수 있으며, 게다가 부스러기가 많이 떨어지는 간식을 사용하면 바닥에 떨어진 부스러기로 인해 반려견의 집중력이 흩어져 훈련의 흐름이 끊기는 결과를 초래할 수 있다. 반려견이 훈련 과정에서 불편함을 느낄 수 있는 간식의 예로는 건조한 뼈, 육포, 알맹이가 너무 크거나 작은 사료 등이 있으며, 부스러기가 많이 떨어지는 간식의 예로는 동결 건조 간식 등이 있다. **이러한 종류의 급여물은 먹는 데 시간이 오래 걸리며, 반려견이 급여물을 급하게 섭취할 경우 기도에 걸려 사고로 이어질 위험이 있으므로 각별한 주의가 필요하다.**

2) 장난감 선택 기준

집중력 훈련에서 장난감을 보상으로 활용하고자 할 때는 **반려견이 장난감에 대한 소유욕이 있어야 한다**는 전제 조건이 충족되어야 한다. 이 조건이 충족되지 않으면 장난감을 활용한 집중력 훈련을 진행할 수 없다. 반대로 장난감을 좋아하는 반려견은 소유욕이 강한 기질이 있으므로, 잘못하면 반려견에게 물리는 상황이 발생할 수 있어 항상 주의가 필요하다. 집중력 훈련에 사용할 수 있는 장난감의 종류로는 주로 공이나 터그 장난감이 있으며, 경우에 따라 원반을 사용할 수도 있다. 다만, 장난감을 활용한 집중력 훈련은 주로 사람의 손, 목, 겨드랑이에서 보상이 이루어지기 때문에 **잡기 편하고 크기가 적당한 장난감을 선택하는 것이 좋다.** 이러한 측면에서 훈련용 공과 훈련용 터그는 훈련 목적에 알맞게 디자인되어 있어 보상용 장난감으로 가장 적합하다. 공이나 터그 장난감은 대체로 딱딱한 제품과 부드러운 제품으로 나뉘며, 장난감을 선택할 때에는 반려견의 견종, 크기, 성격, 취향을 우선적으로 고려해야 한다. 치아가 약하거나 아직 성장기에 있는 반려견의 경우에는 **부드러운 종류의 장난감을 선택하여 치아를 보호하면서 훈련을 즐길 수 있게 해야 한다.** 급여물과 마찬가지로 다양한 종류의 장난감을 시도해 보면서 반려견과 함께 놀아보는 것이 중요하며, 이를 통해 반려견이 가장 흥미를 느끼는 장난감을 찾아낼 수 있다.

4. 반려견 집중력 훈련의 방법

집중력 훈련은 '동기부여 물품 시선 맞추기 훈련'을 통해 이루어진다. 이 훈련은 동기부여 요소를 활용하여 시선 집중력을 향상시키며, 간식을 활용한 방법과 장난감을 활용한 방법으로 구분된다. 여기서 다시 '손 집중력 훈련'과 '입 집중력 훈련'으로 세분화된다. '손 집중력 훈련'은 반려견이 손에 들고 있는 간식 또는 장난감에 시선을 맞추도록 가르치는 훈련으로, 이 단계는 간식을 활용한 훈련의 중요한 기반이 되며 이후 '입 집중력 훈련'으로 이어진다. 장난감을 활용한 훈련의 경우, '손 집중력 훈련' 이후에 '목 집중력 훈련'과 '겨드랑이 집중력 훈련'의 단계로 진행된다.

1) 간식을 활용한 훈련 방법

(1) 손 집중력(Hand Focus) 훈련

가) 개를 앉게 한다.

나) 간식을 든 손을 개의 입과 코 사이 높이에서 약 30cm 정도 들어 올린다.

그림 4.2 간식 들어 올리기

다) 손을 들고 있는 상태로 개의 시선이 손을 향해야 한다.

라) 손을 들고 있는 위치에서 그대로 간식을 떨어뜨린다.

그림 4.3 간식 떨어뜨리기

이 훈련을 진행하는 과정에서 유의해야 할 점은 다음과 같다.

① '앉아' 훈련이 선행되어야 한다.

② 손에 있는 간식을 떨어뜨리기 전에 개가 스스로 뛰어올라 먹으려고 해서는 안 된다.

③ 반드시 개의 시선이 간식과 만났을 때, 간식을 떨어뜨려야 한다.

간식을 활용한 손 집중력 훈련은 개가 떨어지는 간식을 받아먹는 것을 스스로 자연스럽게 습득할 수 있도록 진행된다. 처음에는 몇 번 받아먹지 못할 수 있지만, 반복을 통해 습득하면 잘 받아먹게 된다. 그러나 이러한 방법에도 불구하고 어떤 개들은 받아먹는 데 어려움을 겪을 수 있다. 이러한 경우에는 사람이 인위적으로 떨어지는 간식을 먹는 방법을 가르쳐주어야 한다. 이 방법은 다음과 같이 진행된다.

① 개를 앉게 한다.

② 간식을 든 손을 개의 입 바로 위까지 가져간다.

③ 개가 간식을 먹기 위해 입을 벌리면, 입 안에 간식을 가볍게 떨어뜨린다.

④ 이 과정에서 타이밍은 매우 중요하며, 반드시 개가 입을 벌릴 때 간식을 떨어뜨려야 한다.

⑤ 만약 가까운 거리에서 잘 받아먹는다면, 점차 손을 입과 코 사이 높이에서 들어 올려서 떨어뜨려 준다.

⑥ 이후의 과정은 기본 방법과 동일하다.

(2) 입 집중력(Mouth Focus) 훈련

개가 훈련사의 손에서 떨어지는 간식을 잘 받아먹는다면, 다음 단계인 입 집중력 훈련을 시작할 수 있다. 입 집중력 훈련은 말 그대로 반려견이 훈련사의 입에 있는 간식에 시선을 맞추도록 가르치는 훈련이다. 실행 방법은 다음과 같다.

가) 훈련사는 반려견이 좋아하는 간식을 입에 문 상태로, 손을 입 바로 옆에 가져다 댄다.

옆모습

앞모습

그림 4.4 입으로 간식 물기

나) 간식을 입에 문 상태에서 조용히 작은 소리를 내어 반려견의 주의를 유도한다. 반려견의 시선이 간식이 있는 입을 향하게 되면, 훈련사는 간식을 자신의 입에서 반려견의 입으로 떨어뜨린다. 이 단계에서 중요한 점은 반려견이 떨어지는 간식에 집중하되, 점차적으로 손에 의존하지 않고 오직 입에 집중할 수 있도록 유도하는 것이다.

그림 4.5 입으로 간식 떨어뜨리기

다) 점차적으로 손을 입 근처에서 아래로 내리더라도, 반려견의 눈은 여전히 간식이 떨어지는 입에 고정되도록 유도한다. 이 단계에서는, 손이 점점 입에서 멀어져 아래로 내려가더라도 반려견은 여전히 간식이 있는 위치에 시선을 유지하게 된다.

그림 4.6 입 시선 유지

라) 최종적으로 손을 완전히 내린 상태에서, 간식을 훈련사의 입에서 반려견의 입으로 떨어뜨린다.

이 훈련을 진행하는 과정에서 유의해야 할 점은 다음과 같다.

① 반드시 '손 집중력 훈련'이 완벽하게 선행되어야 한다.

② 입 근처에서 손을 내릴 때, 이 단계를 서둘러 건너뛰면 안 된다.

2) 장난감을 활용한 훈련 방법

이 방법은 '손 집중력 훈련' 단계로 시작하며, 여기서 사용되는 방법은 간식을 활용한 방법과 유사하다. 그러나 이후에는 '입 집중력 훈련'으로 진행되지 않고, 대신에 '목의 집중력 훈련'과 '겨드랑이의 집중력 훈련'으로 연결된다.

(1) 손 집중력(Hand Focus) 훈련

가) 개를 앉게 한다.

그림 4.7 앉아

나) 장난감을 든 손을 개의 입과 코 사이 높이에서 약 30cm 정도 들어 올린다.

다) 손을 들고 있는 상태에서 반려견의 시선이 손을 향하도록 한다.

라) 손을 들고 있는 위치에서 그대로 장난감을 떨어뜨린다.

그림 4.8 장난감 떨어뜨리기

이 훈련을 진행하는 과정에서 유의해야 할 점은 다음과 같다.

① 반드시 '앉아' 훈련이 선행되어야 한다.

② 손에서 장난감이 떨어지기 전에 반려견이 스스로 뛰어올라서 장난감을 물려고 해서는 안 된다. 오직 떨어지는 장난감을 받아서 물어야 한다.

③ 반드시 반려견의 시선이 장난감과 만났을 때 장난감을 떨어뜨려야 한다.

(2) 목 집중력(Neck Focus) 훈련

반려견이 사람의 손에서 떨어지는 장난감을 잘 받는다면, 다음 단계인 '목 집중력 훈련'으로 넘어간다. 목 집중력 훈련은 말 그대로 반려견이 훈련사의 목에 위치한 장난감을 주시하도록 가르치는 훈련이다. 장난감은 간식과는 달리 사람의 입에 물고 떨어뜨리기 어려우므로, 입으로 장난감을 무는 대신 사람의 목에 장난감을 위치시키고 반려견이 사람의 얼굴에 시선을 맞추도록 하는 것이 목표이다. 이 훈련은 간식을 통한 입 집중력 훈련과 유사하게 진행되며, 반려견이 훈련사의 목 주변에 집중할 수 있도록 체계적으로 지도한다.

가) 개를 사람 앞에 앉도록 한다.

그림 4.9 앉아

나) 목에 장난감을 낀 채로 개를 정면에서 바라본다.

그림 4.10 장난감 낀 모습

그림 4.11 장난감 낀 채 개 바라보기

다) 목에 장난감을 낀 채로 목을 살짝 들어 그대로 떨어뜨려 준다.

그림 4.12 장난감 떨어뜨리기

라) 목에 낀 장난감을 손으로 다시 옮겨 잡는다.

그림 4.13 장난감 손으로 잡기

마) 공을 잡은 손의 위치를 개의 머리 위로 옮긴 후 떨어뜨려 준다.

그림 4.14 장난감 손으로 떨어뜨리기

바) 개의 습관화를 방지하기 위해 나)~마)의 단계를 번갈아 가면서 실시한다.

이 훈련을 진행하는 과정에서 유의해야 할 점은 다음과 같다. 장난감에 대한 소유욕이 강한 개들은 종종 장난감이 목에서 떨어지기 전에 뛰어올라 그것을 입에 물려고 할 수 있다. 이러한 행동으로 사람이 다칠 수 있으므로 항상 주의를 기울여야 하며, 개가 뛰어오르지 못하도록 적절하게 통제해야 한다.

(3) 겨드랑이 집중력(Armpit Focus) 훈련-기초

'목 집중력 훈련' 단계를 잘 수행할 수 있으면 마지막 단계인 '겨드랑이 집중력 훈련'을 진행한다. 겨드랑이 집중력 훈련은 개가 사람 옆에 자연스럽게 머무르도록 가르치기 위해, 왼쪽 겨드랑이에서 개에게 장난감을 떨어뜨려 보상하는 훈련이다.

가) 개를 훈련사 앞에 앉힌다.

나) 장난감을 쥔 손을 개의 머리 위 약 30cm 정도로 들어 올린 상태로 고정한다.

그림 4.15 장난감 들어 올리기

다) 장난감을 고정한 채로 몸만 오른쪽으로 돌려 개의 우측에 선다.

그림 4.16 오른쪽으로 이동하기

라) 손을 겨드랑이 사이로 넣어 장난감을 쥔 채로 위치를 유지한다.

마) 반려견이 장난감을 주시하고 있을 때, 그대로 손에서 장난감을 놓아 떨어뜨려 보상한다.

바) 처음에는 반려견이 떨어지는 장난감을 잘 받지 못할 수 있으나, 반복 훈련을 통해 자연스럽게 받을 수 있게 될 때까지 반복한다.

(4) 겨드랑이 집중력(Armpit Focus) 훈련-심화

가) 위의 기초단계 라) 단계에서 손을 겨드랑이 사이에 넣고 장난감만 겨드랑이에 끼운다.

나) 장난감은 겨드랑이에 낀 채로 두고, 손만 뺀다.

그림 4.17 겨드랑이에 장난감 끼기

다) 개가 장난감을 주시하고 있을 때, 그대로 겨드랑이를 열면서 장난감을 떨어뜨려 보상한다.

그림 4.18 장난감 떨어뜨리기

라) 개의 습관화를 방지하기 위해 기초단계 마) ~ 심화단계 나)를 번갈아 가면서 실시한다.

이 훈련을 진행하는 과정에서 유의해야 할 점은 다음과 같다. 개는 목 집중력 훈련과 마찬가지로, 장난감이 겨드랑이에서 떨어지기 전에 뛰어올라 그것을 입에 물려고 할 수 있다. 이러한 행동은 사람과 개 모두에게 위험할 수 있으므로, 항상 주의 깊게 대처해야 한다. 따라서 개가 뛰어오르려고 할 때 적절하게 통제하는 것이 필수적이다.

반려견의 집중력 훈련은 단순히 특정 동작을 반복적으로 익히는 것을 넘어, 훈련의 효율성을 높이고 문제행동을 예방하며, 보호자와의 신뢰 관계를 형성하는 중요한 과정이다. 집중력을 키우면 반려견은 주변 환경의 방해 요소에도 쉽게 산만해지지 않고 보호자의 신호에 더욱 집중할 수 있으며, 이는 안정적인 행동 습관과 자신감 향상으로 이어진다. 집중력 훈련을 통해 반려견은 훈련을 긍정적인 경험으로 인식하고, 학습을 즐기는 태도를 갖게 되며, 보호자와의 원활한 소통이 가능해진다. 또한, 꾸준한 훈련은 반려견이 다양한 환경에서도 침착하게 대처할 수 있도록 돕고, 문제행동에 대한 자기 조절 능력을 형성하도록 유도한다. 결국, 집중력 훈련은 반려견과 보호자가 함께 성장하는 과정이며, 이를 통해 더욱 조화롭고 행복한 관계를 구축할 수 있다. 꾸준한 연습과 올바른 방법을 통해 반려견의 집중력을 길러준다면, 일상생활 속에서도 안정적이고 긍정적인 행동을 유지하는 반려견으로 성장할 수 있을 것이다.

5

반려견 사회화 훈련

5장 반려견 사회화 훈련

1. 반려견 사회화 훈련의 개념

반려견의 사회화 훈련은 개가 다양한 사람들과 다른 동물들과 함께 지낼 때 원활하게 상호작용하고 조화롭게 행동하는 능력을 개발하는 과정을 말한다. 사회화 훈련은 개의 행동, 태도, 반응을 조절하여 주변 환경과 잘 어울리고 안전하게 상호작용할 수 있도록 돕는다. 이는 보호자와 함께 즐거운 시간을 보내며, 공공장소나 다른 사람들의 집에서도 아무 문제 없이 지낼 수 있도록 하는 중요한 훈련이다. 반려견의 사회화 훈련은 일찍부터 시작하여 연령에 따라 점진적으로 복잡한 상황에 적응하도록 지속적으로 훈련한다. 이를 통해 반려견은 주변 환경과 더 나은 상호작용을 하고, 보호자와 반려견의 안전 및 복지를 증진시킨다.

종내

종간

그림 5.1 사회화

반려견의 사회화 훈련에는 다음과 같은 여러 가지 측면이 포함된다.

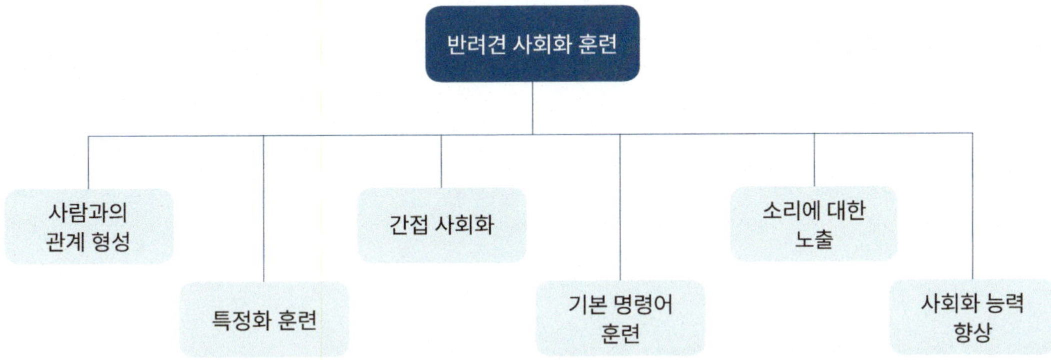

그림 5.2 반려견 사회화 훈련의 다양한 측면

❶ 사람과의 관계 형성

반려견이 다양한 사람들과 친숙해지고 적절한 태도로 접근하며, 손길이나 목소리에 긍정적으로 반응하도록 교육한다. 이는 일상에서 반려견이 타인에게 거부감 없이 다가갈 수 있도록 돕는다.

❷ 특정화 훈련

반려견이 특정 사물이나 지점을 향해 가도록 훈련하여, 보호자의 지시에 따라 안전한 장소로 이동하거나 원하는 동작을 수행할 수 있도록 한다.

❸ 간접 사회화

다른 반려견들과의 상호작용을 통해 사회적 규칙을 배우도록 돕는다. 반려견들 간의 놀이 또는 산책 중 다른 반려견들을 만나는 경험이 이에 해당한다.

❹ 기본 명령어 훈련

반려견이 "앉아", "기다려", "이리 와" 등의 기본 명령어를 잘 이해하고 수행하도록 교육함으로써, 사회적 상황에서 반려견의 행동을 효과적으로 제어할 수 있게 한다.

❺ 소리에 대한 노출

다양한 소리와 환경에 반려견을 노출시켜, 예기치 않은 상황에서도 안정적으로 반응할 수 있도록 한다. 일상생활에서 발생하는 다양한 소음에 익숙해지도록 훈련한다.

❻ 사회화 능력 향상

반려견이 사회적 행동을 보였을 때 긍정적인 결과를 제공하여, 다른 사람이나 동물에 대한 긍정적인 접근이 자신에게 유리한 결과를 가져올 수 있음을 학습시킨다. 이를 위해 간식, 장난감 등 다양한 강화물을 활용하여 훈련한다.

2. 반려견 사회화 훈련의 필요성

사회화 훈련은 반려견의 사회적 상호작용과 환경 적응 능력을 개발하는 데 필수적이다. 사회화 훈련을 통해 반려견은 다양한 사람들과 동물, 그리고 여러 환경에 노출되어 안정적으로 행동하는 법을 배우며, 보호자와의 신뢰와 유대감을 강화한다. 이는 반려견이 공공장소나 일상 생활 속에서 안전하고 긍정적으로 상호작용할 수 있도록 돕는다.

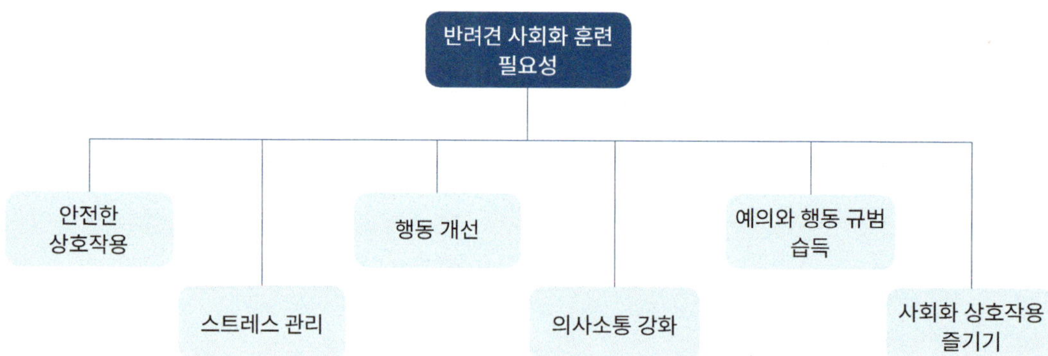

그림 5.3 반려견 사회화 훈련 필요성

❶ 안전한 상호작용

사회화 훈련은 반려견이 다른 반려견과 사람, 그리고 다양한 환경과 안전하게 상호작용할 수 있는 능력을 강화한다. 타인이나 다른 반려견에게 친근하게 다가가고 예상치 못한 상황에서도 불안하지 않도록 하여, 사회적 상황에서 발생할 수 있는 갈등과 위험을 줄인다.

❷ 스트레스 관리

잘 사회화된 반려견은 새로운 상황이나 환경에 더 잘 적응한다. 이로 인해 스트레스를 줄이고 신체적, 정서적 건강을 촉진한다. 사회화 교육은 반려견의 자신감을 끌어올려 새로운 상황에 대한 불안감을 줄인다.

❸ 행동 개선

잘 사회화된 개는 공공장소에서 예의 바르고 올바르게 행동한다. 이는 레스토랑, 공원, 산책로 등에서 다른 사람들과 만났을 때 불편함을 최소화하고 주변 사람들과의 관계를 원활하게 유지하도록 돕는다.

❹ 의사소통 강화

사회화 훈련은 반려견과 보호자 간의 의사소통을 강화한다. 반려견이 보호자의 신호와 지시를 잘 이해하고 반응하면 의사소통이 원활해져, 반려견의 행동을 보다 쉽게 조절하고 관리할 수 있다.

❺ 예의와 행동 규범 습득

사회화 훈련은 반려견이 다른 사람들과의 상호작용에서 예의 바른 행동을 습득하도록 돕는다. 다른 사람들의 공간을 존중하고 예의를 지키는 행동은 주변 사람들과 긍정적인 관계를 형성하는 데 기여한다.

❻ 사회적 상호작용 즐기기

사회화 훈련은 반려견이 사회적 상호작용을 즐기게 하여 삶의 질을 향상시킨다. 반려견은 다른 반려견과 놀거나 새로운 사람들과 만나는 경험을 긍정적으로 받아들이며 행복하게 시간을 보낸다.

사회화 교육은 반려견의 안전과 행복, 그리고 보호자와의 더 좋은 관계 형성을 위해 필수적인 과정이다. 이를 통해 반려견은 다양한 상황에서 자신감 있게 행동하고 주변 환경에 잘 적응하는 소중한 능력을 개발한다.

3. 반려견 사회화 훈련의 종류와 방법

1) 낯선 사람에 대한 공격성 교정

(1) 교육의 필요성

강아지 시절부터 다른 사람과 어울려 놀지 못한 반려견은 보호자에게만 의존하여 심약하고 소심한 성격으로 성장할 위험이 있다. 또한, 선천적으로 공격성이 강한 반려견은 어릴 때부터 체계적인 교육을 통해 공격성을 철저히 억제해야 한다. 최근 반려견에 의한 물림 사고가 경미한 부상에서 사망에 이르기까지 다양한 사회적 문제를 유발하고 있다. 반려견이 어릴 때부터 낯선 타인과 자연스럽게 교류하여, 성견이 되더라도 두려움이나 공격성이 나타나지 않도록 하는 것이 중요하다. 아래의 방법을 장기간 꾸준히 실천하면 타인에 대한 친근감 형성과 함께 대부분의 공격성이 억제된다. 다만, 선천적으로 사람에 대한 공격성이 강한 일부 견종은 그 특성상 친화 교육이 효과적으로 이루어지지 않을 수 있다. 다양한 방법을 시도했음에도 개선되지 않는 반려견은 가급적 외출을 자제하고, 부득이한 경우에는 입마개를 채워 외출해야 한다.

그림 5.4 공격적인 반려견

(2) 준비물

반려견, 목걸이, 목줄, 반려견이 가장 좋아하는 간식, 반려견과 친숙하지 않은 도우미 2명을 준비한다.

(3) 교정

가) 성격 검사

a) 반려견이 목줄을 착용하고 일정한 장소에 서 있는 도우미 2명 사이로 자연스럽게 접근하여 천천히 진입

하도록 한다.

b) 도우미들은 다가오는 반려견에게 어떠한 자극이나 영향을 주지 않아야 하며, 가능하면 눈을 마주치지 않는다.

c) 반려견이 도우미에게 보이는 태도를 자세히 관찰한다.

d) 관찰되어야 하는 반려견의 태도와 행동은 다음과 같다.

- **우호적 태도**: 낯선 타인에게 꼬리를 흔들며 스스로 먼저 접근함
- **경계심**: 낯선 타인에게 접근하기를 거부하거나 시선을 피하고, 목덜미 털을 세우거나 부풀리며, 이빨을 보이고 으르렁거리거나 짖는 행동
- **공격성**: 낯선 타인에게 물려고 덤비는 행동

나) 경계심이나 공격성의 행동을 보일 시 교정 방법

a) 교정에 들어가기 전, 평소보다 약간 더 많은 먹이를 제공하거나 한 끼 정도 먹이 조절을 하여 간식에 대한 관심과 흥미를 높인다. 반려견을 자연스럽게 서 있는 낯선 사람들 사이로 데리고 가서, 반려견이 타인의 냄새에 적응할 때까지 약 5분 정도 머물도록 한다.

b) 반려견이 타인의 냄새를 확인하고 안정되면, 낯선 도우미들이 미리 준비한 기호성이 좋고 맛있는 간식을 손에 들고, 반려견이 냄새를 맡을 수 있도록 입 가까이에 손을 가져간다.

c) 반려견이 간식에 흥미를 보이고 먹으려는 행동을 보이면, 조심스럽게 손에 있는 간식을 제공한다.

d) 만약 간식에 대한 관심을 보이지 않으면 훈련을 종료하고, 추후 일정에 따라 재시도하되 먹이 조절을 좀 더 강화하여 간식에 대한 흥미를 높인다.

e) 여러 번 시도하면 결국에는 낯선 타인이 주는 먹이를 먹게 되어, 낯선 사람에 대한 경계심과 심리적 불안감이 점차적으로 감소된다.

f) 반려견이 간식을 잘 먹는 단계가 되면, 간식을 주는 타이밍에 맞추어 반려견이 좋아하는 신체 부위를 쓰다듬어 타인의 손길을 허용하도록 한다. 손길을 거부할 경우에는 억지로 강요하지 말고, 반려견이 스스로 허용할 때까지 반복하여 훈련한다.

g) 반려견이 간식을 먹고 낯선 타인의 손길을 허용하게 되면, 목줄을 낯선 타인에게 건네주어 함께 산책하게 한다. 이때 틈틈이 간식과 스킨십을 주어, 보호자와 떨어진 상태에서도 심리적 안정감을 갖도록 많은 반복 연습을 실시한다.

h) g)의 과정이 성공적으로 이루어지면, 지금까지의 낯선 도우미들을 다양한 사람으로 변경하여 꾸준히 간

식, 스킨십, 산책 훈련을 반복한다. 이를 통해 반려견이 만나는 다양한 사람들에 대한 거부감, 심리적 불안감, 또는 공격성을 점차 약화시키고 억제할 수 있다.

2) 낯선 개에 대한 공격성 교정

(1) 교육의 필요성

개는 어린 강아지 때부터 다른 개들과 자연스러운 놀이를 통해 동족 간 교류의 기쁨을 느낀다. 이러한 행동은 성장한 후에도 계속 유지된다. 그러나 강아지 시절부터 다른 개들과 어울리지 못한 반려견은 개들 간의 몸짓 언어를 이해하지 못하여 싸움으로 이어질 수 있다. 또한, 다른 개를 친구나 놀이 동료로 여기지 않는 반려견은 나중에 다른 개나 동물을 사냥감으로 간주하여 공격적인 행동을 보임으로써 부상, 사망 사고로 발전할 위험이 있다. 특히 중대형견은 어릴 때부터 다양한 크기의 반려견과 놀이 경험을 해야 성장 후 소형견에게 공격성을 보이지 않는다. 그러나 선천적으로 투쟁성이 강하고 호전적인 개의 경우, 어릴 적 놀이와 사회화 훈련을 통해서도 사회성이 개선되지 않으면 다른 반려견들과의 놀이를 금지하고, 대체 방법을 제공해야 한다.

그림 5.5 낯선 개에 대한 공격성

(2) 준비물

반려견, 목걸이, 목줄, 반려견이 가장 좋아하는 간식, 그리고 낯선 반려견들을 준비한다.

(3) 훈련 방법

가) 성격 검사

a) 반려견에게 목줄을 채우고, 일정한 장소에서 놀고 있는 낯선 반려견들 사이로 자연스럽게 접근하며 천천히 돌아다닌다.

b) 낯선 반려견들은 다른 개들에게 공격성이 없고, 사교적이며 친화성이 좋아야 한다.

c) 반려견이 낯선 반려견들에게 보이는 태도를 자세히 관찰한다.

d) 관찰되어야 하는 개의 태도와 행동은 다음과 같다.

- **우호적 태도**: 낯선 개에게 꼬리를 흔들며 스스로 먼저 접근함
- **경계심**: 낯선 개에게 접근 거부, 시선 회피, 목덜미 털을 세우거나 부풀리며, 이빨을 보이고 으르렁거리거나 짖는 행동
- **공격성**: 낯선 개에게 물려고 덤비는 행동

나) 교정 방법

a) 주거지 근처의 반려견 카페나 반려견 관련 시설을 방문하여 전문가의 도움을 받아 훈련을 실시한다. 이때 가능한 한 같은 크기의 반려견들과 함께 놀 수 있는 환경을 마련한다.

그림 5.6 반려견 공원

b) 처음부터 다른 개들과 놀게 하지 말고, 반려견이 새로운 장소에 적응할 때까지 기다린다.

c) 반려견이 새롭고 낯선 장소에 바로 적응하지 못하더라도, 인내심을 가지고 꾸준히 노력하며 환경에 적응한 후에 다른 개들과의 관계 형성을 시작한다.

d) 놀이 상대견은 절대로 공격성이 있거나 크기 차이가 심해서는 안 되며, 너무 적극적이지 않은 온순한 개가 적합하다. 만약 상대견이 처음부터 너무 활동적이거나 적극적이면 반려견이 거부감을 느낄 수 있다.

e) 놀이 상대견이 지나치게 귀찮게 하면, 보다 얌전한 성격의 개로 교체해 주어야 한다.

f) 반려견은 특이한 성격 결함이 없는 한, 다른 개들과 어울리면서 점차 친화력과 사교적인 성격이 형성되기 시작한다.

g) 다양한 시도와 많은 시간 투자를 했음에도 불구하고 반려견이 다른 낯선 개들에게 공격적인 성격을 보인다면, 되도록 다른 개들과의 접촉을 피하며 생활해야 한다.

3) 자동차에 대한 공격성 교정

(1) 교육의 필요성

많은 반려견들은 자동차의 소음, 움직임, 크기 때문에 불안해하거나 무서워한다. 특히 어릴 때 충분한 사회화 경험을 쌓지 못한 반려견은 자동차와 같은 다양한 환경에 익숙해지지 않아 불안하게 반응할 수 있다. 과거에 자동차 사고나 그에 관련한 충격적인 상황을 겪은 경우, 이로 인해 자동차에 공격적으로 반응하기도 한다. 일부 반려견은 자동차가 집 근처로 접근하는 것을 영역 침범으로 인식하거나, 움직이는 자동차를 사냥감으로 오인하여 추격하려는 본능을 보일 수도 있다.

그림 5.7 개와 자동차 사고

(2) 반려견이 자동차에 공격적인 이유

가) 불안 혹은 두려움

자동차는 반려견에게 낯선 물체일 수 있어, 이에 대한 불안이나 두려움 때문에 공격적인 행동을 보일 수 있다.

나) 경계심

자동차가 빠르게 움직이며 소음을 내는 상황은 반려견에게 위협으로 느껴질 수 있어, 경계심이나 사냥 본능을 자극하여 공격성을 유발할 수 있다.

다) 사냥 본능

빠르게 움직이는 자동차는 몰이 혹은 사냥 본능이 강한 반려견에게 강한 충동을 유발하여 추격하려는 행동으로 이어질 수 있다.

(3) 준비물

반려견, 목걸이, 목줄, 간식을 준비한다.

(4) 훈련 방법

가) 성격 검사

a) 산책할 때 또는 도로에서 움직이는 자동차를 보여주며 반려견의 행동과 태도를 자세히 관찰한다.

b) 관찰되어야 하는 반려견의 태도와 행동은 다음과 같다.

- **우호적 태도**: 자동차에 대해 무관심하거나 자연스러운 행동을 보임
- **경계심**: 자동차에 접근하기를 거부, 시선 회피, 목덜미 털을 세우거나 부풀리며 이빨을 보이고 으르렁거리거나 짖는 행동
- **공격성**: 자동차를 물려고 덤비는 행동

나) 교정 방법

a) 목줄을 착용한 반려견을 정차한 자동차 근처로 자연스럽게 접근시킨 후, 주위를 천천히 돌며 간식을 먹이고 스킨십과 음성적 칭찬을 하여 반려견의 거부감을 완화해 준다.

b) 자동차의 일정한 부분(예: 바퀴 부분, 차문을 열고 의자 위)에 반려견이 좋아하는 간식을 올려두어 먹게 함으로써, 자동차에 친근감을 느끼게 한다.

그림 5.8 자동차 바퀴와 친해지기

c) 반려견을 차 옆자리에 태우고, 간식을 주며 스킨십 또는 음성적 칭찬을 하여 자동차에 대한 거부감이나 두려움을 줄여 준다.

그림 5.9 자동차 옆자리에 태우기

d) 반려견에게 목줄을 착용시키고, 차량이 많이 다니는 도로에서 산책을 반복하여 움직이는 차량에 대한 거부감이나 두려움을 없앤다.

그림 5.10 도로 자동차 적응 산책

e) 위의 방법을 약 2주 정도 꾸준히 반복하면, 자동차에 대한 두려움이나 공격성이 억제되거나 제거된다.

4) 오토바이, 자전거에 대한 공격성 교정 훈련

(1) 교육의 필요성

반려견은 인간과는 다른 감각 세계를 가지고 있어 처음 보는 물체나 상황을 본능적으로 판단한다. 또한, 자동차, 자전거, 오토바이를 타는 사람처럼 소음과 함께 빠르게 움직이는 물체를 사냥감으로 인식할 수 있다. 반려견이 위협적으로 반응할 경우, 이들 물체의 빠른 속도로 인해 큰 사고가 발생할 위험이 있으며, 반려견의 생명에도 심각한 위협이 될 수 있다.

(2) 반려견이 자전거나 오토바이에 공격적인 이유

가) 불안 혹은 두려움

자전거나 오토바이는 반려견에게 낯선 물체일 수 있어, 불안이나 두려움 때문에 공격적인 행동을 보일 수 있다.

나) 경계심

오토바이가 소리를 내며 움직이거나 자전거가 돌아다니며 움직이는 모습은 반려견에게 위협으로 느껴질 수 있다. 특히 움직임, 소음, 바퀴, 체인 등의 요소가 반려견의 경계심이나 사냥 본능을 자극할 수 있다.

다) 지나치게 흥분된 상태

반려견이 다른 동물이나 특정 상황으로 인해 지나치게 흥분된 상태에서 자전거를 접하면, 그 흥분 상태가 공격적 행동으로 나타날 수 있다.

라) 사냥 본능

빠르게 움직이는 물체는 몰이 또는 사냥 본능이 강한 반려견에게 강한 충동을 일으켜, 이를 추격하려는 행동으로 이어질 수 있다.

(3) 준비물

반려견, 목걸이, 목줄, 반려견이 가장 좋아하는 간식, 자전거나 오토바이를 준비한다.

(4) 훈련 방법

가) 성격 검사

a) 산책 중 또는 도로에서 움직이는 자전거나 오토바이를 보여주며 반려견의 행동과 태도를 자세히 관찰한다.

b) 관찰되어야 하는 반려견의 태도와 행동은 다음과 같다.

- **우호적 태도**: 오토바이나 자전거에 대해 무관심하거나 꼬리를 흔들며 친근감을 표시함
- **경계심**: 오토바이나 자전거에 접근하기를 거부하거나 시선을 피하며, 목덜미 털을 세우거나 부풀리고, 이빨을 보이며 으르렁거리거나 짖는 행동

- **공격성**: 오토바이나 자전거를 물려고 덤비는 행동

나) 교정 방법

a) 목줄을 착용한 반려견을 움직이지 않는 자전거나 오토바이 근처로 자연스럽게 접근시킨 후, 주위를 천천히 돌며 간식을 제공하고 스킨십과 음성적 칭찬을 통해 반려견의 거부감을 완화해 준다.

그림 5.11 자전거에 익숙해지기

b) 자전거나 오토바이의 일정한 부분에 반려견이 좋아하는 간식을 올려두어 먹게 함으로써, 자전거와 오토바이에 친근감을 느끼게 한다. 예를 들어, 발판이나 패달 부위 등에 간식을 놓는다.

c) 목줄을 착용한 반려견과 함께, 보호자가 직접 자전거나 오토바이를 끌거나 타고 움직인다. 중간중간 멈춰서 간식을 제공하고 스킨십 또는 음성적 칭찬을 통해 반려견의 자전거나 오토바이에 대한 거부감이나 두려움을 줄여 준다.

그림 5.12 자전거 타면서 적응시키기

d) 위의 방법을 약 2주 동안 꾸준히 반복하면, 자전거와 오토바이에 대한 두려움이나 공격성이 억제되거나 제거된다.

5) 조깅 및 인라인 스케이트에 대한 공격성 교정 훈련

(1) 교육의 필요성

개가 조깅하는 사람을 무서워하거나 불안하게 느끼면 공격적으로 반응할 수 있다. 예를 들어, 무거운 신발 소리나 조깅하는 사람의 빠른 움직임이 개의 불안을 증가시킨다. 또한, 충분한 사회화 경험이 없는 개는 새로운 사물이나 사람에 대해 불안하게 반응한다. 조깅하는 사람을 처음 보는 경우, 이를 위협으로 인식하고 공격적으로 반응할 수 있다. 개는 보호자를 보호하려는 성향이 있어, 조깅하는 사람이 보호자를 위협하는 것으로 느끼면 공격적으로 행동한다. 일부 개는 사냥 본능이 강해서 빠르게 움직이는 사물을 추격하려는 경향이 있어, 조깅하는 사람이 개의 사냥 본능을 자극할 수 있다.

(2) 반려견이 조깅하는 사람 또는 인라인 타는 사람에게 공격적인 이유

가) 불안 혹은 두려움

인라인을 타거나 조깅하는 사람은 반려견에게 낯선 물체로 인식될 수 있어, 이에 따른 불안이나 두려움 때문에 공격적인 행동을 보일 수 있다.

나) 경계심

인라인 스케이트의 소리와 빠르게 움직이는 사람의 모습은 반려견에게 위협으로 느껴질 수 있다. 특히 움직임, 소음, 바퀴 등이 반려견의 경계심이나 사냥 본능을 자극한다.

다) 지나치게 흥분된 상태

반려견이 다른 동물이나 특수한 상황으로 인해 지나치게 흥분한 상태에서 인라인 타는 사람이나 조깅하는 사람을 보면, 공격적으로 반응할 수 있다.

라) 사냥 본능

빠르게 움직이는 물체는 몰이 또는 사냥 본능이 강한 반려견에게 강한 충동을 일으켜, 이를 추격하려는 행동으로 나타날 수 있다.

(3) 준비물

반려견, 목걸이, 목줄, 반려견이 가장 좋아하는 간식, 인라인 스케이트를 타는 사람, 조깅하는 사람을 준비한다.

(4) 훈련 방법

가) 성격 검사

a) 산책 중 또는 도로에서 움직이는 동안 인라인 스케이트를 타는 사람이나 조깅하는 사람들을 보여주며 반려견의 태도와 행동을 자세히 관찰한다.

b) 관찰되어야 하는 반려견의 태도와 행동은 다음과 같다.

- **우호적 태도**: 조깅하는 사람 또는 인라인 스케이트를 타는 사람에게 꼬리를 흔들며 스스로 먼저 접근함
- **경계심**: 조깅하는 사람 또는 인라인 스케이트를 타는 사람에게 접근하기를 거부하거나 시선을 피하

며, 목덜미 털을 세우거나 부풀리고, 이빨을 보이며 으르렁거리거나 짖는 행동

- **공격성**: 조깅하는 사람 또는 인라인 스케이트를 타는 사람을 물려고 덤비는 행동

나) 교정 방법

a) 목줄을 착용한 반려견을 데리고, 멈춰 있는 낯선 사람이나 인라인 스케이트를 신은 사람 곁으로 가서 반려견이 그들의 냄새를 맡고 옆에 머물며 안정하도록 한다. 이때 처음에는 반려견과 눈을 마주치지 않고 신체적 접촉은 피한다.

b) 반려견이 심리적으로 편안하고 안정된 모습을 보이면, 낯선 사람 또는 인라인 스케이트를 타는 사람에게서 간식을 받아먹도록 하고, 스킨십과 음성적 칭찬을 아끼지 않는다.

그림 5.13 개와 함께 조깅

c) 간식을 먹고 스킨십을 거부하지 않으면, 낯선 사람은 천천히 조깅을 시작하고 인라인 스케이트를 신은 사람은 반려견 앞에서 천천히 인라인 스케이트를 탄다.

그림 5.14 개와 함께 인라인 스케이트

d) 낯선 사람이 반려견의 목줄을 잡고 천천히 뛰면서 중간중간 간식과 스킨십, 칭찬을 해주고, 인라인 스케이트를 신은 사람 역시 반려견의 목줄을 잡고 천천히 인라인 스케이트를 타며 중간중간 간식과 스킨십, 칭찬을 해준다.

e) 위의 방법을 약 2주 정도 꾸준히 반복하면, 조깅하는 사람이나 인라인 스케이트를 타는 사람에 대한 두려움이나 공격성이 억제되거나 제거될 수 있다.

6) 혼자 있기 훈련

(1) 교육의 필요성

반려견은 보호자와 시각적으로 떨어지면 두려워하거나 스트레스를 받는 경우가 많다. 특히, 보호자에 대한 애정이나 의존성이 강할수록 혼자 있을 때 강한 스트레스를 받는다. 따라서 반려견이 어릴 때부터 혼자 지내는 훈련을 하는 것은 분리불안을 예방하는 가장 좋은 방법 중 하나가 된다.

(2) 반려견이 혼자 있을 때 불안한 이유

가) 분리불안증

가장 흔한 이유 중 하나는 보호자나 가족과 분리될 때 발생하는 불안이다. 반려견은 성장 과정에서 보호자와의 애착 관계를 형성하기 때문에, 보호자가 없을 때 불안감을 느낀다.

나) 사회화 부족

어릴 때 충분한 사회화 경험이 없었던 개는 다양한 사물이나 사람들을 불안하게 느낄 수 있어, 혼자 있을 때 자신감을 잃고 불안을 경험한다.

다) 과거 부정적 경험

과거에 혼자 있었을 때 불안한 상황에 있었거나 불쾌한 경험을 한 경우, 이러한 기억이 반복되어 불안감을 유발할 수 있다.

라) 환경 변화

반려견이 익숙한 환경을 벗어나 새로운 장소나 집으로 이동하거나, 보호자의 일정 변화로 혼자 있는 시간이 늘어나면 불안감을 느낄 수 있다.

마) 질병이나 통증

질병이나 통증을 경험하는 경우, 혼자 있는 시간에 이러한 불편함이 증폭되어 불안해질 수 있다.

바) 사회적 관계 부족

반려견은 사회적 동물이기 때문에, 혼자 있을 때 다른 동물이나 사람과의 상호작용이 부족해 심심하거나 무료하여 불안을 경험할 수 있다.

사) 노화

나이가 들면서 인지능력이나 신체 건강이 저하되면, 혼자 있는 상황에서 불안감이 증가할 수 있다.

(3) 준비물

반려견, 목걸이, 목줄, 반려견이 가장 좋아하는 간식, 켄넬을 준비한다.

(4) 훈련 방법

가) 켄넬 적응 훈련

반려견이 어릴 적부터 켄넬에 들어가 얌전히 있도록 교육한다. 처음에는 대부분의 반려견이 낯선 공간에 갇히는 것을 거부하거나 무서워하기 때문에, 조심스럽게 훈련해야 한다.

a) 반려견이 생활하는 공간에 켄넬을 며칠간 놓아두어 켄넬에 대한 거부감을 없애도록 한다.

b) 켄넬 문을 열어두고 반려견이 좋아하는 간식을 켄넬 안에 넣어둔다.

c) 반려견이 간식을 먹으려고 스스로 자연스럽게 켄넬에 들어가게 한다.

d) 위의 방법을 약 1주일 정도 꾸준히 반복한다.

e) 반려견이 간식을 먹으러 들어가면 켄넬 문을 닫고, 문틈을 통해 약 10초간 간식을 먹이다가 문을 열어 반려견이 밖으로 나오게 한다.

f) 점차적으로 켄넬 문을 닫은 채로 간식을 급여하며 켄넬 내 머무는 시간을 늘리면, 반려견은 자연스럽게 켄넬에 적응하게 된다.

g) 마지막으로, 켄넬 문을 닫고 반려견이 약 2시간 정도 켄넬 안에 머물도록 훈련하며, 문틈으로 간식을 계속 급여하여 간식 주는 시간을 점차 늘려 나간다.

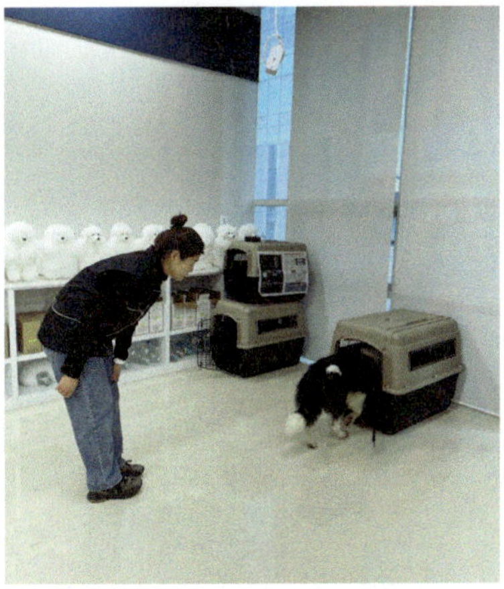
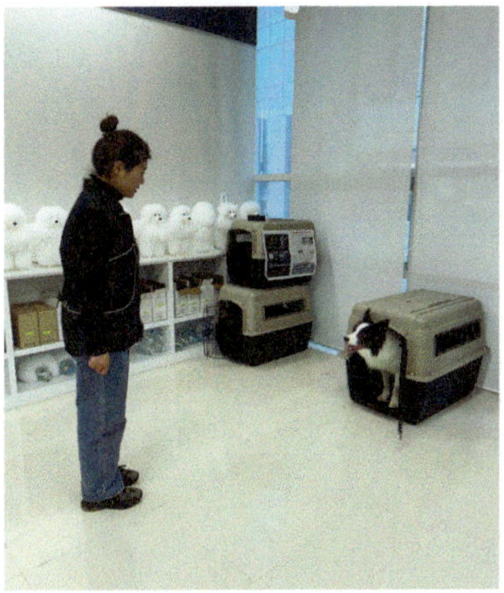

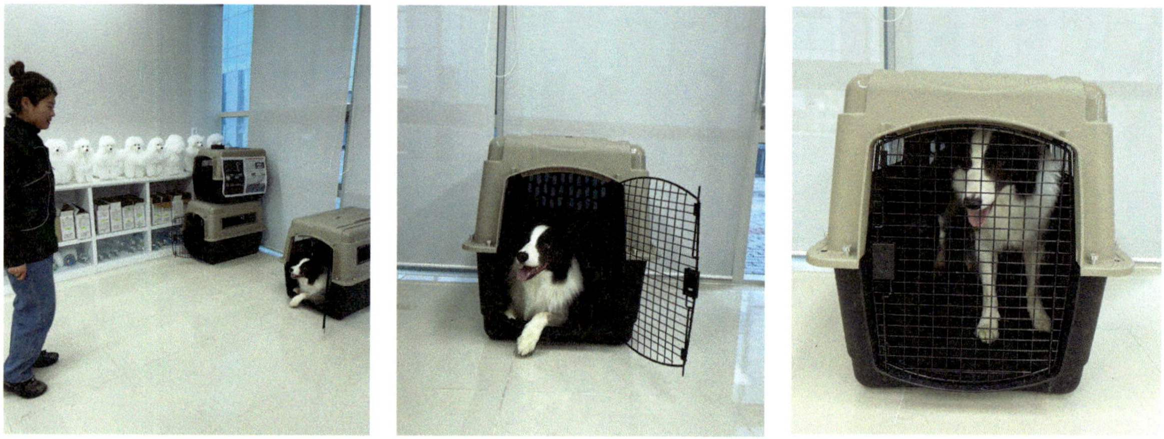

그림 5.15 켄넬 훈련

나) "기다려" 훈련

"기다려" 훈련은 반려견의 분리 불안을 감소시키는 효과적인 방법이다. 보호자와 떨어지는 상황을 긍정적인 경험으로 연결한다. 보호자가 나가기 전에 "기다려"라는 명령을 내리고, 반려견이 이를 따르면 간식이나 칭찬을 제공하여 긍정적인 보상을 주어, 보호자가 떠나더라도 좋은 일이 생길 수 있다고 느끼게 한다. 또한, "기다려" 훈련은 반려견에게 자기 통제감을 부여하여 스스로 일시적으로 혼자 있을 수 있는 능력을 길러준다.

이 훈련을 통해 반려견은 보호자의 떠남에 덜 불안해하고, 긍정적인 경험으로 연결되는 시간을 경험하게 된다. 다만, 이 훈련은 시간과 인내가 필요한 작업이므로 일관된 훈련과 긍정적인 강화가 필요하다. 자세한 훈련 방법은 "반려견 훈련의 이해(응용) 3장 4)기다려 훈련"을 참고한다.

부록

부록 반려동물행동지도사(2급) 실기 도식

- **규격** :15m × 15m
- **시간** : 15분 이내

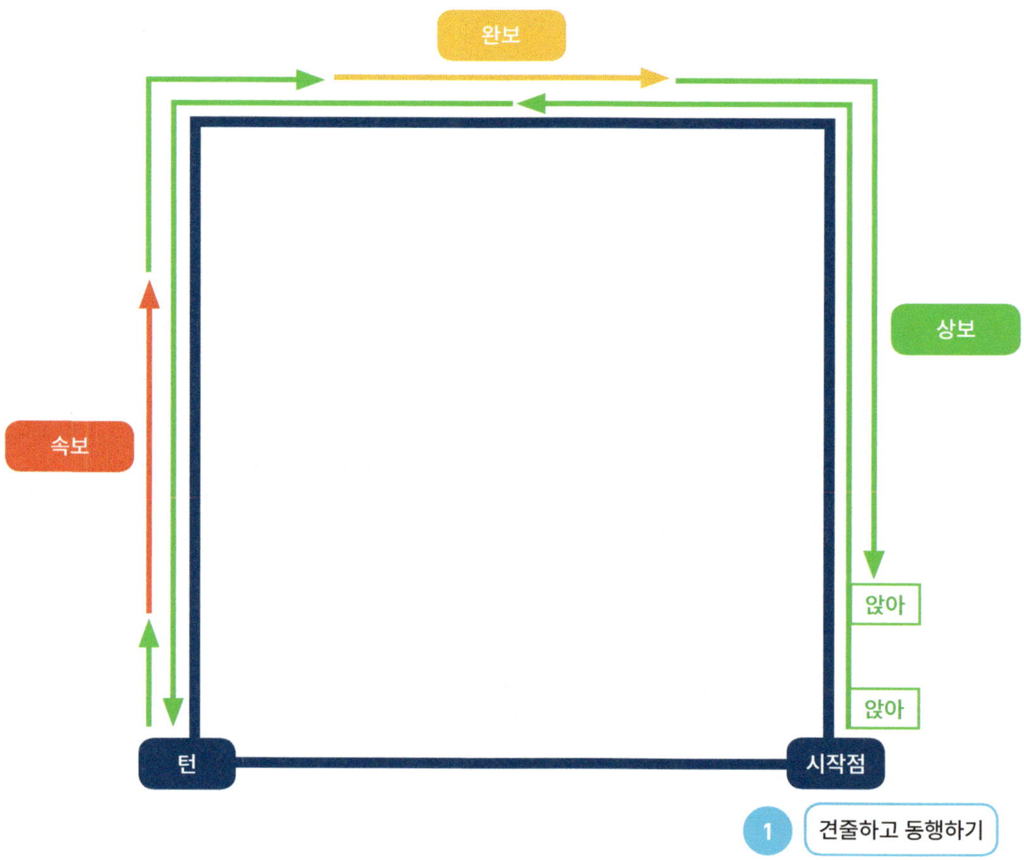

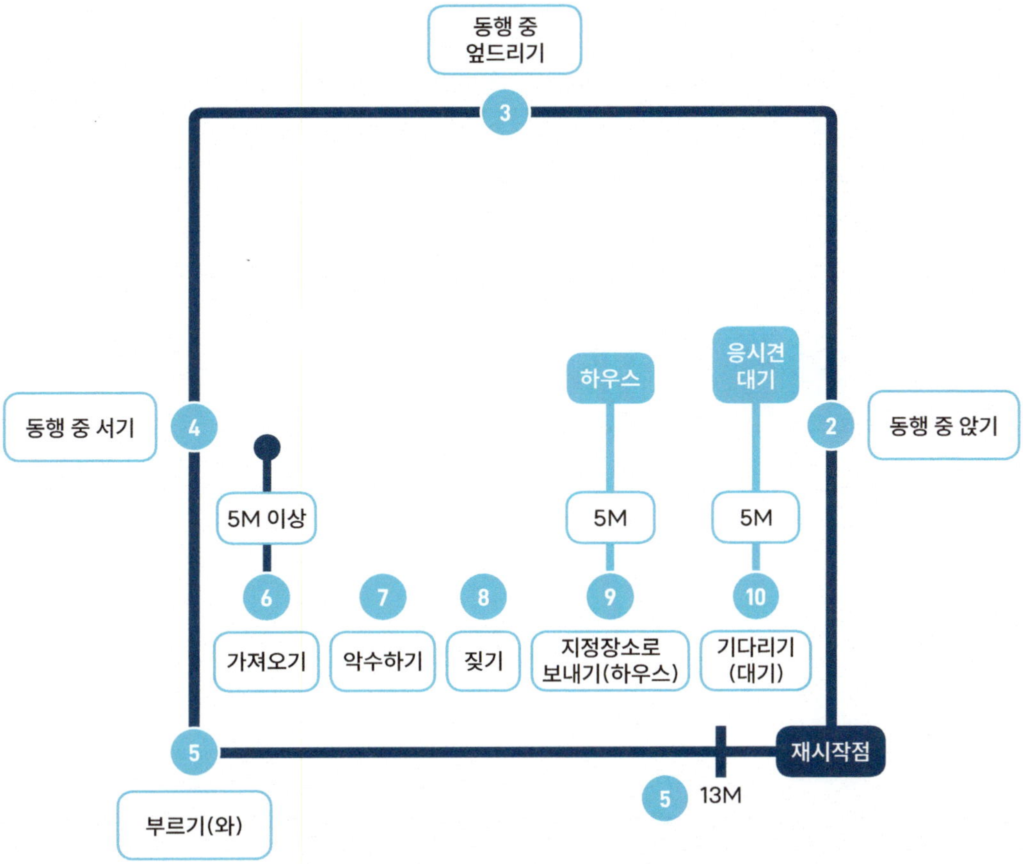
동행 중
엎드리기
3
동행 중 서기
4
동행 중 앉기
2
하우스
응시견
대기
5M 이상
5M
5M
6
7
8
9
10
가져오기
악수하기
짖기
지정장소로
보내기(하우스)
기다리기
(대기)
5
재시작점
5
13M
부르기(와)

부록 가정견 훈련 1(CD1) 실기 도식

CD 1(Companion Dog 1)

● 과목 및 배점

No.	과목		배점
1	줄 매고 따라	50보, 180도 회전, 상보, 속보, 완보	15
2	앉아	상보로 진행 중	15
3	엎드려	상보로 진행 중	15
4	서	상보로 진행 중	15
5	앉아, 기다려	수험견과의 거리 약 10m	10
6	와, 앉아	기본자세로 마무리	10
7	장시간 대기	1번~6번 과목 완료까지 "대기" 자세 유지	20
	합계		100

- 도식

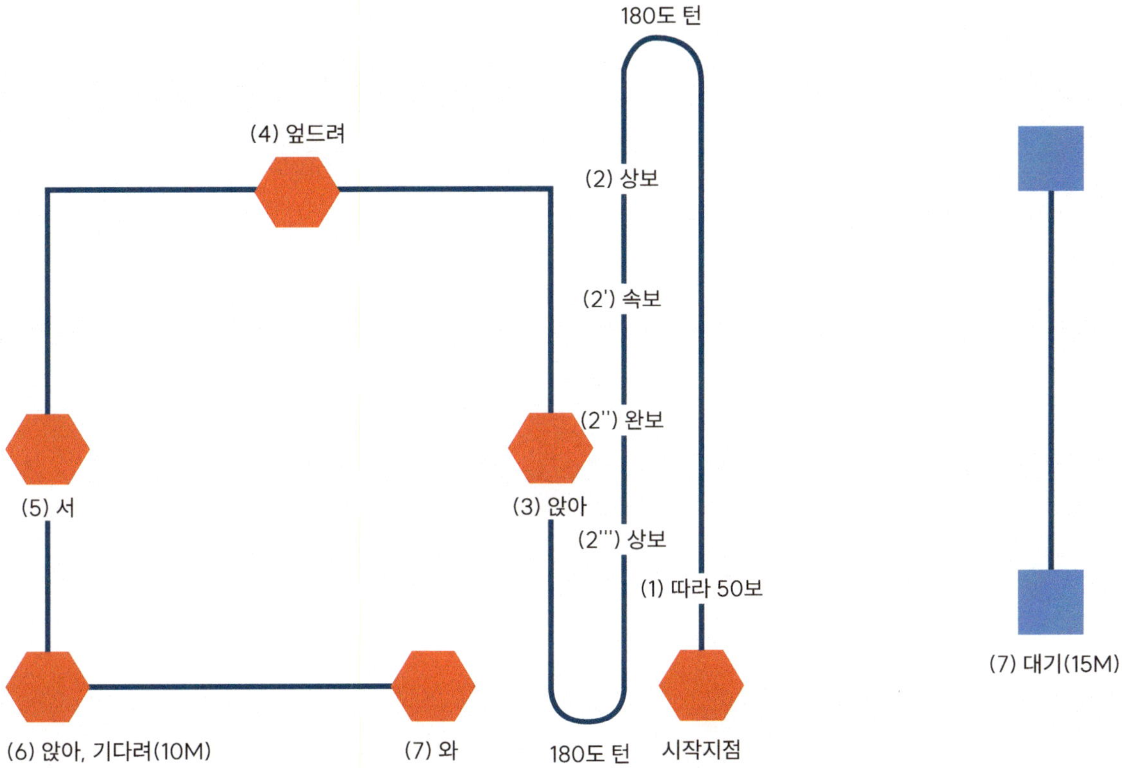
180도 턴
(4) 엎드려
(2) 상보
(2') 속보
(2'') 완보
(5) 서
(3) 앉아
(2''') 상보
(1) 따라 50보
(7) 대기(15M)
(6) 앉아, 기다려(10M)
(7) 와
180도 턴
시작지점

부록 가정견 훈련 2(CD2) 실기 도식

CD 2(Companion Dog 2)

● 과목 및 배점

No.	과목		배점
1	줄 없이 따라	리드줄 해제, 상보 50보	10
2	상보, 속보, 완보	180도 회전 후 각 12보	10
3	이동 중 앉아	15보 이동 후 원위치	10
4	이동 중 엎드려	15보 이동 후 원위치	10
5	서	상보로 진행 중	10
6	앉아, 기다려	수험견과의 거리 약 10m	10
7	와	기본자세로 마무리	10
8	가져와	지도수 물품, 운반거리 약 5m	15
9	장시간 대기	1번~8번 과목 완료까지 "대기" 자세 유지 대기 장소 : 블라인드 밖	15
	합계		100

도식

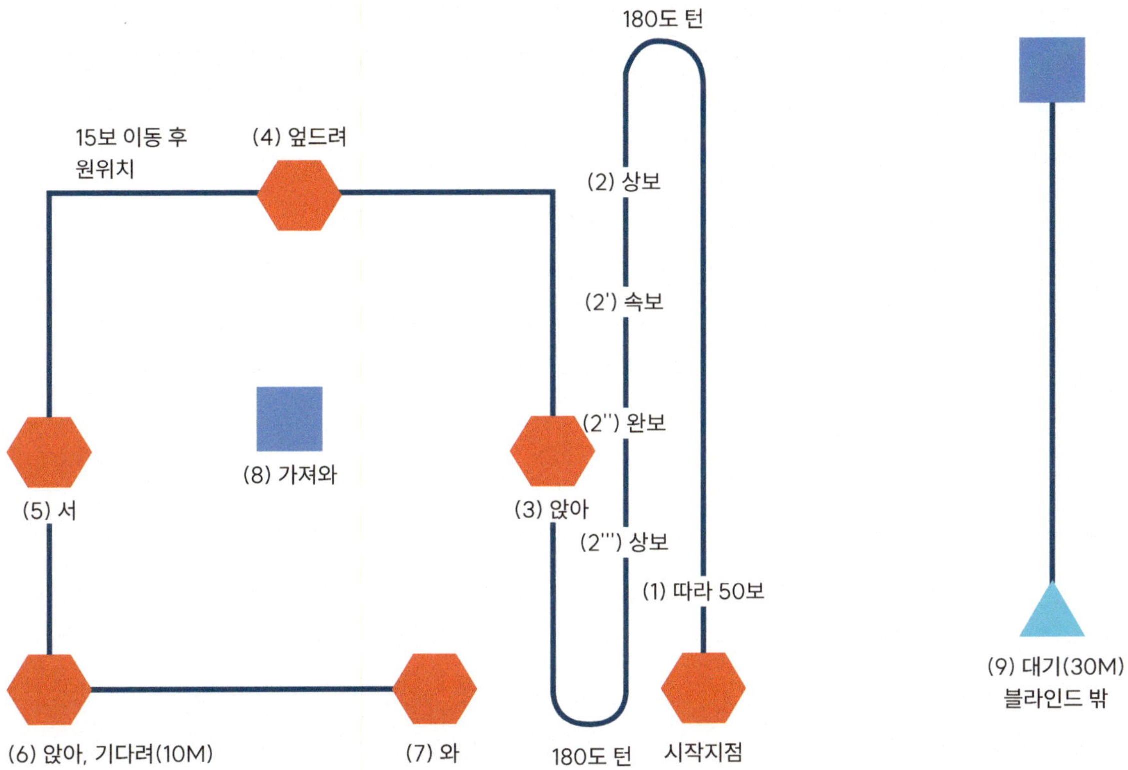
180도 턴
15보 이동 후 원위치
(4) 엎드려
(2) 상보
(2') 속보
(2'') 완보
(8) 가져와
(5) 서
(3) 앉아
(2''') 상보
(1) 따라 50보
(9) 대기(30M) 블라인드 밖
(6) 앉아, 기다려(10M)
(7) 와
180도 턴
시작지점

부록 가정견 훈련 3(CD3) 실기 도식

CD 3(Companion Dog 3)

● 과목 및 배점

No.	과목		배점
1	줄 없이 따라	리드줄 해제, 상보 50보, 총성 2회	10
2	상보, 속보, 완보	180도 회전 후 각 12보	10
3	이동 중 앉아	15보 이동 후 원위치	5
4	이동 중 엎드려	15보 이동 후 원위치	5
5	이동 중 서	15보 이동 후 원위치	10
6	앉아, 기다려	수험견과의 거리 약 15m	5
7	와	기본자세로 마무리	5
8	가져와	덤벨 무게 450g (토이그룹: 150g)	15
9	점프(덤벨)	높이 20~70cm	15
10	뛰어(폭비)	1.5m 왕복(토이그룹: 0.5~1m 왕복)	10
11	장시간 대기	1번~10번 과목 완료까지 "대기" 자세 유지 대기 장소 : 블라인드 안	10
	합계		100

● 도식

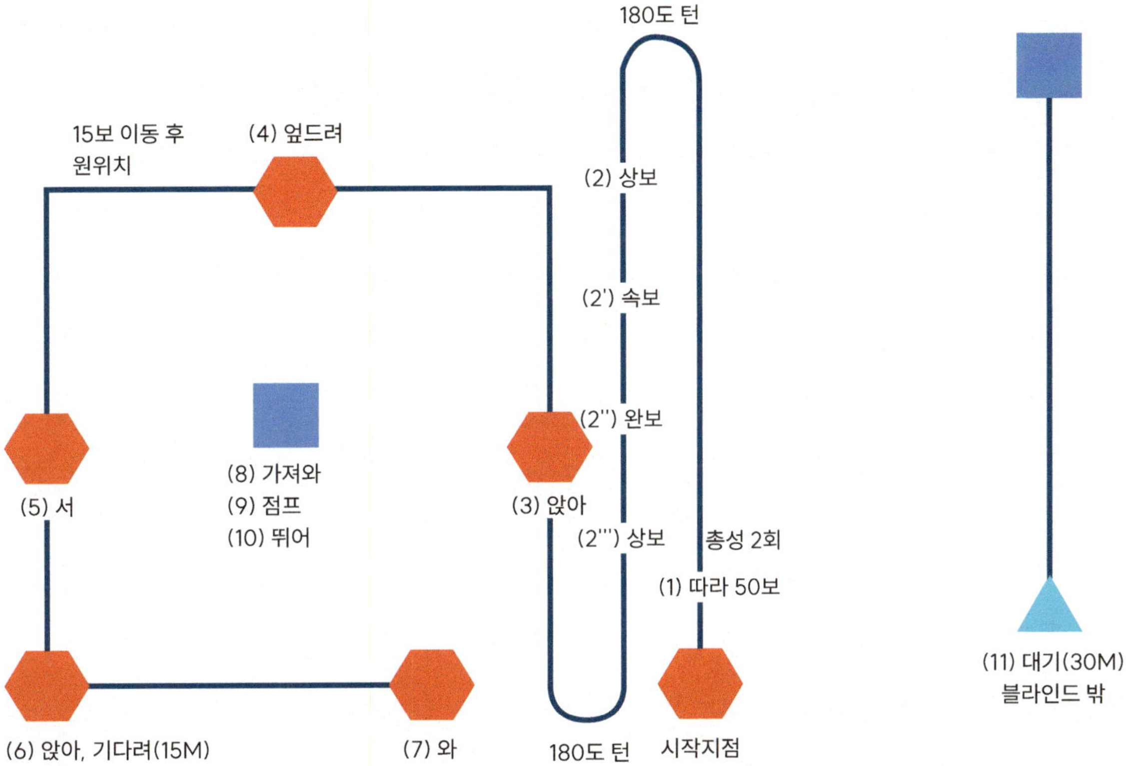
180도 턴
15보 이동 후
원위치
(4) 엎드려
(2) 상보
(2') 속보
(2'') 완보
(5) 서
(8) 가져와
(9) 점프
(10) 뛰어
(3) 앉아
(2''') 상보
총성 2회
(1) 따라 50보
(6) 앉아, 기다려(15M)
(7) 와
180도 턴
시작지점
(11) 대기(30M)
블라인드 밖

Reference

1장

김병부 (2022). 반려견 훈련학. 박영스토리.

신귀철 (2021). 오십년을 머물게 한 저먼 셰퍼드. 사)한국애견협회.

Affenzeller, N., Palme, R., & Zulch, H. (2017). Playful activity post-learning improves training performance in Labrador Retriever dogs (Canis lupus familiaris). Physiology & Behavior, 168(1), 62-73.

Arhant, C., Bubna-Littitz, H., Bartels, A., Futschik, A., & Troxler, J. (2010). Behaviour of smaller and larger dogs: Effects of training methods, inconsistency of owner behaviour and level of engagement in activities with the dog. Applied Animal Behaviour Science, 123(3-4), 131-142.

Association of Professional Dog Trainers. (n.d.). APDT Position statement on LIMA. https://apdt.com/wp-content/uploads/2017/01/position-statement-lima.pdf.

Bailey, R. E., & Gillaspy Jr, J. A. (2005). Operant psychology goes to the fair: Marian and Keller Breland in the popular press, 1947-1966. Behav Anal., 28(2), 143-159. doi: 10.1007/BF03392110.

Beerda, B., Schilder, M. B. H., van Hooff, J. A. R. M., de Vries, H. W., Mol, J. A., (1998). Behavioural, saliva cortisol and heart rate responses to different types of stimuli in dogs, Appl. Applied Animal Behaviour Science, 58(3-4), 365-381.

Bennett, P. C., & Rohlf, V. I. (2007). Owner-companion dog interactions: Relationships between demographic variables, potentially problematic behaviours, training engagement and shared activities. Applied Animal Behaviour Science, 102(1-2), 65-84.

Blake, M. (2008). The dog trainers resource 2: The APDT chronicle of the dog collection. Wenatchee, WA: Dogwise Publishing.

Black, E. J., Twells, C., Seawright, A., & Casey, R. A. (2008). The relationship between training methods and the occurrence of behavior problems, as reported by owners, in a population of domestic dogs. Journal of Veterinary Behavior, 3(5), 207-217.

Braxton, T. (2023). A Journey Through the History of Dog Training. Braxton's Animal Works. https://braxtons.com/a-journey-through-the-history-of-dog-training/

Bremhorst, A., Bütler, S., Würbel, H., & Riemer, S. (2018). Incentive motivation in pet dogs - preference for constant vs varied food rewards. Scientific Reports, 8, 9756.

Burch, M. R. (2002). The Evolution of Modern-Day Dog Training & Obedience. National Animal Interest Alliance.

Chance, P. (2003). Learning and Behavior. Wadsworth Publishing, Belmont, CA.

Chapagain, D., Viranyi, Z., Wallis, L. J., Huber, L., Serra, J., & Range, F. (2017). Aging of Attentiveness in Border

Collies and Other Pet Dog Breeds: The Protective Benefits of Lifelong Training. Frontiers in Aging Neuroscience, 9, 100.

Clark, G. I., & Boyer, W. N. (1993). The effects of dog obedience training and behavioural counselling upon the human-canine relationship. Applied Animal Behaviour Science, 37(2), 147-159.

D'Aniello, B., Scandurra, A., Alterisio, A., Valsecchi, P., & Prato-Previde, E. (2016). The importance of gestural communication: a study of human-dog communication using incongruent information. Animal Cognition, 19, 1231-1235.

Demant, H., Ladewig, J., Balsby, T. J. S., & Dabelsteen, T. (2011). The effect of frequency and duration of training sessions on acquisition and long-term memory in dogs. Applied Animal Behaviour Science, 133(3-4), 228-234.

Dinwoodie, I. R., Zottola, V., & Dodman, N. H. (2021). An investigation into the effectiveness of various professionals and behavior modification programs, with or without medication, for the treatment of canine aggression. Journal of Veterinary Behavior, 43, 46-53.

Dunbar, I. (2023). Sirius Dog Training. https://www.siriuspup.com

Esmaeili, M. T., Karimi, M., Tabatabaie, K. R., & Moradi, A. (2012). The effect of post-learning positive arousal on memory consolidation. Procedia - Social and Behavioral Sciences, 32, 104-107.

Friedman, S. (2010). What's Wrong With This Picture? Effectiveness Is Not Enough. APDT Journal, (March/April). doi: http://www.behaviorworks.org/files/articles/APDT%20What%27s%20Wrong%20with%20this%20Picture%20-%20Dogs.pdf

Gilmore, H., (2017). ABC's of Behavior(Antecedent-Behavior-Consequence) https://psychcentral.com/pro/child-therapist/2017/07/abcs-of-behavior-antecedent-behavior-consequence#1

Gordon, J. (2012). Fifty Years of Positive Change: An Interview with Karen Pryor. Karen Pryor Clicker Training.

Guy, N. C., Luescher, U. A., Dohoo, S. E., Spangler, E., Miller, J. B., Dohho, I. R., & Bate, L. A. (2001). Risk factors for dog bites to owners in a general veterinary caseload. Applied Animal Behaviour Science, 74(1), 29-42.

Hammond, S. T. (1882). Practical Dog Training; or Training vs Breaking. New York: Forest and Stream Publishing Company.

Harne, V. (1987). Adam's Task. Skyhorse Publishing.

Haverbeke, A., Laporte, B., Depiereux, E., Giffroy, J. M., & Diederich, C. (2008). Training methods of military dog handlers and their effects on the team's performances. Applied Animal Behaviour Science, 113(1-3), 110-122.

Herron, M. E., Shofer, F. S., & Reisner, L. R. (2009). Survey of the use and outcome of confrontational and non-confrontational training methods in client-owned dogs showing undesired behaviors. Applied Animal Behaviour Science, 117(1-2), 47-54.

Hiby, E. F., Rooney, N. J., & Bradshaw, J. W. S. (2004). Dog training methods: their use, effectiveness and interaction with behaviour and welfare. Animal Welfare, 13(1), 63-70.

Hutchinson, W. N. (2021). Dog Breaking: The Most Expeditious, Certain and Easy Method, Whether Great Excellence or Only Mediocrity Be Required, With Odds and Ends for Those Who Love the Dog and the Gun. Good Press.

Jagoe, A., & Serpell, J. (1996). Owner characteristics and interactions and the prevalence of canine behaviour problems. Applied Animal Behaviour Science, 47(1-2), 31-42.

Koehler, W. R. (1962). The Koehler method of dog training. Howell Book House.

Lehrman, D. S. (1953). A critique of Konrad Lorenz's theory of instinctive behavior. Quarterly Review of Biology, 28, 337-363. https://doi.org/10.1086/399858

Lindsay, S. R. (2005). Handbook of Applied Dog Behavior and Training, Vol. 3: Procedures and Protocols. Wiley-Blackwell.

Liu, D. L. J., Graham, S., & Zorawski, M. (2008). Enhanced selective memory consolidation following post-learning pleasant and aversive arousal. Neurobiology of Learning and Memory, 89(1), 36-46.

Lorenz, E. N. (1953). The Interaction between a Mean Flow and Random Disturbances. Tellus, 5(3), 238-250.

Martino, M. (2022). Episode 47: The Humane Hierarchy with Dr. Chris Pachel. Paws & Reward Podcast. https://pawsandreward.com/episode47/

McNeil, I. (2014). The Humane Hierarchy of Dog Training Explained. http://www.themoderndogtrainer.net/humane-hierarchy-behavior-modification-explained/.

Nugent, Sam M.S. (2018). Antecedent. https://psychologydictionary.org/antecedent/

Pratt, C., & Dubie, M. (n.d.). Observing Behavior Using A-B-C Data. https://www.iidc.indiana.edu/pages/Observing-Behavior-Using-A-B-C-Data

Pryor, K. (1999). Don't Shoot the Dog: The New Art of Teaching and Training. Bantam.

Pryor, K. (2010). Reaching the animal mind: Clicker training and what it teaches us about all animals. New York, NY: Scribner.

Rooey, N. J., & Cown, S. (2011). Training methods and owner-dog interactions: Links with dog behaviour and learning ability. Applied Animal Behaviour Science, 132(3-4), 169-177.

Sauders, B. (1969). The complete book of dog obedience: A guide for trainers. Howell Book House.

Schalke, E., Stichnoth, J., Ott, S., & Jones-Baade, R. (2007). Clinical signs caused by the use of electric training collars on dogs in everyday life situations. Applied Animal Behaviour Science, 105(4), 369-380.

Scott, J. P., & Fuller, J. L. (1998). Genetics and the Social Behaviour of the Dog. The University Of Chicago Press.

Shepherd, K. (2009). Ladder of aggression. BSAVA Manual of Canine and Feline Behavioural Medicine, 13-16.

https://lifewithrumer.com/2020/08/17/the-canine-ladder-of-communication/

https://www.who.int/rabies/resources/educational_material_children/en/

Sidman, M. (2000). Coercion and its Fallout, Authors Cooperative Inc, Boston, MA.

Skinner, B. F. (1938). The Behavior of Organisms. Appleton-Century.

Tinbergen, N. (1963). On aims and methods of Ethology. ethology, 20(4), 410-433.

Westgarth, C., Pinchbeck, G., Bradshaw, J. W. S., & Dawson, S. (2008). Dog-Human and Dog-Dog Interactions of 260 Dog-Owning Households in a Community in Cheshire. The Veterinary record, 162(14), 436-442.

Ziv, G. (2017). The effects of using aversive training methods in dogs-A review. Journal of Veterinary Behavior, 19, 50-60.

2장

마영남 외 공저 (2012). 반려동물행동학. 동일출판사.

마영남 외 공저 (2020). NCS 학습모듈-반려견스포츠. 교육부.

마영남 외 공저 (2023). 반려동물보건행동학. 형설출판사.

박효진 (2022). 반려동물행동상담학. 동문사.

이안던바 (2014). 애견행동문제가이드. JOYDOG.

투리드 루가스 (2018). 카밍 시그널. 혜다.

편집부 (2004). 프리스비독의 세계. 21세기사.

Rugaas, T. (2005). My Dog Pulls. What Do I do?. Dogwise Publishing.

Rugaas, T. (2008). Barking: The Sound of a Language. Dogwise Publishing; Illustrated edition.

3장

나카니시 노리코 (2015). 개의 문제행동 처방전 2. 백마출판사.

사라 피셔, 마리 밀러 (2011). 재미있게 가르치는 우리 개 완벽 훈련 100. Green Home.

스니브 만 (2024). 반려견 긍정교육 특강. 동글디자인.

카렌 와일드 (2015). 21일 만에 완벽한 강아지 만들기. 한스미디어.

카렌 프라이어 (2012). 개를 춤추게 하는 클리커 트레이닝. 페티아북스.

클레어 애로스미스 (2015). 내 강아지 스트레스 없이 행복한 75가지 놀이 방법. 해든아침.

클레어 애로스미스 (2018). 강아지와 함께하는 행복한 놀이 방법. 해든아침.

Profile

이태원

현) IRO 세계인명구조견협회 훈련심사위원
WUSV 세계셰퍼드견협회 훈련심사위원
전주기전대학교 반려동물학과 겸임교수
우송정보대학교 반려동물학과 겸임교수
대덕대학교 반려동물학과 겸임교수
한국애견협회 훈련총괄본부장
대전애견훈련소 대표

경력

- 제27회 IRO 인명구조견 세계대회 1등
- 제6~7회 소방방재청장배 전국인명구조견 경진대회 2년 연속 1등
- WUSV 월드챔피언십 2년 연속 10등(2009 독일, 2010 스페인)

주요 저서

- 인명구조견입문서

마영남

현) 국제대학교 반려동물학과 교수
전주기전대학 반려동물학과 겸임교수
마한애견학교 대표

학력

- 원광대학교 동물응용과학 농학박사
- 원광대학교 자연치료요법학 석사 (동물매개치료)

경력

- NCS 학습모듈: 반려동물 행동교정 대표 집필
- 2023년 반려동물 행동지도사 자격제도운영 TF2분과장
- 2024년 반려동물 행동지도사 필기시험 출제위원
- 2024년 반려동물 행동지도사 실기시험 평가위원

주요 저서

- 반려동물 보건행동학, 동물매개치료학 개론, 반려동물 행동학, 동물매개중재 이론과 실제 등

오은숙

현) 도기홈스쿨 대표
우송대학교 반려동물학과 강사

경력

- 2005~2008년 사)한국애견협회 도그 댄서
- 제23, 25회 WUSV 월드 챔피언십 한국 대표
- 제4회 소방방재청장배 전국인명구조견 경진대회 1등
- 제5회 KKCRD 전국 구조견대회 야지 부문 1등
- 2021~2022년 IRO 국제인명구조견 테스팅 이벤트 2년 연속 RH-FL 1등

이한나

현) 이한나 반려견 아카데미 대표
대덕대학교 반려동물과 겸임교수
우송대학교 펫케어전공 강사
충청대학교 반려동물과 강사

학력

- 원광대학교 동물매개치료학과 석사

경력

- D-1 Asia Championship BH 부문 1등

김원

현) 전주기전대학 반려동물과 교수
대한동물매개협회 회장

학력

- 숭실대학교 컴퓨터시스템전공 석사, 박사
- 원광대학교 동물매개치료전공 석사

주요 저서

- 반려견 이해, 반려견 용어의 이해, 동물교감치유의 이해, 견종 표준의 이해 등

반려견 훈련의 이해(기초편)

2025년 8월 30일 초판 1쇄 발행
2025년 9월 20일 초판 2쇄 발행

지은이 이태원·마영남·오은숙·이한나·김원
펴낸이 진성원
펴낸곳 (주)백산출판사
교 정 박시내
본문디자인 신화정
표지디자인 오정은

등 록 2017년 5월 29일 제406-2017-000058호
주 소 경기도 파주시 회동길 370(백산빌딩 3층)
전 화 02-914-1621(代)
팩 스 031-955-9911
이메일 edit@ibaeksan.kr
홈페이지 www.ibaeksan.kr

ISBN 979-11-7385-028-8 93490
값 25,000원